科学原来如此

沧桑变幻的地理

主编　甘德福

上海科学技术文献出版社

图书在版编目（CIP）数据

沧桑变幻的地理 / 甘德福主编．—上海：上海科学技术文献出版社，2011.1
ISBN 978-7-5439-4686-6

Ⅰ.①沧… Ⅱ.①甘… Ⅲ.①地理学—普及读物 Ⅳ.①K90-49

中国版本图书馆 CIP 数据核字（2010）第 263506 号

本书出版得到上海科普创作出版专项资金的资助

责任编辑：张　树　李　莺
封面设计：周　婧

科学原来如此丛书
沧桑变幻的地理
主编　甘德福
出版发行：上海科学技术文献出版社
地　　址：上海市长乐路 746 号
邮政编码：200040
经　　销：全国新华书店
制　　版：南京理工排版校对有限公司
印　　刷：常熟市华顺印刷有限公司
开　　本：787×1092　1/16
印　　张：14.75
字　　数：276 000
版　　次：2014 年 4 月第 2 次印刷
书　　号：ISBN 978-7-5439-4686-6
定　　价：30.00 元
http://www.sstlp.com

《科学原来如此》丛书编写工作委员会

顾　问:叶叔华

主　任:陈积芳

副主任:缪其浩　杨秉辉

编　委:甘德福　严玲璋　陈皆重　李正兴
张　树　周　戟　赵　炬　赵君亮
施新泉　钱平雷　奚同庚　高海峰
秦惠婷　黄民生　熊思东
(以姓氏笔画为顺)

《科学原来如此》丛书编辑工作委员会

主　任:赵　炬

副主任:张　树　李正兴

编　委:陈云珍　李　莺　钱晓文

协作单位:上海市科普创作协会

前言

地理学(Geography)是研究地球表层人类环境地域系统的一门科学。地理学既是一门自然科学,又是一门社会科学。时至今日,地理学还没有一个公认的分类体系。

所谓的地球表层,是由岩石圈、水圈、大气圈、生物圈和人类圈组成。地理学不研究这些圈的构造和个性,而是研究人类与地理环境之间构成的不同等级、不同层次系统的整体性质。综合起来地理学分为五大体系:自然地理、人文地理、中国地理、世界地理以及地图与遥感。分述如下:

自然地理:研究地球和宇宙、太阳和太阳系、月球和地月系、地球运动、地球的形态及其构造和物理性质、大气及其运动、天气与气候、海洋与陆地水、地壳、地貌、土壤与生物、自然综合体、环境污染与环境保护等。

人文地理:包括经济地理、农业地理、工业地理、交通运输地理、城市地理,以及区域规划、人口地理、聚落地理、文化地理、旅游地理、政治地理等。

中国地理:涉及的内容有中国的疆域和政区、中国的人口和民族、中国的近海、中国的地形、中国的气候、中国的河海和湖泊、中国的生物和土壤、中国的自然资源、中国的自然保护区、中国农业地理、中国工业地理、中国交通运输地理、中国旅游地理、中国水利工程、中国省(区)地理、中国城市地理、中国的地带和区域等。

世界地理:包括世界地理总论——全球自然概况、世界海洋、世界居民、世界农业地理和世界交通运输地理等,还有七大洲(亚洲、欧洲、非洲、北美洲、南美洲、大洋洲和南极洲)的概述。

地图与遥感:应用现代遥感技术和计算机处理系统,按一定法则,将地表的自然和社会现象缩小、概括(综合),用地图符号表现在平面上,以反映地表现象的地理分布、相互联系、相互制约关系的图像。地图已成为各行各业以及人们日常生活中不可缺少的工具。

地理科学研究范畴繁杂而多变,自然现象的变化和社会变革,都会赋予地理科学研究新内容。一种新的自然现象的发现,又为地理学增添一门新的分支学科。在如此浩瀚的地理知识宝库中,我们从认识自然、利用自然、遵循自然规律出发,以五个圈层构造及其互相之间关系的地理知识和发展动向为基准,从中遴选出具有科学性、知识性、应用性、趣味性、前瞻性、充满新世纪气息的知识亮点，介绍好动多谜的地球、水是生命的源泉、空气是生命的要素、生物王国里的秘密、地球是人类的家园等内容，藉此向大众普及地理知识，提高地理知识水平。我们相信，《地理知识》对于您进一步了解我们的地球与人类环境将是有所裨益的。

甘德福

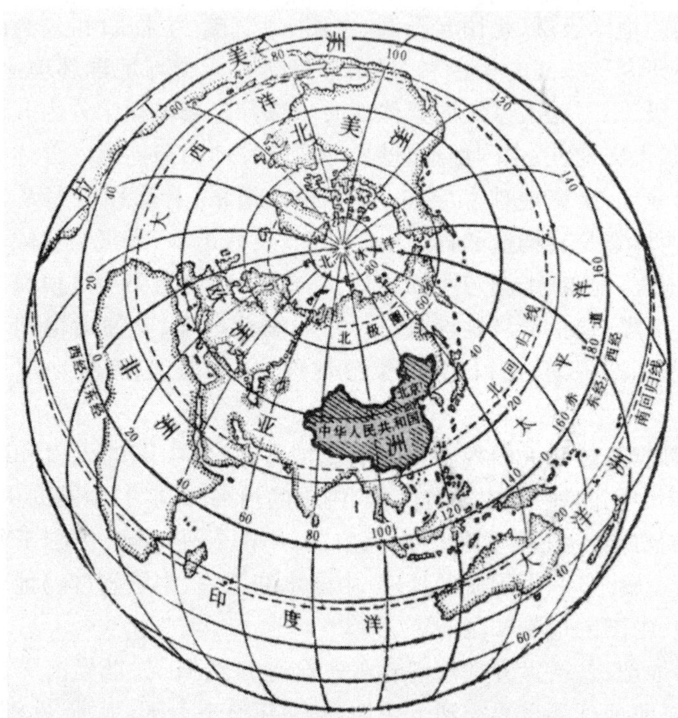

中国在地球上的位置

中国，位于亚洲东部，太平洋西岸。北起漠河附近的黑龙江主航道中心线，南到南沙群岛的曾母暗沙，西起帕米尔高原，东至黑龙江、乌苏里江汇合处。从北到南纵越纬度 49 度多，约 5 500 千米。从东到西横跨经度 61 度多，约 5 200 千米，东西时差 4 个小时。幅员 960 多万平方千米。

目　录

截然相反的地球说 …… 001
圆形地球仪之谜 …… 004
测量地球第一人 …… 006
中国大陆在向东漂移 …… 008
《地心游记》的质疑 …… 010
会“翻跟斗”的地球磁场 …… 012
火山的功与过 …… 014
中国的活火山和休眠火山 …… 016
中国是多地震国家 …… 019
地动山摇的力量源泉 …… 021
趣说南极 …… 024
可怕的北极浮冰 …… 027
中国人进军北极的历程 …… 029
中国首测珠穆朗玛峰高度 …… 031
郑和七下西洋的创举 …… 033
海洋最深处的秘密 …… 035
洞穴探险 …… 037
内陆国、岛国和沿海国 …… 039
地面塌陷 …… 041
地球是个“水球” …… 044
水是生命的源泉 …… 046
“水”和“水”并不都一样 …… 048
海洋之水天上来 …… 051
河流之王——亚马逊河 …… 053
维持黄河的健康生命 …… 055

苏伊士运河和巴拿马运河 …… 058
千奇百怪的湖泊 …… 060
奇异的泉水 …… 063
黄果树瀑布并非中国之最 …… 067
湛蓝海洋变赤脸 …… 069
黑潮 …… 071
水荒 …… 074
千炮竞鸣争雨云 …… 076
用海水缓解水荒 …… 079
深层海水 …… 081
太平洋岛国忙搬家 …… 083
潜水极限 …… 086
地球的蓝色面纱 …… 088
臭氧层空洞 …… 090
稀有气体——氡 …… 092
龙卷风 …… 094
台风 …… 096
泥雨与沙尘暴 …… 098
雷电有害也有功 …… 101
火球之谜——球雷 …… 104
瓦斯 …… 106
“空中死神”——酸雨 …… 108
污染大气的“元凶” …… 110
城市的“六岛”气候 …… 113
未来气候变暖变冷尚无定论 …… 116
厄尔尼诺 …… 118
热带大陆的热和冷 …… 120
撒哈拉的气候奇观 …… 122
夜雨并非巴山独有 …… 124
极地动物的保暖之道 …… 126

枯枝败叶层里的生物 …… 128
森林中随机应变的动物 …… 130
热带雨林中的动物 …… 132
潮湿炎热环境中的植物 …… 134
落叶阔林生物群 …… 136
寒冷林地的生物群 …… 138
寒带苔原生物群 …… 140
高山生物群 …… 142
水生生物群的生态 …… 144
内陆水域生物群 …… 146
海洋生物群 …… 148
陆地植物区系 …… 150
特殊生物构成的海岸 …… 152
生物的寄生现象 …… 154
生物界的濒危与灭绝 …… 156
自然界的色彩 …… 158
征服天空的生物 …… 160
恐龙时代 …… 162
跳出动物圈的人类 …… 164
开展观鸟旅游 …… 166
生物钟的奥秘 …… 168
植物的净化、指示与监测 …… 171
世界人口 …… 174
人类将重新穴居 …… 176
国际大城市的标准 …… 178
世界三大粮食作物 …… 180
世界三大饮料作物 …… 182
世界四大农业地域 …… 184
世界五大油料作物 …… 187
世界的森林资源 …… 189

世界种族的分类难题 …… 191
鼠害猖獗溯源 …… 193
中国的第一号国情 …… 196
国际人口迁移与中国人口流动 …… 198
中国三大自然地理区 …… 200
土地资源大国的忧虑 …… 202
矿产资源大国的困惑 …… 205
绿色中国的环保元素 …… 208
人口与资源 …… 211
保护地球任重道远 …… 214
有待开发的新能源 …… 217
人口爆炸 …… 220
地层深处的危机 …… 222

截然相反的地球说

地球是迄今所知惟一适合人类生存的美好家园。但人们至今对地球的了解十分肤浅,以至于在许多有关地球的问题上,存在截然相反的认识,仁者见仁,智者见智,至今仍争论不断。

大多数人在影视屏幕上见到过火山喷发的情景:浓烟升空,火光冲天,尘埃石屑从天而降,火龙般的熔岩汩汩流淌。在惊天动地的地震之后,从地球深处喷发出大量的物质和气体,从地壳裂缝里冲出来,释放于大气之中。大洋底岩石缝隙中,不断有蒸汽冒出,海水鼎沸,同样说明了地球在不断放气。英国天文学家说,地球每年以十分之一毫米的速度在收缩,自它形成至今已减少了 300 千米土地。剑桥大学列图顿教授说,地球的这种收缩是因为包括地心熔岩的硬壳不断熔化的结果。

持反对意见的科学家则认为地球自诞生以来,体积在不断增大。俄罗斯科学院地质研究所提出海洋底部在不断扩展。经查明,太平洋底部的长度和宽度,以每年几厘米的速度在扩展着。经测算,地球半径比它生成时增长了三分之一。匈牙利的埃吉特和日本的牛来正夫,利用古地磁计算原始地球的半径分别为 4 000 千米和 5 500 千米(两人选用的古地磁数据不同),所得结果都比现今的地球半径 6 371.11 千米要小。由此说明地球长大了。

海洋里珊瑚虫的生长,同陆地上树木的年轮相似,但珊瑚虫是一日有一个生长层。现代珊瑚虫体壁有 365 个生长层,正好是一年的天数。科学家取出距今 3.6 亿年前的珊瑚虫化石进行年轮识别,一年竟有 480 个生长层。据此推测,当时一年有 480 天。按此前推到 13 亿年前,一年则为 508 天。众所周知,地球在环绕太阳公转的同时进行自转,公转一周为一年。一年的天数越来越少,说明地球自转速度正在变慢。法国巴黎大学的一些学者指出,地球表面温度不断升高,是地球自转速度变慢造成的。

同样研究海洋生物的科学家,对南太平洋中发现的“活化石”鹦鹉螺外壳上的生长线研究表明,每隔一昼夜出现一条,满 30 条有一层膜包裹起来形成一个气室。其生长线数与如今的月年天数一致。科学家再对不同时代地层中的鹦鹉螺化石进行剖析,发现 3 000 万年前,每个气室内有 26 条生长线。由此前推,7 000 万年前为 22 条,1.8 亿年前为 18 条,到

地球

4.2亿年前只有9条。由此说明，地球随着年龄的增加，其自转的速度正在加快。

据统计，10亿年来，天外来客陨石撞击地球所产生的撞击坑，直径大于1千米的袭击事件有100万次之多。每天从宇宙中降落到地球上的陨石和尘埃，多达50万吨。由此看来，地球的重量正在逐年增加。持相反意见者认为，地球上每年发生地震约500万次，地球上有活火山500余座。每年从地球深处喷射出大量熔岩、尘埃和气体，飘入大气层远走高飞。更为严峻的是，石油、煤炭被大量从地层中取出并化为灰烬，从而使地球的重量逐年在减轻。

有关地球问题的争论还有很多，诸如地球的生成、初始地壳的面貌、海水的来历、地球深部物质的状态、生命的起源、地球的寿命等等。现代科学技术的发展，已能把人类送上月球，把探测器发往火星。但是，至今人类进入地层的深度仅达10千米，仅碰破了地球表面的一点皮而已。正是“上天容易入地难”！但是，我们坚信，随着科学技术的发展，一代人一代人接力研究下去，争论下去，终有一天会揭开地球之谜。

（甘德福）

科学钻井

要了解地球，揭开地球的奥秘，就得深入地球深处获取地球的信息。1960年，美国地学家率先提出了《国际上地幔计划》，从而揭开了大陆科学钻探的序幕。目前，世界上有13个国家完成的近400口科学钻井，其中4 000米以上的深井有20口，为地学研究提供了大量宝贵的资料。

前苏联在摩尔曼斯以西的科拉半岛的斯哥3号井，深达12 262米，为世界深井之冠；德国在上普法尔茨的钻井，以9 101米的深度成为世界第二科学钻探井。中国科学钻探第1井，经过1 300多个日日夜夜的钻探，于2005年3月竣工，井深5 158米，成为亚洲第一科学钻探井。

地球的形状

圆形地球仪之谜

生活在21世纪,稍有地理知识的人,都知道地球是个不规则的圆球体。但我们看到的地球仪却都制作成圆形的,这要从人类对地球形状的认识讲起。

在古代,人们曾经认为天是圆的,地是方的,即“天圆地方”。随着科技的进步和人们认识的提高,“天圆地方”被证明是错误的,地球应该是个“圆球体”。有人称地球是“圆形”的,这种称呼是错误的。因为“圆形”是个平面的概念,“圆球体”才是立体概念。说地球是个“圆球体”的证据有三:一是地球的影子,二是环球旅行,三是给地球照相。

我们要看自己长得什么样子可以照一个镜子。要看地球的形状也可用类似的方法。地球上看到月蚀的机会较多,几乎年年都有。月蚀就是地球运行到太阳和月亮中间,把太阳的光遮住了而产生的。在月蚀时,可以看到有一个圆形的影子把明月逐渐盖住,这就是地球的影子。物体的影子是圆形的,它本身必然是圆球形的。月蚀时,就等于地球在太阳光的照射下,在月球这面镜子中找到了自身的外形相貌。但天上的东西毕竟离我们太远,要认识地球的形状,还必须通过人们的实践。

实践的最好办法是环球旅行,环绕地球走一圈看看能否回到原地。但要做到这一点可不容易,环球旅行要经过波涛汹涌的汪洋大海,在造船技术还不发达的时代,这需要有惊人的毅力和勇气。许多航海家前赴后继。从1492年的哥伦布开始,经过1498年的瓦朗哥·达·伽玛(葡萄牙航海家),直到1519年率领船队出发的麦哲伦,才获得环球旅行的成功。

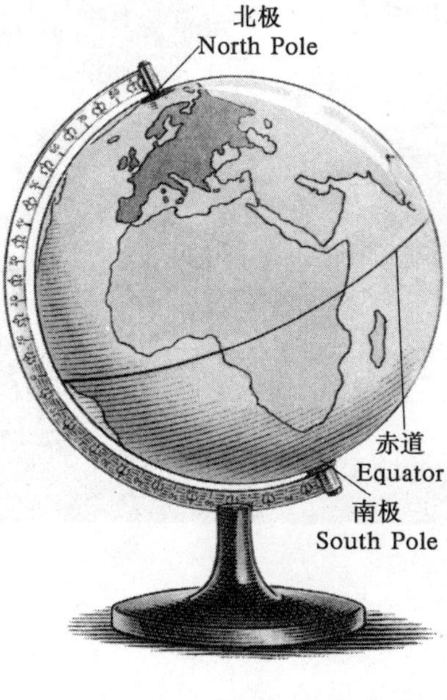

地球仪

麦哲伦环球航行的成功,以无可争辩的事实证明地球是圆球形的。但接下来人们又提出了地球究竟是一个什么样的球体的问题。

在麦哲伦之后的一百多年,牛顿和法国科学家惠更斯从力学观点指出:地球既然绕着一个轴(地轴)而旋转,那么线速度就从两极向赤道逐渐加大。因而地球的形状就应当是两极扁平而赤道膨胀的扁球体。他们的这种见解和法国天文学家利歇尔在1672年的发现相吻合。利歇尔曾经带了一个天文钟从巴黎(东经2.5°,北纬49°)去南美的卡晏(西经52.5°,北纬5°)。在巴黎时,这架天文钟走得很准,但到达目的地卡晏后就发现它每天慢2分28秒,必须将钟摆缩短1 $\frac{1}{4}$巴黎线(1巴黎线约等于2.5毫米),才能使钟的速度正常。这是什么原因造成的呢?因为摆的快慢是和摆长成正比,而和一个地方的重力加速度成反比。在摆长不变的情况下,变慢就说明南美卡晏地方的重力加速度小于巴黎的。重力加速度又与地球的质量成正比,而和地球半径成反比。重力加速度小,就说明地球半径大,也就是说南美卡晏地方的地球半径比巴黎地方的地球半径大。由此看出地球不是一个圆球体(因为圆球体的半径处处相等),而是一个扁球体。这个扁球体的特点是近赤道地方半径大。这就和牛顿、惠更斯的观点不谋而合了。现代应用科学技术手段精确测出地球的赤道半径为6 378.139千米,极地半径为6 356.755千米,两者相差21.384千米。

那么扁球体的地球像现实生活中的何物呢?此物必须严格符合扁球体的几何形状,其长半径相当于地球赤道半径,短半径相当于极地半径。地球的大地水准面是:北极大地水准面高出18.9米,南极大地水准面则凹进去24～30米;另外北半球的中纬度区相对凹陷,南半球的中纬度区则相对凸出。我们若将扁球体地球的凹凸形状绘在纸上,便可看出地球很像一个梨子,所以有了"梨形地球"的说法。事实上地球表面的凹凸对庞大的地球半径来说,实在微不足道,可忽略不计。所以"梨形地球"之说纯属夸张之辞。近年来通过卫星对地球测量,进一步发现地球大地水准面上存在的凹凸,其大小和规模远比人们想象的丰富得多。

最后我们回到圆形地球仪上,现知地球的扁率为1/298,也就是说,如果把地球设想成一个1米直径的球体,两极半径只比赤道半径短1.7毫米,肉眼根本觉察不出来。而"梨形说"所指出的凹凸,更是只有千分之几到万分之几毫米的变化,肉眼又如何能够察觉呢?正因为如此,所以在制作地球仪时,把它制成圆球形是完全符合科学实际的。

关于给地球照相的事,直到20世纪50年代的后期,才借助人造卫星和宇宙飞船对地球拍了全貌照片。一个圆球形的地球,表面是蓝色的水、白色的云,连绵的海陆。20世纪80年代初《地球》杂志创刊号封面上的地球,是美国宇航员拍摄的。2003年10月,中国的宇航员杨利伟在"神舟5号"上对地球拍了照,这是中国人第一次获得的地球全貌照片。

(吴胜明)

测量地球第一人

地球的形状知道了,地球的大小如何计算呢?有人可能会说:那还不简单,把地球半径乘以圆周率 π 的两倍就可得知地球圆周的大小。但地球半径又如何去测量呢?这个问题即使对于今天的人也感到为难,而在2 000多年前却有位年轻人进行了第一次测量,他就是埃及人埃拉托色尼(也译“爱拉托逊斯”)。他出生于公元前270年前后。公元前240年6月21日(即夏至)中午他观测到:在赛依尼城(即现在的阿斯旺,位于北回归线上)太阳正处在头顶的正上方,也就是说太阳光能垂直照到深井里去的时候,而在亚历山大城(位于赛依尼城正北)看到的太阳与头顶上方的那一点形成了7°12′的角度。一个圆周为360°,7°12′刚好是360°的1/50。因此,如果地球是一个圆球,那么它的圆周长一定是亚历山大城到赛依尼城的距离的50倍,埃拉托色尼的测量方法是很可靠的(假若地球是个真正的圆球),因而所得出的结果也应是正确的。他当时测得的地球周长为39 816千米,和现在测得的子午线的周长40 008千米,相差仅为192千米。这个误差的产生,并非来自方法,而是由于当时对两城间距离的测量没有精确的仪器,而是完全依靠商队的旅行来粗略估计的。不管怎样,埃拉托色尼作为测量地球的第一人,已被永载史册。

然而,埃拉托色尼的结果,在当时并没有人相信。因为作为他计算的前提——地球是圆的,在那时没有人相信;而且他计算出来的结果,数目大得吓人,要比当时已知的陆地面积(地中海周围和亚洲)大出好几百倍,以致许多人以为他在信口雌黄。所以在他之后很长时间,在欧洲再也没有人进行类似尝试。

但是,在东方,公元八世纪初,唐朝著名天文学家一行僧(公元683~727年)组织由南宫说率领的测量队,进行了另一次实地测量的尝试。

由于长期沿用下来的历法在实际使用时经常发生误差,特别是人们还注意到,日食时各地观测到的起始时间和日食的部位大小并不一致,而且各节气的日影长度和昼夜长短也因地而异。这就迫切需要有一个能准确计算这些差异的历法。为了解决这个问题,唐玄宗开元十二年(公元724年),一行僧负责组织了一次大规模的实地测量。范围北起北纬51°左右的铁勒回纥部(位于今蒙古境内),南抵北纬17°左右的林邑(今越南中南部),跨越的纬度约34°,约等于3 366千米。其规模之宏大,在当时的历史条件下的确是很不容易的。为了这次测量能准确地求出相当于现今地理纬度的北极度，一行僧还发明制作了一种叫做“复矩”的仪器，利用这种“复矩”，在观测时只要把直角尺的一边指向北极星，则直角尺的另一边与悬锤之间的夹角，便是所要求得的北极度。经过对大体上位于南北一线的白马、浚仪、扶沟和上蔡四地（均位于今河南省）的实地测量，获得每相差北极度一度地面相应距离的重要数据，即相当于现代的131.3千米。这与用现代观测数据计算出来的，该地一纬度的经线弧长值110.6千米相比，仅有20.7千米之差。如果我们考虑到当时测量技术的落后，以及所选择的地点并没有完全与子午线吻合，那么这一误差的产生就是可以理解的了。特别是那时世界的其他地方正处于黑暗的中世纪，我国古代科学家能够有组织有计划地通过测量地理纬度（即测北极度）和丈量地面距离这样先进的方法，来实际测算地球子午线的长度，确实是难能可贵的。所以，今天中外科学家对一行僧的这种首创都给予很高的评价。可惜的是，一行僧当时没有能继续计算求出地球的周长。

对地球大小的精确测量是在15～16世纪以后。特别是17世纪初，望远镜的发明给测量学的发展提供了有利的条件。另外，数学的发展、三角测量的发明也为精确测量提供了可能。所谓三角测量是利用三角形内角和等于180度的性质，使测量误差控制在已知的范围内。然后根据三角形中角与边长的对应关系，可以从一个经过仔细测量的已知边长来求算其他未知边长。在实际测量时，可在地面上按一定条件选定一系列的三角点，构成许多互相连接的三角形，称为“三角网”。通过对这些三角点的方位角和起始边长的精确测量与计算，便可以求算出较大范围的面积和距离，进而获得地球的半径值。

不过，尽管三角测量可以获得很高的精度，但仍然会因这样那样的原因产生不同程度的误差。所以17世纪以后的三百年里，大地测量科学工作者一直没能获得一个关于地球大小的被大家所公认的精确数据。不同的研究者常获得不尽相同的结果。直到20世纪50年代以后，一系列先进技术的应用，如光电测距、微波测距、激光测量等，特别是航天技术的发展，使人们有可能从高空对地球进行更准确的观察和测量，才使我们对地球形状和大小的了解，达到了新的高度。

（张庆麟　吴胜明）

中国大陆在向东漂移

我国科学家经过多年的卫星定位观测与分析，并和世界各地的观测数据进行比较后，发现我国大陆就像一艘巨轮正以每年 5 毫米左右的速度，向东即向太平洋缓缓地移动。

大陆为什么会漂移呢？难道大陆是像海洋中的浮冰一样漂浮在海水之上吗？当然不是。大陆不但不是漂浮在海上，而且它还比海底更深地扎根在地球深部。科学家们通过对地球深部的一系列研究，认识到我们的地球在整体结构上，很像是一个煮熟的鸡蛋。相当于蛋壳的部分称为地壳，相当于蛋白的称为地幔，而蛋黄则与地核相当。

人们还发现，由地壳和地幔顶部橄榄岩层共同组成的地球岩石圈，并不是铁板一块，而是被分裂成六大块体和若干小块。由于这些块体通常面积都十分巨大，达几百万甚至几千万平方千米，但厚度却相对小得多，最厚处一般也不超过百千米，所以看起来很像板状体，故称其为“板块”。这六大块体分别是欧亚板块、太平洋板块、印度洋板块、非洲板块、美洲板块和南极板块。除太平洋板块完全处于海洋环境中外，其他五大板块均

六大板块划分

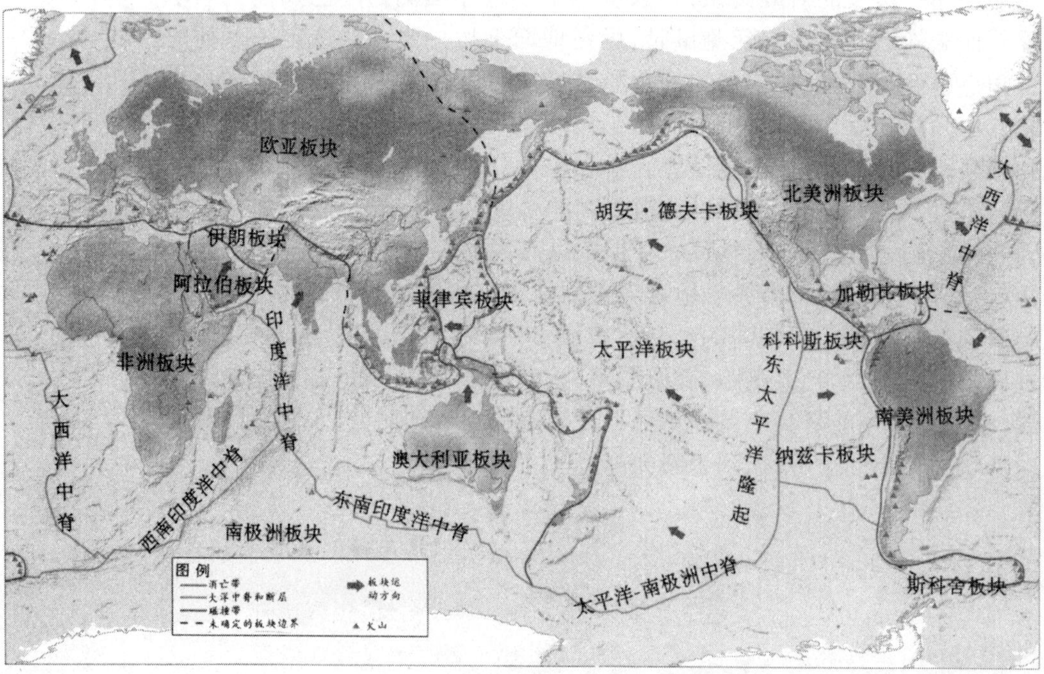

既有海洋也有陆地。

人们还注意到，板块与板块之间的接合并不是固定不变的，而是时时刻刻在发生着这样那样的变动。根据变动的方式，可以将其大致分成三种类型：一种是两板块相互背向而行，中间拉开一个大口——裂谷，以后随着时间的推移，裂谷可能渐渐发展成为海洋。另一种是两板块迎面相向而行，此时如两板块全由大陆组成，它们便会互相顶撞，从而在交界处凸起一系列山脉；若两板块一个是大陆，另一个由海洋构成，则海洋板块便会俯冲入大陆板块之下，而大陆板块也会向上仰冲。本文开头讲的我国大陆向东漂移就属于这种情况，是我国大陆所隶属的欧亚板块向太平洋方向仰冲，太平洋板块向大陆俯冲的直接表现。板块之间相对运动的第三种方式是相互擦肩而行，就像本来停靠在一个车站的两列火车，正顺着平行的轨道朝着相反方向渐行渐远。

不仅我国大陆在向东漂移，人们通过卫星定位测量，还发现大西洋每年以 1.5 厘米的速度在扩张，这显然是欧亚板块与美洲板块相背而行的结果；另外隶属印度洋板块的澳洲大陆和隶属美洲板块的美洲大陆之间，也以每年 1 厘米左右的速度在分离。反之，由于太平洋板块俯冲消亡的结果，夏威夷群岛与美洲大陆之间以每年平均约 5.1 厘米的速度在靠近。

板块为什么会有这样那样的运动方式呢？原因就在于岩石圈板块之下的那层软流圈。前面我们已经讲到软流圈是由软的具一定塑性的可流动物质构成的。各岩石圈板块负载在软流圈之上，就仿佛是漂浮在海中的巨大冰山，会追随软流圈的流动而移动。软流圈的流动则可能源于它的各部位所接受地球内部热量的不同，受热较多的部分会向较冷的部位流动，产生热对流，从而在软流圈中形成若干个巨大的对流环。这种情况和我们加热一盆水是十分相似的。此时你会看到盆中心底部的水，因受热迅速上升到水面，然后分散向四周较冷的部位流去，流到盆边转为向下流，迫使未受热的冷水向盆中心补充，以填补热水上升后留下的空间，如此周而复始，环流便形成了。当地幔软流圈的环流形成后，处于环流上升部位的板块便会在环流的拉动下，表现为背向分离运动；反之在环流的下降部位，相邻板块便会表现为相向会聚运动。

当然地幔软流圈的热环流不会永远不变，它会随着地球内部热环境的变化而变化，其结果也必然导致板块运动状态的变化，甚至板块本身的破裂或合并。有人指出，非洲东部由一系列湖泊组成的裂谷区之下的软流圈中，很可能正形成一个新的环流上升区，所以随着时间的推移，该裂谷将会不断扩大，最终将可能使非洲板块分裂为两半。

（张庆麟）

《地心游记》的质疑

1864年著名科学幻想小说家儒勒·凡尔纳写了一本《地心游记》。他根据当时人们关于在地球的两极存在通向地心的"大门"的设想，让小说的主人公从冰岛的某个火山口深入地心，结果他们在地下深处发现了另外一番世界，那里既有辽阔的海洋，茂密的森林，还有不明的生物……

其实不止是一百多年前的凡尔纳，就是在今天也有人相信，地球不是一个实心的天体，而是空心的。他们认为在坚硬的地壳掩盖下的地球深部，会有另外一个世界。在西方竟然有报道说：1956年，美国的C.巴德少校驾驶战斗机横越北极点时，发现了一个巨大的空洞。飞机钻进空洞，飞行盘旋了好长时间。看到机下不是北极的冰雪，而是被湖泊、森林覆盖的山脉和大地；还看到像古猛犸象一样的动物在活动(这与凡尔纳的幻想如出一辙)。

难道地球果真是空心的，它的深部会有另外一番世界吗？当然不是。要验证地球是空心还是实心，其实有一个很简便的方法。许多人都有这样的生活经验，譬如我们要判断一只封闭的箱子，里面是空的还是装满了东西，只要在外面轻轻敲击一下箱子，就不难根据箱子发出的声音作出正确的判断。对于地球，我们也可以采用同样的方法。当然，地球是如此之巨大，我们不可能轻易把它敲响，但是科学家们还是找到了敲响它的方法，这就是地震。利用地震时发出的像声波一样的地震波进行监听，人们便可以获悉地球内部的情况。人们通过近百年来对地震的不断监听，已有充分的证据可以证明，地球绝对不可能是空心；而且根据地球内部物质组成的不同，还可将它区分出三大圈层。换言之，地震资料显示，我们的地球，如果不考虑包围在固体地球外面的大气层，仅就固体地球而言，它很像是一个煮熟的鸡蛋。相当于蛋壳的部分称"地壳"。它的平均厚度在10～20千米之间。这个厚度对于我们人类来说确实是十分可观，即使在科技发达的今天，人们尚无法穿透它。但对于半径为6 370千米的地球来说，10～20千米的厚度则像蛋皮那样薄。地壳的下面相当于蛋白的部分，称"地幔"。地幔是地球的主体，厚度在2 900千米左右，其体积约占地球总体积的83%，而相当于蛋黄的部分称为"地核"。

如果您对地震波的资料还将信将疑的话，那么还可以从另一方面来证明地球是实心的固体。人们可以利用测量万有引力的方法来求算出地球的质量。此外,物理学的知识还告诉我们:物体的平均密度等于其质量除以体积。据此我们可以算出,地球的平均密度是 5.52 克/立方厘米。但是通过对地球表面大量岩石的测量,我们又知道陆地地壳岩石的平均密度在 2.7 克/立方厘米左右,海洋地壳岩石的平均密度是 2.9 克/立方厘米。所以,如果地球内部是空心的,那么地球是绝对不可能拥有比地壳岩石大的平均密度的。合理的解释是地球内部拥有远比地壳岩石密实得多的物质存在,才使地球具有如此大的密度值。根据地震波的探测资料,还有对陨石物质的对比研究结果,以及实验室中人工模拟的高温高压实验,人们相信地球有着一个以铁为主的密实核心,其密度值可能高达 9.71~11.2 克/立方厘米。

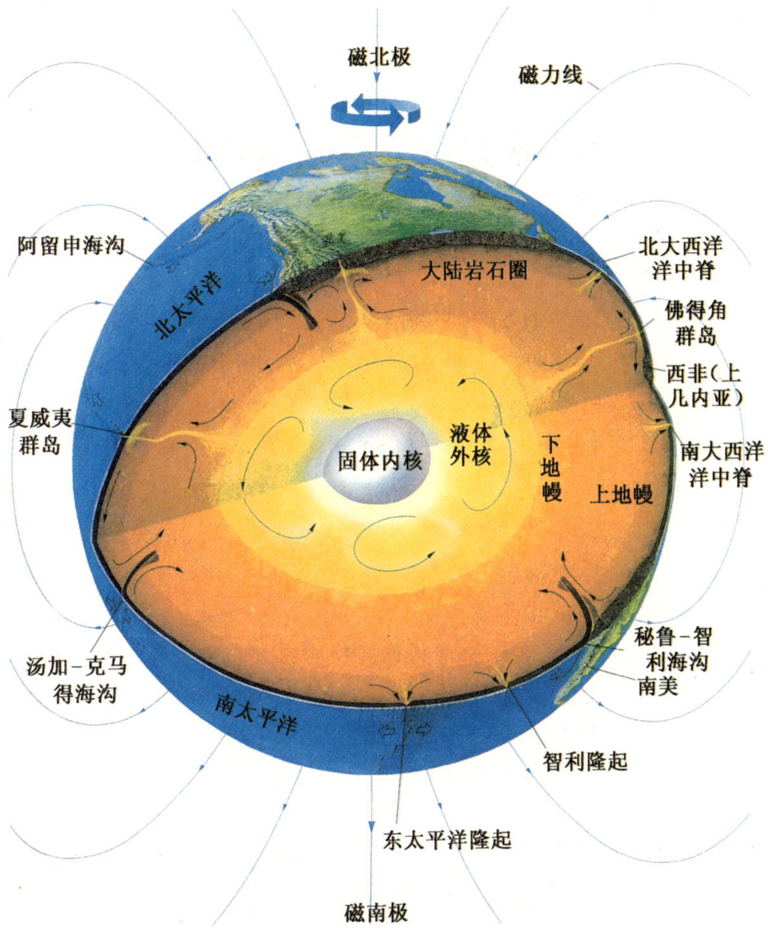

地球内部结构

至于那则关于美国少校发现北极空洞的消息,显然只不过是一些人为了制造轰动效应,而故意编排出来的假新闻而已。试想在今天,当人造卫星的遥测技术已能分辨地面上比人还小的物体时,如果北极真有这样一个可以容许飞机飞入,并盘旋良久,又拥有不同于北极的冰天雪地景观的大洞,几十年来如此众多又不断绕着地球旋转的人造卫星,怎么会毫无发现。

总之,地球绝不会是空心的,凡尔纳设想的地心旅行是不可能出现的。

(张庆麟)

会"翻跟斗"的地球磁场

传说四五千年前,居住在南方蛮荒之地的蚩尤,看到中原地区繁荣兴旺,不禁产生了觊觎之心,便率领他的部族凶神恶煞般杀了过来。一开始统治中原地区的黄帝由于没有准备,连连吃了几个败仗,节节败退到涿鹿地区。若再退下去,就会把大片中原地区送给蚩尤。黄帝忍无可忍便调集大批人马,与蚩尤决战。蚩尤尽管凶猛强悍,毕竟是远途奔袭,终于抵挡不住奋起保卫家园的黄帝士兵。百般无奈之下,他施法兴起了一片茫茫大雾,把黄帝士兵团团罩住,使他们不辨东西南北,更不知蚩尤躲在何方。黄帝在他的大臣风后的帮助下,发明了指南车,使大家闯开大雾的封锁,最终击溃了蚩尤。

指南车为什么会指南,至今人们还存在争议。但有一点可以肯定,早在二三千年前的春秋战国时期,我国的先民已经知道利用天然的磁石,制造出一种可以用来指示方向的工具——司南。这应是后来的指南针最早的雏型。

早在 900 多年前我国宋朝的著名学者沈括就曾思考过指南针为什么指南的问题,并做了多次实验,发现它不是指向正南,而是稍稍偏西一点。可惜他最后也未能找到答案。直到 17 世纪,英国女王的宫廷医生吉尔伯特才解决了这个问题。吉尔伯特用磁石做了一个地球模型,又把一根小磁针搁在这个有磁性的"小地球"上,结果发现小磁针的转动情况和指南针的情况一模一样。据此,他激动地告诉大家:指南针之所以能始终指向南方,是因为"地球本身就是一块大磁石"。

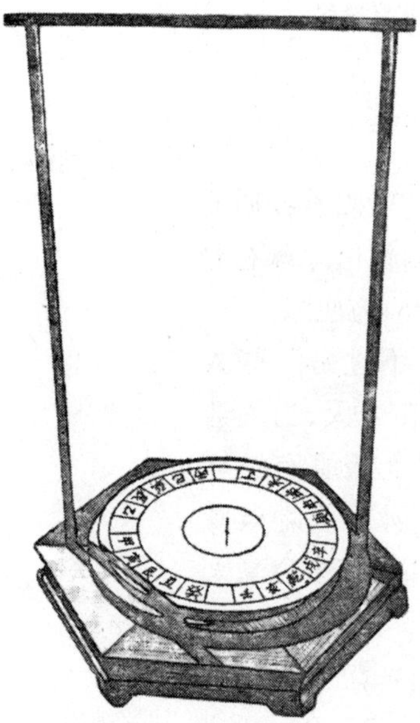

北宋时期的指南针

在吉尔伯特之后,又经几代人的努力,现在我们终于知道,地球虽然并不像吉尔伯特所说的那样,是由磁石构成的一个大磁石,但它确实存在着一个全球规模的磁场。这个磁场就仿佛有谁在地球的核心,安置了一个巨大的磁棒。磁棒的方向与地轴大致重合,其北端是磁南极(它会吸引指南针的 N 极,使它永远指向北方),南端是磁北极(它使指南针的 S 极永远指向南方)。由于这个磁场具有南北两极,所以叫做"偶极磁场"。另外,由于磁棒与地轴的南北方位并不完全吻合,而是稍稍有些偏移,这就是当年沈括发现指南针没有完全指向正南的原因。

地磁场强度非常弱,在地球表面的赤道地区,其强度为 0.29～0.40 高斯,即使在两极地区虽然稍高一些,也只有 0.61～0.68 高斯(相对比较起来,在太阳的黑子活动区磁场强度可高达3 000～4 000 高斯)。

地磁场虽然很弱,但却占有十分广阔的空间。除近地空间外,它可一直延伸到地球大气圈的最外层。包括从距地 600～1 000 千米处起,到距离地面 10 多个地球半径处(6 万多千米)。尽管那里的空气已稀薄得与星际空间差不多,但地磁场的影响依然存在,并由于受到太阳风的压力,使磁力线受到阻挡,从而形成一个前缘,称“磁层顶”。磁层顶距地面的远近是不固定的,会受太阳风强弱的影响。太阳风强时,磁层顶就会受到挤压而被迫缩小;反之,则会向外扩展。在背向太阳风的一面,由于地球阴影的遮挡,就使磁力线的伸展较少受到太阳风的影响,形成一个似彗星状的长尾,一直伸展到近千个地球半径远的地方。这个受地磁场控制,并被太阳风所包围的区域,就是地球的“磁层”。磁层是一个对地球具有十分重要意义的层圈。它犹如一个幔帐,保护着地球上的所有生物,使其免受各种有害宇宙射线的伤害。它还像一道关卡,协助由于距地心遥远而减弱了的重力,牢牢地控制着一些因受外界的“诱惑”(主要是太阳的热力)而企图逃离地球的地球物质。

有趣的是,人们还发现地磁场无论是其强度,还是存在状态都不是一成不变的。其中最突出的是磁极的方向。它不仅会有经常性的小幅度的摆动和位移,使指南针指向南方的偏离角度(磁偏角)会有不同程度的变化,它甚至还会“翻跟斗”,来个 180°大反转。也就是说本来磁南极在北、磁北极在南的状态,会转换成磁南极在南、磁北极在北的状态。虽然这种磁极反转的现象大多要经过十分漫长的时间才发生一次,但也绝不是非常罕见的。远的不说,仅以近 450 万年来而言,就已发生磁极反转至少 25 次,其中间隔时间较长的是 70 万年左右,短的则可能仅 1～2 万年。地球磁场为什么会发生这种“翻跟斗”现象,至今人们还不能作出肯定的回答。有人认为这可能与小天体坠落到地球发生的剧烈冲撞有关;也有的认为是地球追随太阳在银河系中运动,并受银河系总磁场的影响所致;还有的则认为是地球内部物质调整的结果等等,总之迄今尚无定论。

值得注意的是,科学家们注意到近 100 多年来,地球磁场的强度正在不断地减弱,以其发展趋势来看,似乎有朝一日会趋向于零。这使一些研究者担心,这是否是另一次磁场翻转的前兆。也就是说,他们认为当磁场渐渐趋向零时,接着便会出现负值,也就出现了一次新的翻转。

(张庆麟)

火山的功与过

1980 年 5 月 18 日，当美国圣海伦斯火山爆发时，两位地质学家正驾着飞机第四次飞过海拔 2 958.5 米的山顶，飞机差一点被火山烟焰所淹没。紧急之中，他们连续拍摄下从火山口破裂到喷出浓烟的珍贵画面。

全世界有喷发记录的活火山约 800 多座，死火山则不计其数。地球上的活火山排列成狭长条带状，主要有太平洋周围火山环、阿尔卑斯—地中海火山带、大洋中脊火山带和非洲裂谷—红海地堑火山带。堪察加半岛有活火山 22 座，日本和千岛群岛各有活火山 50 多座，台湾以南经印度尼西亚至新西兰有活火山 60 多座，它们都处于地球板块的边界，与地震分布相一致。我国有 660 多座火山，但大多数是死火山，活火山只有屈指可数的几处，如台湾及附近海域，新疆于田和云南腾冲等有活火山，它们属于阿尔卑斯—地中海火山带。台湾大屯火山群的主峰七星山，至今还经常冒烟气。现今，全世界每年约有 50 座火山爆发。火山给人类带来巨大灾难。

历史上火山爆发火山灰淹埋城市和村庄的事情经常发生。如意大利有座叫庞贝的古城，在公元 79 年 8 月，因维苏威火山爆发，被埋没在厚达 7 米的火山灰之下，同时被淹埋的还有赫库兰尼姆城。

海拔 2 225 米的墨西哥南部奇琼火山，从 1982 年 3 月 29 日发生第一次喷发后连续七次喷发，火山灰掩盖面积 370 平方千米，区域内村庄全被埋没，100 多人丧生，6 万多人逃离家园。火山爆发造成人员死亡最多的，要数 1815 年印度尼西亚松巴哇岛的坦博腊火山爆发，整个坦博腊镇葬身海底，主岛有 1 万 2 千人丧生，附近岛屿有 8 万人死亡。

火山爆发把上亿吨火山灰抛向空中，其中大部分散落在火山周围的土地上。火山灰淹埋城镇村庄造成人员伤亡外，还破坏农田、堵塞道路。残留在空气中的火山灰，使空气中的气溶胶成分急剧增长，改变了大气成分，对全球气候产生严重影响。如圣海伦斯火山爆发，仅向大气中释放的二氧化硫气体多达 5 千吨以上，它撒向平流层的纤细灰烬，对全球气候影响持续了 10 多年。据专家测算，全球每年火山喷发物达 20～30 亿吨，其中进入大气中的镉为 37.3～299 吨，铅 200～2 000 吨，铜 500～4 350 吨，锌 0.14 万～1.53 万吨，锰 2.8 万～28 万吨，火山气体约 0.3 亿～1.5 亿吨，火山灰 0.3 亿～3 亿吨。火山喷发物在顷刻之间对人类造成的灾难是明显的，至于对人类健康的危害则是长期而潜在的。

1980 年
圣海伦斯火山
爆发

火山爆发时从火山口流淌出熔融的岩浆，沿山坡而下，所到之处变成一片焦土，遇上森林引发大火。2000 年 2 月 24 日，菲律宾南部的乌荣火山爆发（自 1616 年以来该火山已喷发 50 多次），火红的岩浆沿着山坡滚滚而下，火龙过后，焦土一片。

火山爆发给人类带来灾难的同时，也给人类带来不少好处。居住在火山周围的人们，待到火山喷发之后，都会不自觉地忘掉灾难，争先恐后地来到火山周围居住耕作。因为火山灰烬是极好的天然肥料，火山爆发带来的烟灰岩泥，是农作物生长的沃土。在这种地方耕耘，只要气候相宜，都可获得好收成。古巴、印尼盛产甘蔗，糖分特别高，中美洲出产的香蕉那么肥大，都因为生长在火山灰烬覆盖的耕土之上缘故。如果没有埃特拉和维苏威等火山的不断活动，意大利许多土地将变得贫瘠不堪。

火山还是地球温度的“自动调节系统”。若不是火山把地心的热量向地壳外宣泄，地球就会自我爆炸。

宁静期的活火山还是一个巨大的化工厂。北美阿拉斯加的万烟谷，每年喷出氯化氢气体 125 万吨，氟化氢 20 万吨，这些气体与水结合成为化肥，使周围的农作物茁壮成长。

世界上许多火山区，都成为著名的国家公园和旅游疗养胜地。如日本的富士山、美国的黄石公园、意大利的维苏威、法国的维希等。我国东北的古老火山区，如五大连池和长白山天池等，拥有美丽的山峰、多姿的火山熔岩地貌、神秘的岩洞、幽静的湖泊、奔泻的瀑布、稀有的矿泉温泉、珍奇的生物、茂密的森林。再加一些人文景观，如五大连池的钟灵寺、长白山的八卦庙、镜泊湖的渤海国旧址等，更是为旅游疗养之地锦上添花。

火山岩里蕴藏着许多宝贵矿产，如黄金、白银、玛瑙、冰洲石等，死火山通道中则是大颗粒金刚石的仓库。

火山地区还蕴藏着丰富的地热资源。火山的功劳真是不少呵！

（甘德福）

中国的活火山和休眠火山

火山,按其活动状态可分为三种类型:一种是历史上虽然有过喷发活动,但近世已不再活动的,称“死火山”。一种是虽然已长期不再活动,但并没有真正死去的,称“休眠火山”。例如美国西部有一座圣海伦斯火山,自 1854 年以后就一直安静不动,但在过了 125 年以后于 1980 年又突然爆发。日本本州岛中部有一座御岳山火山,它的休眠时间更长,竟有 2～3 万年之久。第三种是那些近代经常有活动的火山,则称“活火山”。

那么我国有没有活火山呢?据不完全统计,我国各地迄今仍保存有完好火山形态的火山约有千余座。它们主要分布在靠近国境线的周边地区,如辽宁的长白山、吉林的伊通、黑龙江的五大连池和大小兴安岭;还有云南的腾冲,海南和台湾,以及新疆的天山和昆仑山区等等。在这些众多的火山中,绝大多数是属于已熄灭很久的死火山,但也有少数休眠火山或活火山,现分别简介如下。

东北地区是我国近世火山活动较活跃的地区。据历史记载,长白山区至少在 1597 年、1668 年和 1702 年均曾有过火山喷发活动,迄今该地仍有众多温泉和不断冒出热蒸汽的喷气孔,表明其地下深处仍有较强的热源。黑龙江五大连池已知有 14 座火山,其中的老黑山和火烧山曾在 1719 年和 1720～1721 年两度爆发,并喷溢出覆盖面积达 68 平方千米的熔岩流。另外,在大小兴安岭交接处的呼玛河北岸有察哈彦火山群,也曾在 1736～1795 年和 1796～1820 年间有过喷发活动,据史载其喷发出来的炽热浓烟,经年不断。

西南地区的近世火山活动主要集中在云南的腾冲,已发现有火山 50 余座。据徐霞客 1639 年在该地调查,位于腾冲城北的打鹰山,在 1609 年曾发生爆发。迄今腾冲地区仍有众多热泉、沸泉(如大、小滚锅),以及能释放毒气的喷气孔,表明其地下仍有活跃的热源。1961 年腾冲曾发生一次 5.8 级地震,根据地震的特征,可以认为这很可能是地下岩浆对地层发生冲击引起的火山地震。如果这一推测无误,那么我们可以预期,这里仍然有火山爆发的可能。

东南地区也是我国近世火山活动较活跃的地区,主要分布在海南岛和台湾。海南岛北部有众多的火山遗址,但它们绝大多数都是几万年甚至上百万年前地质历史时期火山活动的结果。不过其中可能也有个别是近世有过活动的火山。因史料记述不详，尚难定论。如据载1883年临高县“地裂，有火上炎，草木皆成灰烬”。1933年澄迈县南陀岭发生火光，长十余丈，次日发火光处忽然爆裂，岭顶巨石崩裂倒下，被压之地二十余亩。但这两次记述是否就是火山活动，人们尚不能完全肯定。台湾的火山从北到南均有分布。北部的大屯火山群是著名的火山活动区，主峰七星山就是一座形成不久的新火山，周围有许多喷气孔和裂口，还有许多热泉，其中有一热泉出水口的水温竟高达240 ℃。但该地的人们始终未曾目睹过它的爆发。稍南的龟山岛上的龟头和龟尾各有一座火山，相传在18世纪末乾隆末年这里发生过喷发。再往南，在花莲以东的海域中有一座海底火山，于1853年发生喷发。更南的绿岛(又称火烧岛)和兰屿，本身就是由火山喷发形成的火山岛。另外，人们还发现从澎湖列岛、台湾岛、东沙群岛，直至西沙群岛的海域中存在一条海底火山链，不过近世没有发现它有明显的活动。台湾地区最新的火山活动记录，发生在岛北的彭佳屿东北约70千米的海域中。那里于1916年和1927年曾两度发生爆发，并被当时经过该水域的日本军舰和美国船只所观察到。

西北地区已知的火山分布在昆仑山北麓的于田境内，已发现的火山有4座。

我国境内虽拥有少数几个休眠火山或活火山，但它们的活动性都不强，而且由于均位处边远地区，人烟稀少，所以即使有所活动，危害也不会很大。

(张庆麟)

世界火山之最

最大的火山爆发——公元前1470年，爱琴海中希腊桑托林岛火山爆发，激起50米高海浪，摧毁130千米外的米诺文明中心，其威力相当于最大氢弹爆炸力的130倍。喷发物最多的火山爆发——1815年4月5日，印尼松巴哇岛博腊火山爆发，喷出的物质估计体积达151.7立方千米。喷发后火山降低了约1 250米；最大的火山熔岩流——冰岛东南“拉基火山”的一次喷发，喷出的熔岩流长达70多千米；最大的火山口——日本九州的阿苏山火山口，南北长27.37千米，东西宽16.1千米，周边长114.3千米；最活跃的活火山——位于太平洋夏威夷岛东南岸的几劳阿火山，高1 247米，直径4.5千米的火山口是个熔岩湖，经常处于沸腾状态，熔岩不断从湖的四周溢出。

火山熔岩流入大海

中国是多地震国家

2004年7月12日早上7点08分44.1秒，我国西藏自治区普遍感受到一场剧烈的震动。一时间地动山摇，许多山区纷纷发生雪崩和山石滚落，道路被山石阻断或塌方。这是发生在西藏仲巴县与隆格尔县之间的一次6.7级强震。而就在这次地震前不久，在西藏的班戈地区发生过5.2级地震。除西藏的这两次地震外，同年的7月6日下午15时31分56.4秒我国台湾宜兰县东北海中也发生一场5.4级的地震。短短的12天之内，我国国土上就发生3次5级以上的大震，其发震频率之高不能不引起充分重视。其实自古以来，我国就是一个多地震的国家。我国最早的诗歌总集《诗经》中就有："烨烨震电，不宁不令。百川沸腾，山冢崒崩。高岸为谷，深谷为陵"之句。可见，地震时地动山摇、山崩地裂的景象曾给古人留下了多么深刻的印象。历代更留下了十分丰富、记录详尽的地震资料。根据历史资料，从公元前1177年到公元1955年的三千多年中就发生了有记录的地震8千多次。若考虑到历史资料的可能遗漏，地震发生的次数远不止这些。事实上近代有科学记录以来，仅1949到1976年的27年间就记录到6级以上的地震200多次，平均每年7～8次。截至2004年7月12日，共发生5级以上的有感地震14次，其中青藏高原地区7次，台湾东部5次，唐山、内蒙各1次。

在地震中
地面的运动图

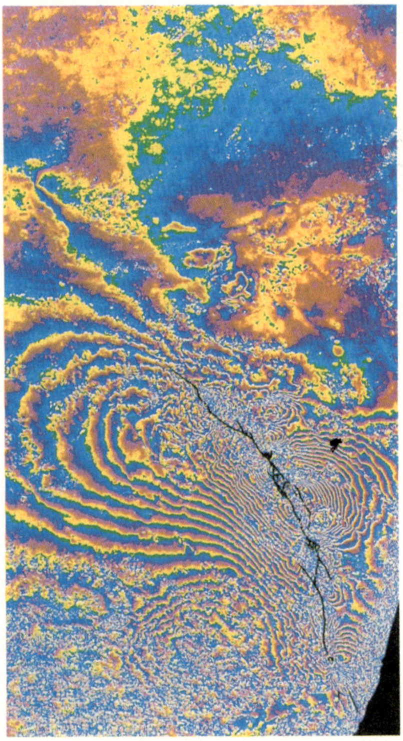

为什么我国会有如此频繁的地震呢？根据科学家研究，全球有4个主要的地震带。它们是：1. 环太平洋地震带，它是全球最重要也是最大的地震带，每年发生的地震占全球地震释放能量的75%～80%。2. 地中海—喜马拉雅地震带，也是一个重要的地震带，每年发生的地震占全球地震释放能量的11%～15%。3. 大洋中脊—裂谷地震带，该带的特点是地震非常活跃、频繁，但多为震级很小的弱震和浅震。4. 位于大陆内部规模较小的地震带，如亚洲中部、美国东南部等。它由分散在大陆内部延长距离较小的地震带组成。规模虽然较小,但历史上也发生过若干次强烈地震。如 1902 年新疆阿图什附近的 8.25 级大震,1920 年宁夏海源的 8.5 级大震等。

从上述世界地震带的分布可以看出,我国国土的大部分地区正处于环太平洋地震带和地中海—喜马拉雅地震带的交汇处,而西北地区又处于大陆内部地震带中。正是在这三个地震带的夹击下,我国自然成了一个地震多发的国家。根据中国科学院地球物理研究所的研究和历代发震的情况,我国境内可划分出 23 个次一级的地震带,其中隶属环太平洋地震带有:郯城—庐江带、燕山带、东南沿海带、台湾东部带、台湾西部带等;隶属地中海—喜马拉雅地震带的有:西藏蔡隅带、西藏中部带、滇东带、武都—马边带、康定—甘孜带、安宁河谷带、腾冲—澜沧带、滇西带;受环太平洋和喜马拉雅带共同控制的有:山西带、河北平原带、银川带、六盘山带、天水—兰州带,渭河平原带等;属于大陆内部地震带的有河西走廊带、南天山带、北天山带、塔里木南缘带等。当然除上述 23 个地震带外,别的地方也不是没有地震发生,只是发生地震频率低,震级一般较小,譬如上海,除了周边地区的地震影响之外,自 1475 年以来的五百多年中发生在上海境内的地震仅记录到 89 次,平均每年仅 0.1～0.2 次,且记录到的最强地震是 1624 年发生在今黄浦区(原南市区)的 5.0 级地震。而上述 23 个带则不同,是我国历代大地震的主要发生地,且发生地震频率也很高。从 1900 年到 1975 年初,我国境内曾发生 6 级和 6 级以上强震 458 次,其中绝大部分都发生在上述地震带内。本文开头讲到的 2004 年上半年发生的 14 次 5 级以上地震也均分布在这些带中。

根据近千年来的历史记录,人们还发现我国地震的发震时间,还存在一种周期性,即可区分出四个活跃期和三个相对平静期。

第一活跃期:1011～1076 年左右,计 66 年。第一平静期:1077～1289 年,计 213 年。第二活跃期:1290～1368 年,计 79 年。第二平静期:1369～1483 年,计 115 年。第三活跃期:1484～1730 年,计 247 年。第三平静期:1731～1811 年,计 81 年。第四活跃期:1811～至今,大于 193 年。

在活跃期里,不仅地震发生频率高,而且还常有大震、强震发生。如我国华北地区,1811 年前发生过 5 次 8 级大震,其中一次处于第二活跃期内,那是 1303 年山西赵城—洪洞的 8 级大震;另外四次均处于第三活跃期内。

鉴于我国地震的多发性,而且时不时还会发生规模巨大的破坏性地震,常会给人们的生命财产与国家的经济建设带来严重的灾害。因此加强地震的研究,提高地震预报的准确率显然是十分必要的。

(张庆麟)

地动山摇的力量源泉

1999 年 9 月 21 日凌晨 1 时 47 分在我国台湾岛，正在酣睡中的人们骤然被一阵剧烈的震动惊醒。一个叫阿慧的女孩感到天旋地转，顷刻间家中的墙壁全都倒塌下来，她还听到弟弟和妈妈凄惨的喊叫声，自己则幸亏未被压着，埋在瓦砾的孔隙中，数小时后才侥幸获救，而弟弟和妈妈则永远地离开了她。据事后调查，这场发生在台湾的 7.6 级大地震，使全岛 3.6 万平方千米都感受到明显的晃动，甚至远在海峡对岸的福建省也有震感。地震导致几百座楼房倒塌，有些楼房甚至是整个陷入地下，还有桥梁、道路断裂，山体崩塌，著名的日月潭风景区一夜间面目全非，到处是断墙残垣，一派残败的景象。这次地震还造成近三千人死于非命，近万人伤残。

台湾 921 大地震损失分布状况图

这次台湾地震虽然破坏剧烈、损失惨重，但还远远不是最惨烈的一次。1976 年发生在我国唐山的 7.8 级地震,导致 24.2 万人死亡,16.4 万人伤残,昔日兴旺繁华的唐山市顷刻间变成一片废墟。

7.8 级在近代的记录中还远不是最强烈的地震。已记录到最强烈的一次是 1960 年发生在智利的 8.9 级大地震。这次地震不仅瞬时使震区的几十万栋房屋变为废墟,还使南北长 480 千米、宽 19～29 千米的区域在几分钟内下沉了 2 米;使附近的湖岸崩塌,湖水流溢,淹没了 65 千米外的瓦尔的维亚城;大震后 47 小时,又诱发了火山爆发,喷出的火山灰和蒸汽高达 7～8 千米,还有熔岩溢流;大震还引起巨大的海啸。海啸掀起的巨浪在横越整个太平洋后到达日本的岩平县,竟然还把在海边停靠的渔船,抛到高出海面 2～3 米的码头上,压塌了岸边的民房。可见地震的威力是多么巨大!据统计,地球上每年平均约发生地震五百余万次。虽然其中绝大多数是人们不能直接感觉到,只有依靠仪器才能测出这样的弱震和微震,但每年平均仍有 5 万多次地震是人们能够直接感觉到的;而能造成严重破坏的 7 级以上地震,则每年平均也有十几次,8 级以上地震则每年平均有 1 次。

地震时地动山摇,破坏力巨大,那么它的这股力量是从哪里来的呢?

地质学家认为,地震是地壳运动的表现,它的形成和发生主要来自地球内部的作用力,简称“内营力”。它包括地球内部热源产生的热力,地球自转产生的离心力,地心引力即重力,以及地球物质发生相变而产生的相变力等等。总之,凡是来自地球内部的作用力都属于内营力。

先说热力。大家知道,地球有着一个炽热的核心,据推算,地核的温度大约在 2 000 ℃～6 000 ℃。毫无疑问这一热量必然会向四周传递,加热着周围的物质。本来这样高的温度足以让许多物质熔融成为液态,但在地球深处的物质又承受着来自浅部物质的巨大压力,这就迫使其只能以体积较小的固态形式出现。其中位于地幔上部的软流圈里的物质,由于那

台湾 921
地震破坏严重

里承受温度的影响大于压力的影响,其物质虽然没有熔化成为液态,但却也不是刚硬的固态,而是呈现为具有一定塑性的橡皮泥般的状态。这种状态使它可在热力的影响下发生流动,从而带动地球浅部的岩石也发出移动。地球内部的热量,除了来自地核之外,还来自一些放射性元素蜕变产生的热。由于放射性元素的分布很不均匀,所以这种热也是不均匀的。当局部范围内放射性热聚集到一定程度时,有可能使该范围内的岩石突破压力的影响,转化成为液体——岩浆。于是它的体积迅速膨胀,对周围的岩石产生巨大的压力。就像水变成冰时,会因体积膨胀而把盛器胀裂一样,膨胀的岩浆也会把周围的岩石胀破,发生错位、移动,引起地震。另一方面膨胀的岩浆还因体积增大而变轻,于是它又会在地球重力的影响下发生轻物质上浮、重物质下沉。若岩浆上浮直达地面,便表现为火山活动。

地球自转产生的离心力,也是引起地震和地壳运动的重要原因。我国著名地质学家李四光曾注意到,当地球转速加快时,在离心力作用下地球就会变得更扁一些,于是两极物质便会向赤道方向迁移;反之,赤道物质则向极地迁移。他还指出:地球表面的“山字形构造”正是这种作用的结果。

重力的作用也在不停地调整着地球物质的分布,使轻者上浮、重者下沉。当然伴随着这一过程也会出现一系列的地震。

相变力也许大家比较陌生。但上面我们讲到的水变冰就是一种相变,即物相的转变。在地球内部由于温度压力环境的变化,常会使某些物质发生相变。当在一个相当大的范围内发生这种相变时,所产生的巨大膨胀力或收缩力,必然会对周围产生重大的影响,迫使它们产生错位、移动并引起地震。

需要指出的是,这些不同的作用力往往都不是孤立地发挥作用,而是常常在同一时段同一范围内分别发挥作用,从而引起影响广泛且剧烈的地壳变动。

此外,引起地震的除了主要来自内营力外,也有一小部分是来自地球外部作用力——外营力。人们已经发现,月球的引潮力、太阳的活动都曾对地震的发生起到诱发的作用,还有干旱或洪涝灾害、气候的剧变对地震也有诱发作用。近代人们的大规模工程活动,如修建大型水库、开采深部矿产、向深井注水等都曾有引起地震的记录。

（张庆麟）

趣说南极

南极,从严格定义说只指地轴的南端点,但人们却习惯于把“南极地区”也简称为南极。其实南极地区是包括了南纬66°33′南极圈以南的全部区域。而南极洲则是围绕南极的大陆,绝大部分在南极圈内,为太平洋、大西洋和印度洋所环绕。

最早去南极探险的是英国著名的航海家詹姆斯·库克。他在1772～1774年间率领“冒险”号和“果敢”号帆船,两次深入南极区,并作了环绕南极区一圈的航行。可惜由于浮冰的阻隔,他没能深入南极圈,更没有发现南极洲的存在。后来,俄国的白林斯高津于1821年第一次发现了南极大陆的存在。1840年1月,美国人查理士·威克斯和法国人杜芒·杜维尔,前后登上南极大陆,仅相差10多个小时。而第一个在南极圈内建立科学考察站的则是挪威的包尔赫克利文柯。他在1899年2月率领10人从罗斯海西面的爱德尔岬登陆,并在那里建站,还第一次在南极洲上度过了冬天。然而,由于严寒、冰雪和风暴的阻挡,人们直到1911年12月14日才踏上南极点。完成这一使命的是挪威著名探险家阿蒙森。

从人类登上南极陆地至今,已过去了160多年,但由于严酷的自然条件的限制,人们对南极地区的了解仍有许多空白,还有不少未解之谜。因此,南极一直吸引着世界许多科学家来此探险考察。这里我们只介绍与南极有关的几个有趣的问题。

先说南极的时间。众所周知,由于地球的自转,世界各地太阳升起的时间并不相同。当我国东部地区太阳位于中天的午时时分,位于我国西方的莫斯科或开罗,太阳才刚刚升起;更西方的加拿大纽芬兰岛,还有南美的圭亚那、委内瑞拉则正处于半夜零点时刻。这是因经度不同而引起的时间差异,为了避免由此而产生的混乱,人们设立了时区。全球共分24个时区,每15个经度为1时区,在同一时区内的各地,均采用该区的标准时间。如我国东部位于“东八时区”,现在使用的“北京时间”便是该区的标准时间。而且位于该时区的菲律宾、加里曼丹岛,以及澳大利亚西部,全都使用这一时间。

那么南极点使用的是什么时间呢?对这一问题,估计能回答上来的读者(包括专家学者)最多为1%吧!如上所述时间是和经度密切相关的。地球上不同的地方有不同的经度,从而有不同的时间。但是,在整个世界所有的经线汇集为一点的地方——南极点该采用什么时间，确是一个难题，因为按地理科学的道理，南极点无论采用全球 24 个时区中的哪一个区时作为南极点时间都是对的。但到底该采用哪一个区时呢？

近读《秦大河横穿南极日记》才知道南极点所采用的时间。真是既在意料之外，又在情理之中。秦大河在书中写道：

“我们考察队全体于智利彭塔时间 12 月 11 日下午 5 时到达南极点。极点使用的是新西兰时间为 12 月 12 日上午 9 时。”

南极点时间为新西兰时间。你再查查“世界时区”图，可以知道新西兰时间为东 12 区的区时，多么有意思，又多么深刻啊！南极点独独采用东 12 区的区时，这是地球上新的一天开始得最早的地方，是最先迎来日出的地方。南极点不仅在人类的认识上是“新的”，在时间上也是“新的”，可以说，地球上最先迎来日出的地点是南极点。

再来说说南极的方向。在地图上的方向是上北下南、右东左西。若是站在地面上，早晨面向太阳，前方是东，后方是西，左面是北，右面是南；夜晚面对北极星，前方是北，后方是南，右手为东，左手是西。诸如此类的方法，可以帮助我们判断方向。但是，如果你是站在南极点上，又该怎样判定方向呢？

我们知道，在地球仪或地图上有连接地球两个极点的经纬线。经线或称子午线，它也是表示南北方向的线，所以也有称其为南北线的。垂直经线的横线即纬线，则是表示东西方向的线。在南、北两个极点上，南纬 90°和北纬 90°这两条纬线，分别收敛成一点。所以在极点上是没有东西之分的。与此同时，经线也汇聚成一点，也失去指示南北的意义，它要么只指北（在南极点上），要么只指南（在北极点上）。

也就是说如果你站在南极点上，你习惯上指示东西南北的方法将完全失灵，此时你的周围已无所谓东西和南方，只有北方；无论你向哪个方向跨出一步，都是朝北走。此时你抬头将可看到头顶上有一颗比北极星微弱得多的星星，它便是南极星（它距天南极不到 1°），而太阳则总是在北方的天边转圈。

再说南极大陆与北冰洋的奇妙对应关系。按理说南极洲和北冰洋分别位于地球的两端，且一个是大陆，一个是海洋，好像风马牛互不相干。然而，有趣的是它们却有着非常奇妙的对应关系。

首先是它们的面积大致相等。北冰洋和南极洲大约均为 1 400 万平方千米。其次在高程上是正负对应。北冰洋的平均深度为 1 280 米；而南极大陆的平均高度为 3 350 米，但其上冰层平均厚度有 1 880 米，扣去冰层实际高度，为 1 470 米。第三，北冰洋最深与南极洲最高处对应。北

南极斑海豹

冰洋的最深处为5 330米；南极大陆最高峰文森峰，海拔5 139米。第四，是北冰洋和南极大陆外形上的相似。北冰洋有一个惟一的出口与外界相连，那就是沿格陵兰东海岸通往大西洋的海洋出口；而在南极大陆也有一个惟一的向外突出的半岛即南极半岛。如果把两个极点重叠在一起，再把其中一个旋转75°，就会发现两者的边界轮廓竟大致吻合，偌大的南极洲正好嵌在北冰洋中，而且南极洲突出的半岛也正好落在北冰洋迈向大西洋的海洋出口处。所有这一切都似乎表明：南极洲是从北冰洋里挖出去的。

这究竟是一种偶然的巧合，还是蕴藏有什么深刻的自然之谜？人们至今还无法作出合理的解释。

（吴胜明　张庆麟）

南极洲的世界之最

1. 南极的冬季是地球上最寒冷之极。

2. 暴风雪最强之地，最大风速达到100米/秒，被喻为“世界的风极”，“风暴杀手”。

3. 冰雪量最多的大陆。南极大陆上的大冰盖及其岛屿上的冰雪量约为24×106立方千米，大于全世界冰雪总量的95%。

4. 最干旱的大陆。南极是世界上最干旱的地区，是干燥的“白色沙漠”。

5. 平均海拔高度最高的大陆。冰盖的平均厚度为2 200米，最大厚度达4 800米，使南极大陆的平均海拔高度达到2 350米，居世界之首。

可怕的北极浮冰

人类要了解北极，利用北极，让北极为人类造福，人类就要抵达北极地区，直达北极点进行综合科考和研究。但是，去北极考察也好，探险也好，总要遇到三个自然界的“顽敌”：严酷的气候、可怕的浮冰、漫长的极昼和极夜。在三个挑战中，对人类威胁最大的是漂浮的冰块，即浮冰。

原来北极周围为北冰洋所包围，北极地区覆有冰被（冰像一床巨大的被子盖在上面）的水域面积为1 500万平方千米以上。有些冰覆盖的水域并不是终年不化的，如北冰洋周围的喀拉海、拉普拉帖海、东西伯利亚海和波弗特海的南部等，一年中有1～2个月部分解冻，这样就形成了浮冰。北冰洋中心地区连续结冰的区域，冬季为1 200万平方千米，而盛夏缩小到800万平方千米，即有400万平方千米是浮冰区。浮冰的下面是海水，由于海水的流动，浮冰漂浮不定，难以捉摸，给探险者带来极大的危险。

1844年，美国极地探险家约翰·富兰克林率领一支129人的庞大探险队，乘坐当时动力最大、装备最好的“阴阳界”号（370吨）和“恐怖”号（340吨）三桅帆船，前往北极探险，最后进入一个塞满冰块的狭窄水道，

北极的爱斯基摩人和他们的亲密伙伴

探险船进退两难,滞留 2 年后,两船终于被挤成碎片。探险队员只能弃船徒步南撤。

夏季,北冰洋中的浮冰让探险家望而却步。1819 年,美国探险家爱德华·帕里,选择冰封的冬季去北极,眼看就要进入通往北极的西北航道(即今天加拿大北部地区),但无法战胜海冰。最后,也不得不在一个冰封的狭窄航道面前退缩了。

1879 年 7 月 8 日,美国海军上尉乔治·华盛顿·德朗率领 32 人,乘坐"珍妮特"号去北极探险。船行到萧勒尔德岛附近时遇到大片浮冰,滞留到 12 月 1 日,船被结结实实冻在冰层里。直到 1881 年 6 月 12 日,德朗终于下令放弃"珍妮特"号,借助雪橇南撤。但最终因粮尽和严寒而全军覆没。

1881 年,美国少校阿道弗斯·W. 格里利率领 26 名探险队员乘"海神"号到达加拿大北极地区的埃尔斯米岛。正欲向北伸入到北纬 83°24′时被浮冰所困。23 人在船上坚持 2 年,后因支援队未及时到达,于 1884 年夏全部病饿而死。

北极浮冰不仅给 19 世纪的探险家带来巨大的危险和灾难,同样给今天征服北极的中国科学家制造了麻烦和危险。1982 年 6 月,武汉地院的吴瑞棠和卢顺容在北极的斯匹次卑尔根群岛考察,给他们留下最深印象的就是浮冰。他们在"北极考察散记"中写道:"岛上巨大的冰川内部,隐伏着无数大裂缝。每当夏季,上层覆盖的冰雪融化而变薄,稍不留意就有可能掉进深不见底的冰裂缝里,有去无回"。1995 年 4 月 24 日,中国科考队 7 人,从北纬 88°出发,向北极点进军,里程仅 220 多千米,却走(即滑雪)了 12 天。最大障碍就是浮冰和冰裂缝。"魂飞北极"一文作者位梦华说:"北冰洋上的冰裂缝千姿百态,蜿蜒曲折。有的直接张着大口、海水裸露,翻滚流淌,像一头饥饿的野兽,恨不得把一切吞食。""4 月 25 日,一条冰缝挡住了去路,大约有数米宽,让狗拉着雪橇奋力冲了过去,人再踩着滑雪板小心翼翼走过去。但是,由于雪橇一过,冰已被压破,我只能绕到旁边而过。谁知刚走到裂缝中的浮冰上,右脚却陷了进去,水哗地浇了上来,溅了一裤子,幸好左脚的冰块还算结实,没有垮下去,否则双脚悬空,必然落入水中。脚上的靴子有八九斤重,水温在−2 ℃左右,气温−30 ℃左右,即使能够爬上来,也马上会冰成冰棍,人会很快休克过去。说时迟,那时快,我一看大事不妙,拔脚就往外跳,三窜两蹦就逃到对岸去了。"

(吴胜明)

中国人进军北极的历程

我国位于北半球，中国领土的最北端已达到北纬 53°左右，距北极圈仅十来度之差，因此与南极相比，应该说北极与我国的关系更为密切。事实上，我国科学家早就对北极怀着极大的兴趣。20 世纪 60 年代，笔者在西北大学地理系上学时，到系主任、地理学家傅角今教授家中，他拿出自己编绘的北极地区地图，展示出以北极为中心，苏、中、美三国对峙的格局。我第一次认识到北极与中国的密切关系。时间过去已 40 余年，我国民航已开辟了从北京经由北极飞往美国的航班。北极走进了中国人民的生活之中。

1951 年，武汉测绘学院的高时浏到达北磁极，从事地磁测量工作，成为第一个进入北极地区的中国科技工作者。1958 年，新华社记者李楠乘坐依尔 14 飞机，从莫斯科出发，先后在前苏联北极第 7 号浮冰站和北极点着陆，完成北极考察，成为第一个到达北极点的中国人。1982 年 6 月 21 日至 9 月 2 日，武汉地质学院的吴瑞棠和卢顺容（女），参加英国剑桥大学北极考察队，到达北纬 80 度。1991 年，中国科学院大气物理所研究员高登义，参加挪威组织的北极浮冰考察，首次在北极升起了五星红旗。1991 年、1993 年和 1994 年，国家地震局的位梦华三次深入到北极圈内的阿拉斯加，最北抵达北纬 71 度的巴罗角及附近的北冰洋。1995 年，中国科学技术协会和中国科学院组织了中国北极考察团，在民间的资助下，7 位中国科学家和摄影家，首次完成了中国人自己组织的北极点考察任务。1999 年，我国组织了庞大的首次北极考察队。2004 年 7 月 28 日，我国首座北极站——黄河站建成。

中国人进军北极的大规模考察活动始于 1995 年。这次北极考察有 25 名队员，当年 4 月 24 日早晨 8 时，考察队从加拿大的北极基地雷索鲁特镇（位于北纬 74 度，在康沃利斯岛上），乘双水獭型小飞机出发，同行的还有一支美国考察队，其领队鲍尔和助手瑞克，都有冰上生存的丰富经验，他俩也是中国科考队的教练。飞机中途在北纬 80 度的埃尔斯米尔岛先后两次降落，给飞机加油和人员午餐，当天下午 4 点多钟，飞机抵达北纬 87°59′12″，有 7 位中国人开始了从北纬 88°步行到北极点的远征壮举。他们是：位梦华（地球物理学家）、李栓科（地理学家）、赵进平（物理海洋专家）、刘少创（大地测量专家）、效存德（冰川专家）、毕福剑（中央电视台主持人）、郑鸣（哈尔滨电视台）。北纬 88°离北极点仅 2°，相距约 220 千米，比

“雪龙”号极地考察船是中国南北极考察主要运载工具

北京到石家庄距离270千米要近。我们的7位科考队员整整步行(即滑雪)12天,于1995年5月6日上午10时55分胜利抵达北极点,其艰难程度可想而知。在科学和装备都很先进的20世纪末,我国科考队员步行220千米况且花12天时间。20世纪初的1908年4月21日第一个抵达北极点的科克,所面对的艰险和困难更让常人难以想像。可以说,能到达北极点的人,都是英雄。

1999年7月1日至9月9日,在整整70天中,我国“雪龙”号极地考察船在白令海、楚科奇海和加拿大海盆的多年海冰区(55°N—77°N),进行首次北极实地考察,航程14 114海里。参加考察的有17个单位的66位科研人员,主要进行海—冰—气三者关系的研究。具体课题是:1、北极在全球变化中的作用,对我国气候的影响;2、北冰洋与北太平洋水团交换对北太平洋环流变化的影响;3、北冰洋及其邻近海域生态系统与生物资源对我国渔业发展的影响。通过这次科考,把我国的气候、环流、渔业等放在全球,特别是与北极、北冰洋密切相关这个层面上进行研究,迈出了我国进行全球性研究的重要一步。

2004年7月28日,在挪威的斯匹次卑尔根群岛北极科考基地新奥尔松,我国首座北极科学考察站——黄河站落成。从这天起,中国人不仅走进了北极,而且在北极立足了。这是中国人北极考察中的一个新的里程碑,中国人在北极终于有了“家”。中国的北极黄河站位于北纬78°55′、东经11°56′。黄河站为一栋两层楼房,总面积500平方米,设有实验室、办公室、阅览休息室、宿舍、储藏室等,可供20人至25人同时工作和居住,并建有用于高空大气物理观测等项目的屋顶观测平台。现已有11人组成的科考队,进驻黄河站工作和生活。随着北极科考的深入,其科研成果将为促进我国的经济建设发展,提升全球性科研水平作出新的贡献。

(吴胜明)

中国首测珠穆朗玛峰高度

巍峨壮丽的喜马拉雅山，东西长 240 多千米，南北宽 200～350 多千米。世界上共有 14 座 8 000 米以上的高峰，其中 10 座分布在这里。世界第一高峰——珠穆朗玛峰就在其中。珠穆朗玛峰位于中国和尼泊尔边界东部的中国境内。对它的精确高度，中国人有责任也有能力测出来告诉世界。

早在 1717 年，清朝康熙皇帝曾派出两名搞测量的喇嘛，从青海西宁入西藏，自拉萨沿恒河踏勘地形，绘制山水图志，意欲测绘珠穆朗玛峰。后因战乱，两喇嘛只能依靠翻阅史书，结合民间查访，将珠穆朗玛峰所处的大体位置标在中国地图上。

珠穆朗玛峰高度之谜，始终受世人关注。印度依仗与珠穆朗玛峰为邻的有利条件，根据 1849 年和 1850 年的地形图测算，于 1852 年宣布珠穆朗玛峰高度为海拔 8 849 米，这是珠穆朗玛峰的第一个身高数据。1920 年，印度又派测量队，在距珠穆朗玛峰数十千米远的地方，概略测算珠穆朗玛峰高度。5 年后由美国人算出珠穆朗玛峰高度为 8 882 米的数据。

要获得珠穆朗玛峰正确高度，惟有征服珠穆朗玛峰，在其头顶上竖起测量觇标。这引起了世界各国登山探险家的极大兴趣。1924 年，美国人马洛里和埃尔文率领第一支珠穆朗玛峰登山探险队，结果在 8 150 米高度向顶峰攀登过程中葬身雪原。随后的 20 多年中，又有数支登山队尝试攀登珠穆朗玛峰均以失败告终，相继有 11 名探险者葬身于征服冰雪的途中。1953 年 5 月 29 日 11 时 30 分，由新西兰人埃德蒙·希拉里和尼泊尔人邓金·诺吉，从南麓攀登珠穆朗玛峰终于成功，这是人类第一次征服世界最高峰。但他们没有测量珠穆朗玛峰的任务。

珠穆朗玛峰

新中国成立后，中央人民政府就将精确测量珠穆

朗玛峰高度和绘制主峰地区地形图,列入新中国最有科学价值和国际意义的填空项目之一。从20世纪50年代起,由测绘官兵和地方测绘成员组成的测量珠穆朗玛峰的队伍,以青岛验潮站的平均海面为基准点(即青岛水准原点),从此出发,由北向南,自东向西,一站又一站地埋设水准点,推算高程,行程6 000多千米,直达珠穆朗玛峰脚下的定日县,形成一条水准路线。1960年,测绘人员两次进入珠穆朗玛峰区域,建立定日县到珠穆朗坞峰山麓的大地控制网。并于1966年中国登山队员首次登上珠穆朗玛峰,为测量珠穆朗玛峰进行考察。后因文革而中断。

1975年1月,国务院、中央军委下令登顶测量珠穆朗玛峰高度。一支由测绘官兵、地方测绘人员和登山运动员参加的测量珠穆朗玛峰高度的队伍很快组成。

1975年3月21日,由38名测绘官兵和11名地方测绘人员组成的队伍,赶在登山运动员攀登珠穆朗玛峰之前,从海拔5 400米的绒布寺大本营出发,把大地控制网推向珠穆朗玛峰北麓。4月20日,两名测绘战士随登山运动员到达7 790米的高空风口。5月27日14时30分,我国9名男女运动员登上顶峰,埋置3米高的红色测量觇标,测绘人员把仪器对准觇标,测得珠峰的高度,扣除峰顶积雪深度后,算出珠穆朗玛峰高度为8 848.13米,最大正负误差小于0.36米。中国政府于1975年7月23日授权新华社向世界宣布:"中国测绘工作者精确测得世界最高峰——珠穆朗玛峰的高度为海拔8 848.13米。"珠穆朗玛峰这个精确数据,立即得到联合国教科文组织和世界各国的承认,并成为世界地图集和教科书上的权威数据而沿用至今。

自然界的一切事物都在不断运动和变化之中,珠穆朗玛峰的高度同样如此。由于印度板块不断向北漂移挤压欧亚板块,致使喜玛拉雅山脉以平均每年0.33～1.27厘米的速度上升,导致珠穆朗玛峰在悄悄地以每年6～7厘米的速度向北移动的同时,又在不断地作上升运动。其次,量算珠穆朗玛峰高度,还涉及峰顶积雪厚度的变化,测量基准点高程的变化,测量的方法和时间等众多因素的制约,使每次测得珠穆朗玛峰高度都不一样。1992年,中国采用最新测绘技术,又一次对珠穆朗玛峰进行测量,得出8 846.27米的结果。而1999年,5名美国人组成的登山队,在登上珠穆朗玛峰后,打开可接通全球卫星定位系统的计算机,工作了50分钟,计算出珠穆朗玛峰高度为海拔8 850米的结论。以后再有测量,又会得到不同的结果。时至今日,世界公认的珠穆朗玛峰高度还是1975年7月23日中国政府宣布的8 848.13米。

(甘德福)

郑和七下西洋的创举

2005年是明代航海家郑和出访大西洋600周年。中国政府举行了大型纪念活动。作为这次活动的前奏，“华人只身环球航海第一人”的翁以煊和香港凤凰卫视的两名摄影记者，登上吨位为10吨的凤凰帆船，于2004年8月8日从当年郑和七下西洋的起锚地江苏太仓港出发，沿着郑和当年的七下西洋的路线，历时8个月，争取在郑和之旅600周年纪念活动时返回。

在世界航海历史上，明代郑和七下西洋的伟大创举，无论规模、时间和路程，都是举世无双的。郑和从1406年到1433年，曾七次率领船队，从江苏太仓港起锚出航，在南中国海和印度洋上进行航海地理考察。最南到达爪哇，最北到达波斯湾和红海内的默加(即今麦加)，最西到达非洲的东海岸。

郑和七下西洋，率领62艘大船和27 800余人，是15世纪航海史上最宏伟的船队。比郑和晚80多年的哥伦布(1451—1506)的船队和晚100多年的麦哲伦(1480—1521)的船队不知大多少倍！1492年哥伦布发现美洲新大陆的航行，只带3艘重不足100吨的小帆船；1519年麦哲伦环

郑和下西洋航海图

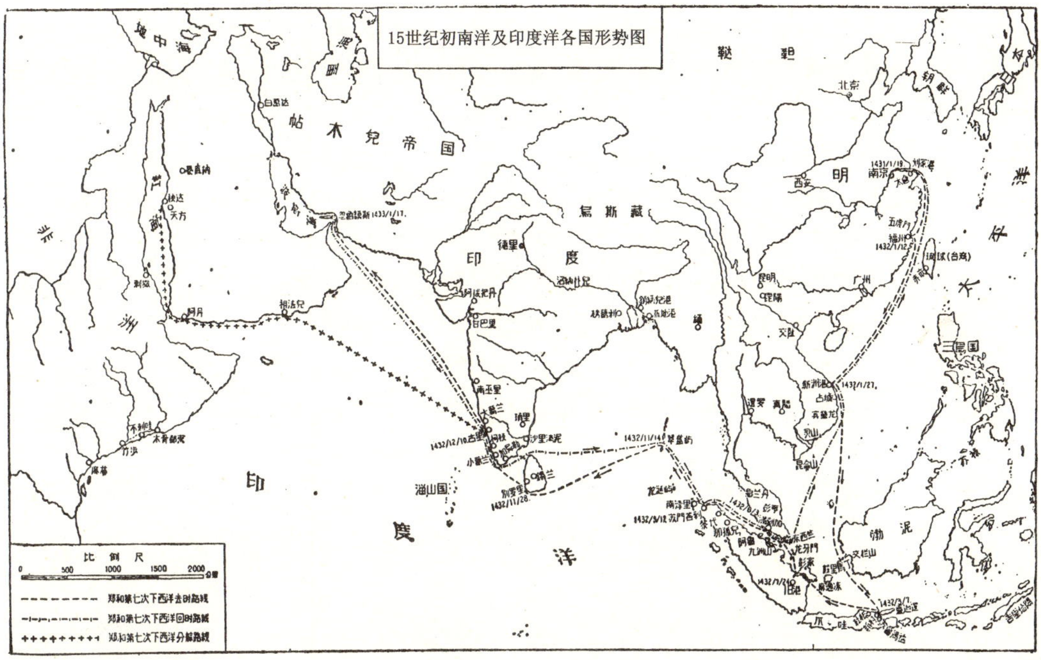

球航行,只带5艘旧船,200多个人。郑和每次出海航程都超过1万海里(即往返路程)。郑和七次航行的总里程超过10万海里。哥伦布从直布罗陀海峡到中南美洲的往返航程仅为郑和的一次航程。麦哲伦船队环球航程仅为郑和七下西洋总航程的三分之一。就郑和七下西洋的装备和航海能力来说,中国人比西方人至少要早一百多年就完成发现新大陆和环球航行的伟业。可惜的是,明代封建统治者派太监郑和七下西洋的目的在于"耀兵异域",以显示中国的强大,根本没把环球航行的地理考察放在重要位置,故而失去发现新大陆,完成人类对地球形状认识的飞跃,因而与西方人环球航行的收获相比大为逊色。

郑和1371年出生,11岁被征入宫做太监,此后成了中国航海史上的传奇人物。郑和七下西洋开辟了古代海上丝绸之路航程最长的远洋航线;1405年之后的28年间,郑和七次奉旨率船队远航西洋,航线从西太平洋穿越印度洋,直达西亚和非洲东岸,途经30多个国家和地区。郑和的航行比哥伦布发现美洲大陆早87年,比达伽玛早92年,比麦哲伦早114年。在世界航海史上,郑和被认为开辟贯通太平洋西部与印度洋直达航线的第一人。

这次翁以煊和他的"凤凰"号帆船,重温当年郑和下西洋航程,奏响郑和出访大西洋600周年大型纪念活动的号角,从当年郑和起锚之地起航了。以一个现代中国人的视角重温一次历史。他说:"这是一个重新认识过程,而不是考古。这是从另外一个视角告诉世界,现代中国人对于大海的新认识。"翁以煊于2004年8月8日从太仓港出发,经越南、文莱、马来西亚、印尼、新加坡、泰国、缅甸、斯里兰卡、马尔代夫、印度、巴基斯坦、伊朗、阿联酋、阿曼,最后抵达肯尼亚,往返航行8个月,这艘长12米、宽4米、10吨位的"凤凰"号帆船在海上经受了8个月的惊涛骇浪,狂风暴雨的洗礼。

郑和七下西洋为什么没有带来"地理大发现"?据中科院自然科学所研究员宋正海说,地理大发现需要强大的持续的动因。郑和七下西洋的动因是为明代统治者推行怀柔政策的政治目的而远航,不是为经济,更不是为地理考察的。郑和只是奉皇帝旨意而出洋。

从13世纪开始,西方的商人和冒险家们醉心于《马可波罗游记》所描绘的神话般的东方财富,纷纷做起"黄金梦"。然而,当时土耳其帝国控制了地中海到东方的传统商道。另一条从地中海经埃及由红海通往印度洋的海路,又控制在阿拉伯人手里。西欧各国迫切需要寻找一条绕过地中海通向东方的新航路。这就是欧洲人地理大发现的强大而持续的动因。

(甘德福)

海洋最深处的秘密

茫茫无涯的海洋，浩瀚寥廓，深邃难测。随着现代科技的人造卫星和遥感技术的应用，我们对海面上的一切已了如指掌，但隐伏在厚厚水幕之下的海底，以及它潜藏着的许许多多秘密至今未被揭开。

要探索海底秘密，必须潜入海底。巨大的水压和缺氧给人们设置了障碍。物理知识告诉我们，水深每10米就会增加1个大气压。若水深100米，水压达10个大气压，再加上地面的1个大气压，人在水下100米处身体将被压扁。后来采用吸入压缩空气来解决人被压扁的问题。但是又发现人在水下吸收氧气的压力超过3个大气压时，就会发生氧中毒。在4.7个大气压下人又会发生氮中毒。为此采用氦氧混合气体，潜水员下潜深度一般仍不能超过140米的生命关卡。以后发明潜水装置，最大难题是抗衡水的压力。实验证明，在水深1 000米时，潜水器受100个大气压，用特殊钢板做的壳体，钢板厚度必须超过4厘米。潜水器壳体的材料和制造工艺一直不能满足人们深入海底的需要。直到20世纪五六十年代，科技的进步才为人们打开了通向深海底层的大门。皮卡德父子对此做出了杰出的贡献。

奥古斯特·皮卡德，1884年1月出生在瑞士的巴塞尔，毕业于瑞士苏黎世大学，学的是机械工程。他20岁时，就成为比利时布鲁塞尔大学的教授。皮卡德研究了大气中的宇宙线和电离层后，对载人升空气球产生了兴趣。

当时盛行吊篮式升空气球，但这种气球无法克服高空严寒和空气稀薄对乘员生

五彩缤纷的海底世界

命的威胁,升空高度受到影响。皮卡德设计出了一种铝制的密封舱,解决了这两个难题。1913 年,29 岁的皮卡德乘坐自己设计的气球,垂直上升到 16 千米的高空,到达了平流层。皮卡德这次在密封舱内舒适而安全地飞行了 16 个小时,飞越了德国和法国的上空。这次创纪录的飞行,独特的密封舱及对高空平流层的考察,使皮卡德成为高空探险的佼佼者。

1933 年,49 岁的皮卡德在美国的芝加哥认识了正在从事深海探险的美国动物学家毕比。毕比描述的深海之瑰丽景象,深深吸引了他。1937 年,53 岁的皮卡德完成了最后一次气球升空探险后,就转向深海了。

深海探险有三大难题:一是水中呼吸,二是压力,三是深潜器的上浮问题。皮卡德知识渊博、精通机械,又是一位勇敢顽强、不畏艰险的探险家,他有信心、有能力解决深海探险的难题。皮卡德开始设计深潜器,后来由于第二次世界大战爆发而中断,直到 1948 年,才在比利时国家科学研究基金会的资助下得以完成。

1948 年,皮卡德已经是 64 岁的老人了。他要在自己设计的深潜器中进行第一次潜水试验,这是要冒很大风险的。因为这个深潜器不用钢缆系于母船上,全靠自身来完成下沉上浮的动作。一旦出了问题,后果不堪设想。皮卡德再一次把生死置之度外,亲自乘坐深潜器下潜到 25 米,并安全返回。虽下潜深度不大,但说明这个潜水器是适用的。

1948 年 10 月,皮卡德又一次进行无人驾驶的深潜试验,达到 1 400 米的水深。返回海面后,遭受狂风袭击,浮体虽然坏了,但密封舱完好无损。1950 年,他又研制出一个深潜器,命名为“FNRS-3”号。他带着儿子乘坐“FNRS-3”号深潜器,成功地下潜到 3 048 米的深度,远远超过当时美国著名的深海探险家毕比的下潜深度。

1952 年,小皮卡德协助父亲设计建造了一艘新型深潜器,这就是后来到达世界海洋最深点的“曲斯特”号。1958 年,“曲斯特”号转让给美国海军。小皮卡德随之来到美国,亲自指挥“曲斯特”号的改装,并先后进行 5 000 米、5 530 米、7 320 米的深潜作业。1960 年 1 月 23 日,“曲斯特”号来到西太平洋菲律宾东面的地球海洋最深处——马里亚纳海沟海面。8 时 23 分开始下潜,到 13 时 06 分,人类终于第一次到达海洋的最深处,深度为 10 919 米。15 时 56 分,小皮卡德和助手沃尔什乘坐的“曲斯特”号顺利浮出海面。人类在 20 世纪初抵达北极和南极;在 20 世纪 50 年代就登上地球之巅——珠穆朗玛峰;但是直到 20 世纪 60 年代的第一年才到达万米之深的海底。

(吴胜明)

洞穴探险

地球的表面有高山、河流、海洋、盆地、高原、平原、丘陵等。但人们往往忽视了洞穴的存在,洞穴可是地球表面常见的地貌。地球上有多少个洞穴?至今无人统计也无法统计。以中国为例,目前仅在石灰岩中已有数以万计的溶洞被发现。其中湘西有2 400 多个溶洞,广西桂林至阳朔一带有大小溶洞 2 000 个,浙江也有 1 200 个,四川的兴文县面积在 1 万平方米以上的大型溶洞就有 20 个,贵州省已考察过的溶洞达到 600 多个,素有“洞天世界”之称的江苏宜兴,石灰石地层中密布溶洞。洞穴如此之多,那么人类要了解地球,就一定不能舍弃这个领域。

洞穴一般分布在与地面隔绝的黑暗危险的地下或丛山峻岭之中。大多数洞穴中还有湍急的地下河及险滩,飞泻的瀑布,甚至还有各种各样具有攻击性的动植物,加上洞中随处可见的危崖悬石。但这些无法阻止人类进军和开拓洞穴这个领域的勇气和脚步。20 世纪中洞穴探险取得了一个大飞跃。主要体现在以下 3 个方面:

一、洞穴探险的深度日新月异

1932 年,法国著名洞穴探险家诺尔贝尔·卡斯德雷,为了帮助比利牛斯水电公司在西加莱尔盆地寻找到一处从水库泄漏的地下水源,历时 3 年,探洞 13 次,于 1935 年 9 月发现了当时法国最深的地下洞穴(深 302 米)。他把这个洞穴命名为马合尔洞穴,以纪念他最崇拜的一位洞穴探险家。

1950 年,2 名法国洞穴探险家在西班牙边境的比利牛斯山中,完成了对皮埃尔·圣马丁山洞的探险。这是一个垂直的竖井洞,探测深度达到 320 米。1960 年初进一步探测,深度超过 1 000 米。1975 年又进一步加深到1 332 米。1989 年 3 月查明为 1 342 米。一个洞穴历经近 40 年的探险,从深度 320 米增加到 1 342 米,说明探险的艰辛和洞穴探险的日新月异。

目前,人类发现最深的洞穴,深 1 710 米,位于格鲁吉亚境内。另外,洞深 1 602 米的法国让·伯纳德洞是世界著名深洞(现排列第四)。该洞是法国洞穴探险家让·伯纳德于 1963 年发现。为纪念他而以其名字命名。

二、独居洞穴的时间不断延长

20 世纪洞穴探险增加了一项新内容——独居洞穴时间的探险。这种探险考验人对黑暗和孤独的忍耐力,考察人的生理和心理的变化,培养一个人在困境中生存下去的意志和信心。

洞穴探险

1986 年 12 月 14 日,意大利探险家,33 岁的蒙塔尔比尼来到意大利的安科纳山区,进入深度为 182 米的弗拉萨西溶洞中,温度为 14 ℃,湿度高达 98%。在洞中生活到 1987 年 7 月 12 日,独居洞穴 210 天。

1991 年 11 月 22 日,法国探险家,26 岁的帕斯卡·巴里耶,只身进入法国南部比利牛斯山脉中一个深入地下 50 米,长约 40 千米的山洞中生活了 113 天。他深有感触地说:"孤独和黑暗快把我逼疯了。"1988 年 8 月 10 日,法国 33 岁的女洞穴学家维罗妮凯,只身进入 82 米深的瓦拉-内格莱洞。为一项科研工作,她全身布满测量仪器的导管,还不断采尿和血作实验。她在洞中生活 110 天,首创妇女洞穴探险世界纪录。

三、洞穴探险装备的飞速进步,由此带来洞穴探险的普及

古人探洞,装备原始。1632 年,45 岁的徐霞客探查雁荡山中灵岩的两个圆洞,用的是"架木悬梯法",即木梯加绳子的方法。1636 年,49 岁的徐霞客探查浙江兰溪的双龙水洞时,借用农家木制洗澡盆,脱衣入盆,赤身入水,推盆入洞探测,木制火炬照明。

现在的洞穴探险家,头戴钢盔,电石或电池照明,尼龙绳捆身,铝合金螺钉固壁,小滑轮连接,防水服穿身,尼龙睡袋作床,防水笔记本随身,药物和饮食都是高科技产品,大大减少了洞穴探险的难度和危险性,为普及洞穴探险创造了条件。

近代的洞穴探险促进了与洞穴有关的系列学科的发展,如洞穴地质学、洞穴考古学、洞穴生物学、洞穴医学等都取得了令人瞩目的成就。同时又促进了洞穴旅游业的发展。当今世界各地不乏让人流连忘返的洞穴景观,吸引成千上万游客蜂拥而至。还有许多洞穴被开发利用成为战时避难所和战略物资储藏地。可以相信,随着人们对洞穴认识和研究的深入,洞穴的价值将越来越大。

(吴胜明)

内陆国、岛国和沿海国

地球上有200余个国家和地区。在地理学上按国家和海洋的关系，世界上的国家可分为内陆国、岛国、沿海国三类。内陆国是指不靠海的国家，四周均为陆地，没有一寸海岸线；岛国则四周均为海洋；沿海国则是内陆国和岛国的过渡类型，它的领土疆界一部分为陆疆，另一部分为海疆。

世界上的内陆国并不多。亚洲有蒙古、尼泊尔、锡金、不丹、阿富汗、老挝、哈萨克斯坦、亚美尼亚、阿塞拜疆、乌兹别克斯坦、吉尔吉斯坦、土库曼斯坦、塔吉克斯坦等13国。其中哈萨克斯坦需要特别介绍。它位于亚洲最西北部，西起里海，东至阿尔泰山与中国新疆相接。尽管其西面是里海，因为里海是湖而不是海，所以它仍是一个内陆国。其面积271.7平方千米，居美、俄、加、中、巴西、澳、阿根廷和印度之后。它不仅是世界第九大国，而且还是世界上最大的内陆国家，人口只有2 000万，是个地广人稀的国家。哈萨克斯坦矿产资源丰富，特别是铜、铅、锌的储量(人均占有量)名列世界前茅。可惜地处内陆，交通不便，国家经济欠发达，资源尚未充分开发利用。

欧洲的内陆国家有13个：匈牙利、捷克、斯洛伐克、奥地利、列支敦士登、瑞士、卢森堡、安道尔、圣马力诺、梵蒂冈、白俄罗斯、摩尔多瓦和马其顿。其中三个特殊小国——列支敦士登、圣马力诺和梵蒂冈值得介绍。

新西兰怀特岛

列支敦士登在瑞士和奥地利之间的阿尔卑斯山谷之中，是个风景秀丽的公园国家。阿尔卑斯山顶终年积雪；山坡上的森林绿草、

羊群、牧人与白雪相映，美妙动人。山中盛产大理石，其国名的德语之意就是“发亮的石头”。该国面积只有 160 平方千米，是上海市面积的 1/10 不到。

圣马力诺是个“国中之国”，四周被意大利的领土包围着，面积 61 平方千米，人口 2 万多。国境线长仅 39 千米，无人把守，出入自由。其经济基础是旅游和邮票。该国风光秀丽、名胜古迹颇多，每年来的游客达百万人次。凭借旅游和邮票两项收入，人均已达 1 万美元，成为内陆国家中的富裕国。

梵蒂冈是“城中之国”，位于意大利首都罗马城的西北角，全称“梵蒂冈城国”。面积 0.44 平方千米，比我国北京的故宫(0.72 平方千米)还小；人口不足 2 000 人，多数是教士和修女；既是世界上最小的内陆国，也是世界上最小的国家。它却是全世界 6 亿多天主教徒心中的“圣地”。

非洲的内陆国有马里、布基纳法索、尼日尔、乍得、中非、乌干达、扎伊尔、卢旺达、布隆迪、赞比亚、津巴布韦、博茨瓦纳、莱索托、马拉维、斯威士兰等 15 国。

大洋洲、北美洲没有内陆国家，南美洲仅有玻利维亚和巴拉圭两个内陆国家。

世界上内陆国家共有 43 个，占世界国家总数的 25%左右。内陆国的共同特点是交通不太方便，没有出口海岸，大部分自然条件比较差，境内多沙漠、戈壁和高山。经济相对欠发达。

岛国主要集中在大洋洲。岛国四面靠海，交通方便、气候优越、物产丰富，经济相对发达。如澳大利亚、英国、日本、新西兰等，甚至连瑙鲁、汤加、马尔代夫等小国的经济发展也很可观。当然，岛国也有弱点，面积较小，一个国家往往由几个、几十个甚至上千个岛屿组成，难以协调一致。岛国的矿产资源品种少而产量低，依赖进口。台风是岛国必须承受的自然灾害。世界气候变暖，海平面的上升，致使许多岛国面临灭顶之灾而忙于搬家。

沿海国家在世界上占据主要地位。从自然条件讲，优于内陆国和岛国。沿海国家大部分都在海洋上有自己的岛屿，像我国有海南岛、台湾岛、南海诸岛等。有些沿海国家的大陆部分和海洋部分中的岛屿相隔很远，如美国和夏威夷岛、厄瓜多尔和科隆群岛(即加拉帕戈斯群岛)、赤道几内亚和马西埃岛等。沿海国家的海疆(即海岸线)属一个国家的主权范围。我国解放初规定海疆范围为离海岸 12 海里(1 海里等于 1.852 千米)，而另一些沿海国家提出 200 海里内不准外国船舰随意进入。

(吴胜明)

地面塌陷

乌鲁木齐市是新疆的首府。根据市政府的规划，该市准备把西山地区建成新的高档住宅区。一位上海开发商获得该地块的开发权后，在这里建造了一栋豪华别墅。可没过多久，别墅就出现了墙体开裂、地基下陷等情况。经调查发现，原来是地层被煤矿采空塌陷所致。无奈之下，开发方不得不停止施工。现在，这栋孤零零的别墅已被野草所包围，成了孩子们游戏的天堂。

这种因采煤而引起的塌陷区并不限于乌鲁木齐市的西山地区，它已直接威胁市中心区。距新建市政府大楼只有 700 米处，便有一个面积超过 3 平方千米的塌陷区。站在市府大楼上就能看到满目疮痍的塌陷状况。尽管人们已采取回填措施，但塌陷仍在继续发展着。它不仅威胁附近建筑物的安全，还造成大量污水流入地下，致使地下水质恶化，有的已不再适合饮用。塌陷还把空气导入地下煤层，助长了煤层的自燃。为了防止火情的扩大，人们不得不在其上方打了上千个钻孔，向地下注水和灌浆。这对于水资源本已十分匮乏的西北地区来说，将是一个多么沉重的负担！据报道，为治理采空区塌陷，乌鲁木齐市已筹集了 3.5 亿元，准备用于回填加固和安置塌陷受灾户。

其实乌鲁木齐所遭遇的困境并非个别现象，类似的因地下采煤、采矿而引发地面塌陷的现象，在全国许多地方都有，其中尤以黑龙江、山西、安徽、江苏、山东等省最为严重。据不完全统计，在全国 20 多个省区内，已发生的采空塌陷区有 180 多处，塌坑超过 1 596 个，塌陷总面积超过 1 150 平方千米，几乎相当于两个新加坡的国土面积。塌陷造成的经济损失也十分巨大，如山东省每年约 5 000 万元；采煤业相对不发达的江苏省每年也有 260 万多元的损失；估计全国直接经济损失为 3.17 亿元。应该指出，采空区塌陷不是采矿的必然结果，只要对采空区采取一些必要的技术措施，如适当保留矿柱、进行回填等就可以避免塌陷的产生。事实上从塌陷区的统计数字看，就有个体经营的采区大于集体的，集体的大于国营的；且主要发生在法律制度不健全或执行不力的地区。

地面塌陷并非全由采空区引起，另一种常见的塌陷是岩溶塌陷。1995 年淮南市第四小学院内，突然间“轰”的一声响，地面骤然塌了下去，形成一个直径 4 米多、深 8 米的大坑，坑周围的教室和房屋纷纷开裂、变形，向坑倾斜，幸好当时院中无人，没有造成伤亡。但学校不得不迁址。而这样的突然塌陷事件，在淮南市已不是第一次发生。调查表明，淮南市的这些塌陷就是由岩溶引起。岩溶是碳酸岩地层受地下水溶蚀的结果。著名的杭州瑶林仙境、桂林的七星岩与芦笛岩、宜兴的善卷洞和张公洞等都是岩溶的杰作。类似的岩溶洞穴不仅地面或山上可见，在地下深处也有大量分布。有的更会在地下水的作用下继续扩展。当这些地下洞穴的周边岩石再也无力支撑上方岩层的重压时，便会发生塌陷。不过更常见的则与人们不断抽汲地下水有关。许多地下洞穴本来充满了地下水，水的压力帮助这些洞穴支撑着来自地面的负载，就像充满气体的轮船足以支撑车辆的重载一样。但人们对地下水的不断抽汲，洞中的水被抽走，于是洞穴便像漏了气的轮胎一样，再也无法支撑上部的重负，便引发了塌陷。我国碳酸盐岩层的分布面积很广，所以岩溶塌陷也是各地发生地面塌陷的重要原因。据调查，此类塌陷尤以广西、广东、江西、湖南、辽宁5省最为严重。全国已发生的岩溶塌陷有632处，其中由于人为抽水诱发的有432处，占总数的68.4%，自然因素引起的192处，占30.4%，另有8处原因不明。岩溶塌陷的特点是：突然、点多、塌坑大小形状不一，小者不足1平方米，大者可达几百平方米；且发生具有持续性、重复性，发生的时间及分布范围也比较集中。由此而造成的损失也十分巨大，如辽宁、湖南两省每年因此造成的直接经济损失分别为5 000万和3 000万元；岩溶塌陷相对不那么严重的安徽省，每年也要损失400～500万元。据估计，全国每年平均损失在1.2亿元以上。

地面塌陷还常发生在黄土分布区，它由黄土湿陷引起。兰州钢厂第一炼钢车间，因生产用水管理不当，造成自重湿陷，相对沉降0.74米，使建筑物报废。据调查，在我国，黄土湿陷主要发生在河南、河北、青海、陕西、宁夏、甘肃、山西、黑龙江等8个省区。其中河南省的黄土湿陷面积就达4.53平方千米。黄土湿陷虽然一般不会骤然形成塌陷深坑，但它对建筑物仍然会造成损坏，使相关工程报废，因而造成的直接经济损失也很可观。

此外，地面塌陷还因流沙流失引起。这多与人工开挖有关。当开挖工程使流沙层暴露在开挖面时，流沙就会迅速涌出，从而使流沙层上覆地面因失去支持而下陷。

总之，地面塌陷是一种危害甚大的地质灾害。它的发生与所在地的地质背景有一定关系，但它的诱因则绝大多数都与人类活动有关。所以合理安排人类的活动，在有可能发生塌陷的地区预先采取必要的预防和治理措施，就有可能把此类灾害的发生率降低到比较低的水平。

（张庆麟）

海洋卷起的巨浪

地球是个“水球”

如果你有机会飞上太空，向下俯瞰，你将会看到地球就像是一个美丽的蓝色玛瑙球。那蓝色的海洋显然是它的主体，而那绿色或棕色的陆地则像岛屿一般，嵌布在蓝色的海洋之中。是的，根据大地测量资料我们知道，地球的表面积约为5.1亿平方千米，其中海洋和河湖的面积达3.61亿平方千米，占总面积的70.8%。陆地的总面积只有1.49亿平方千米，还不到总面积的1/3，仅占29.2%。若从纬度来考察，除了北纬45°到北纬70°，及南纬70°以南的南极地区外，在所有的纬度区间内，都是水域的面积大于陆地，其中南纬56°到南纬65°和北极地区，则更是几乎全部为海洋所占据。

正因为水在地球表面占有主导的地位，以致在古代，人们曾经误以为大地是漂浮在茫茫无涯的水面之上的。所以有人说，与其把我们居住的星球称作地球，还不如叫“水球”更贴切。

水在地球的整个构成中占有十分重要的地位。人们还将其列入地球圈层构造中的一圈，称之为“水圈”。水圈不仅仅指海洋，也包括陆地上纵横奔流的江河和湖泊，高山上的皑皑白雪和冰川、极地广覆的冰盖，甚至那些隐伏在土壤和地层中的地下水。这些水虽然所处的环境不同，表现方式也有一定差别，但相互间还是联系在一起，从而构成了一个不完全连续的圈层。

水圈在整个地球构造中，只是一个厚度非常有限的薄层，仅限于地球的浅表层。虽然海洋个别最深的地方，可以深达11 034米，以致把陆地上最高的珠穆朗玛峰填进去也还绰绰有余。但这一深度与巨大的地球半径相比，可说是微不足道的。尽管如此，水圈对于地球的意义却不容忽视。可以肯定，没有水，没有海洋，地球就具有完全不同于现在的状态。换言之，地球之所以能成为迄今我们所知道的宇宙中惟一的“绿洲”，液态水的存在应是一个不可或缺的基本条件。

水圈对于地球的意义究竟表现在哪些方面呢？首先，水是生物体的必要组成物质之一。无论是高等生物，还是最原始的生命，它们体内都含有大量的水。有的含水量甚至高达90%以上。不仅如此，水还是生物体内各种生物化学反应的必要介质。没有水，就没有生命的存在。正因如此，当人们在火星和木卫二上发现有水的存在时，便对在那里找到生命充满了希望。

其次，水是生命赖以发生和发展的源泉，是生命的摇篮。已知最早的地球生命就是从水中滋生和发育起来的。直至今天，海洋仍然拥有地球上最庞大、最多样的生物群。

位于新疆吐鲁番的高昌古城曾是高昌古国（442—640）的国都，后因缺水而被废弃

第三，水积极参与了地球的演化作用。水是地球上最活跃的地质作用力，是它不断地破坏和吞噬着地球早期形成的一切，又不断地建造和生产出新的表征地球进化的事物。所以，今天我们所看到的地球面貌，就是在水的积极参与下获得不断改造的结果。

第四，水对于我们人类和人类的物质文明来说，意义更是非同小可。大家知道，无论是我们的生活，还是工农业生产都离不开水。没有水，也就不会有今天的物质文明。

这不禁让人想起那些因缺水而被废弃的城市。在印度西北部的塔尔沙漠中，有一座拥有十分宏伟壮观的宫殿的斯域城。几个世纪以来，它一直孤独地矗立在荒无人烟的沙漠中。原来这是16世纪时，印度历史上一位显赫的帝王穆罕默德·阿巴建造的。当时，阿巴曾想把它作为自己的国都，为此花费了不少人力和财力。可是，他却忘了做必要的水源调查。当新城建成以后，阿巴统率他的臣民迁居该城时，便立刻感受到因水源不足而带来的种种困难。在几经努力仍无法解决的情况下，他不得不忍痛撤离该城。这座新建不久，只住了几天的宏伟国都，从此只能与野鼠飞蝠相伴。

斯域城不是惟一因缺水而被废弃的城市。位于今陕西省横山县附近的统万城，历史上曾是南北朝时期北夏的国都，还有著名的楼兰古城等，都是因为缺水而最终被废弃。这些活生生的例子说明了，水与我们人类物质文明的密切关系。可以想像到，假如有一天，地球上突然没有了水，人类所建立的一切物质文明，也必将像斯域城那样毁于一旦。

（张庆麟）

水是生命的源泉

水是生命的源泉。人体的组织有65%由水组成,人的血液中80%是水,人的眼球里99%是水。人体一旦失去20%的水分,生命活动就将终结。水在人体内起到输送营养和物质代谢的桥梁作用。水能调节体温。水在人体中起到润滑作用。在正常情况下,一个人在冬天一昼夜需水2.5升,夏天为4升。一个人可以十天半月不进食,但缺水不到一周即会死亡。所以人类视水为生命的源泉。

人们日常生活中的饮用水有原水、再制水和再生水三大类。

原水即为自然界的天然水源。水利工程通过拦、蓄、提、引,实现对原水的计划、调度、运行、输送,提供给用水部门使用。所供之水仍然是天然原水,既未产生新的形态、新的属性,也未改变水的物理性能和化学成分。水来之不易。我们兴建坝、闸、水库、渠道、堤岸、隧洞、涵管、渡漕、泵站、机(电)井等水利设施,将水拦蓄、提、引或调度,以达到为工农生产和人们生活供水之目的。

再制水是由天然原水制备成的纯净水。水的溶解性很强,很多物质可溶于水。为满足人类对水质的不同要求,就需要对天然原水进行特殊的制备,制成生产和生活所需要的不同水质的再制水。天然原水中常会有三大类物质:溶解物质(包括盐类、气体)、胶体物质(如腐殖酸胶体)和悬浮物质(如泥沙、藻类、细菌等),其中不少是有害物质。人们为了饮用洁净的水,就要对原水进行净化消毒。我国古代已知将明矾加

中国桂林漓江

入原水中，可沉淀原水的泥沙等部分悬浮物质。国外在19世纪初开始用氯气对原水消毒，杀灭原水中的有害细菌。

随着城市化进程的加快，城市人口急剧增加，城市的工业用水，市民的生活用水和饮用水急剧增加，对水质的要求也不断提高，自来水厂在保证供水的前提下，还要不断提高水的质量。

自来水厂由水池（沉淀池和清水池）、水塔和泵站三部分组成。原水引入自来水厂后，要经过混凝→反应→沉淀→过滤→消毒（灭菌）→加压→输送等生产过程，然后将再制水——自来水，送到千家万户。

再制水的种类繁多，如除碳水、一级除盐水、除盐水、电渗析水、反渗透水、磁化水等。根据不同工业的用水要求，对原水进行不同处理，形成不同类型的再制水，供应不同需求的工业生产用水。

再生水是将用过的水进行处理后达到能再用的水。自然界的水循环从降水（雨水）→蒸发（包括海洋和陆地表面水的蒸发）→成云→降水，水因而成为永续性的自然资源。但是，淡水资源并非取之不尽、用之不竭的。据统计，地球上约有13.6亿立方千米的水，其中：海水（即含有各种盐分的水）占97.3%；冰帽和冰川占2.14%；江河湖泊等地面水约占0.02%；地下水占0.61%；大气中的水蒸气占0.01%。人类所需要的水基本上是淡水，地球上淡水总量仅占地球总水量的0.63%。人类直接能取用的淡水资源主要是江河湖泊的地表水。随着生产的发展、生活的改善、人口的增加，在用水量迅速增加的同时，又将污水、废物排放倾倒在江河湖泊的地表水域之中，严重污染了人类赖以生存的地表淡水资源。为保护有限的地表淡水资源，许多发达国家的城市大力兴建污水处理厂（即再生水的生产厂），将城市污水集中起来，经过滤筛、曝气槽、沉淀地、再生槽等再生装置，经过物理、化学、生物等一系列的处理，使污水获得新生，变为能够可再利用的再生水，既解决了城市污水污染地表水的问题，又增加了城市淡水资源供应。

社会的进步，生活的改善，人们对饮用质量的要求越来越高。所谓好的饮用水，必须具备如下4个基本标准：一是清洁可口，水中不含有害人体的物质；二具新鲜活性，在体内渗透和溶解力强；三具微碱性，与人体体液的微碱性保持一致；四是有营养，水中含有人体必需的常量和微量元素，且其元素的种类和比例与人体体温相近。由此而论，纯净水和蒸滤水不属好的饮用水，它们没有营养也不具微碱性，长期饮用对人体没有好处。理想的饮用水应该是矿泉水。对一般市民来说，烧开的自来水，是最经济最理想的饮用水。

（甘德福）

“水”和“水”并不都一样

水是我们最熟悉的一种物质，地球上所有的生物都离不开水。然而，你是否知道，“水”和“水”并不都是一样的，不同的水会具有完全不同的性质。

去气水

有经验的农民都知道，用雪水浇灌的庄稼会格外茁壮。这究竟是什么原因？直到20世纪70年代，前苏联的一对兄弟科学家瓦迪姆和伊格经过反复研究，终于查明原来这是由于雪水是一种“去气水”。我们通常所用的普通水总是溶解有或多或少的各种气体。如氧、氮、二氧化碳等，但是，当水凝结为冰雪时，原本溶解在水中的各种气体，因无法参加冰雪的晶格而被排除出去。这就使由冰雪融化而成的水成了“去气水”。“去气水”也可以通过煮沸，然后迅速冷却来获得。后者比冰雪水的去气程度更彻底。因此对生物的生理效果也更佳。实验证明，用“去气水”浸泡棉花种子，其产量提高了10%～20%；用“去气水”灌溉的甜菜，产量提高了40%，含糖量增加了1.5%；用“去气水”喂养小白鼠一个月后，其血红蛋白比对照组多23.2%，体重也明显增加。更有趣的是，人们用“去气水”调制的水泥，其坚固性比普通水调制出来的水泥提高了8%～10%。“去气水”为什么会具有如此奇异的效果，人们对此还不是十分清楚。有的科学家认为，因为生物细胞中的水就是一种“去气水”，所以它们当然更容易吸收环境中的“去气水”，不必再花费额外的能量去把普通水改造为“去气水”，从而可以把节省下来的能量用于自身的生长和繁殖。应该指出，“去气水”若在空气中搁置一段时间，就会吸收空气中的气体而变成普通水；但仍可以通过再次煮沸、冷却来重新获得。所以“去气水”也被称为“复活水”。

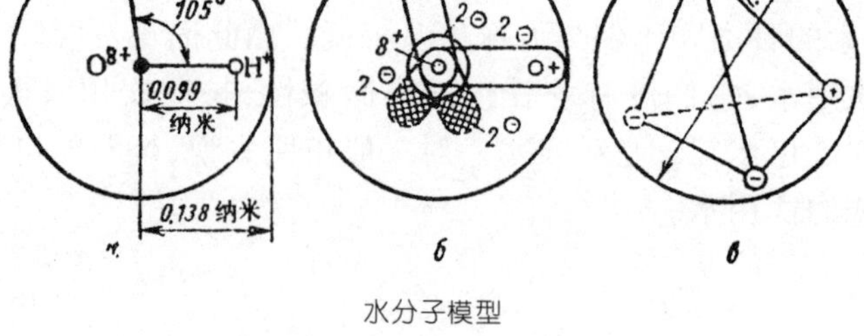

水分子模型

磁化水

让水通过强磁场或置于强磁场中，便可获得“磁化水”。“磁化水”也具有许多与普通水不同的奇异性质。例如用普通水烧锅炉，会有一层白色水垢沉积在锅炉的四周，以致影响热的传递，使锅炉水久烧不开。有的还会因此而引起锅炉爆裂等事故。但若改用“磁化水”，锅炉内壁就不会再结淀令人头痛的硬垢。有趣的是，人们饮用“磁化水”，也可以起到预防结石或化解已有的结石、清除病痛的效果。在农业上，用“磁化水”浸种，稻谷的发芽率提高，生长加快；用“磁化水”浇灌农田，可使苗壮、茎粗、叶茂、分蘖多、产量增加。用“磁化水”调制的水泥，也可使水泥的稳定性得到提高。那么水为什么会被磁化呢？至今人们对此还没有足够的了解。有人认为，这可能与水分子具有一定的极性有关。水分子在强磁场作用下会作有规律的排列。

高纯水

普通水不仅溶解有气体，还总是溶解有这样那样的盐类，还含有微生物、悬浮物或其他物质。为了去除这些杂质，人们常采用蒸馏法获得“蒸馏水”。蒸馏水虽然比普通水干净许多，但仍会含有少量的杂质。特别是溶解在水中的一些金属和非金属离子往往不能全部去除，所以蒸馏水是一种“低纯水”。“低纯水”由于仍含有一定量的杂质，不能满足近代许多高精尖技术领域的需要。如用于制造电子工业所需的高纯度半导体元件时，水中的杂质会污染半导体，致使元件的性能变坏。因此就要求使用几乎无杂质的“高纯水”。据测定，“纯水”的杂质含量为 1.8 毫克/升，高纯水的杂质含量小于 0.1 毫克/升。目前，随着技术的进步，人们已可制取纯度达 99.999 999％的“高纯水”，即其杂质含量低于 0.01 毫克/升。

聚合水

20 世纪 60 年代后期，气象学家们发现，太平洋赤道附近的圣诞岛上有一种反常的气温现象，即气温随着太阳升高而降低。为什么会出现这种反常？经过研究，人们又发现，随着空气中水分含量的增多或气温的升高，太阳光中的红外线有明显的减弱。大家知道，红外线是热的主要来源，显然正是它的减少导致温度下降。但又是什么造成红外线的减弱呢？经过近十年的研究，人们终于查明这是“二聚水”干的好事。原来，大家都知道，水分子是由一个氧原子和两个氢原子结合而成的，分子式为 H_2O。所谓“二聚水”，即这种水的水分子是由两个普通水分子结合而成($H_2O—H_2O$)。而正是这种二聚水会吸收阳光中的红外线。人们还发现大气中都含有“二聚水”，但随着大气中水汽含量增多或升温，“二聚水”的数量就会显著增加。当气温在 30 ℃～40 ℃时，由于“二聚水”的吸热作用，可使地面温度下降 4 ℃,称为“气窗效应”。正是这种效应使圣诞岛出现反常的气温。随着研究的深入,人们又发现,水在一定条件下还可以呈现为“三聚水”、“四聚水”……统称“聚合水”。高“聚合水”很黏稠,有些像凡士林,密度比普通水大 40%,即 1.4 克/立方厘米;并在 −40 ℃时密度最大,−40 ℃以下遂凝结成玻璃体;100 ℃时像树脂那样稠厚,且很稳定,直到 500 ℃左右还保持这种性质,到 700 ℃才恢复为普通水。

重水

我们知道氢原子量为 1,但它有两个原子量分别为 2(化学符号 D)和 3(化学符号 T)的重同位素;同样氧的原子量为 16,也有原子量为17(^{17}O)和 18(^{18}O)的重同位素。因此当有这些重同位素参加水的分子组成时,便形成“重水”。重水有许多不同种类,如 D_2O、HDO、T_2O、HTO、DTO、$H_2{}^{17}O$、$D_2{}^{18}O$……,依重同位素的组成而异。在这些众多的重水中,人们了解最多的是 D_2O。虽然它在天然水中所占比例并不是最多的。据测定 D_2O 加上 HDO 在天然水中的含量约为 0.02%,而另外两种“重水”$H_2{}^{17}O$ 和 $H_2{}^{18}O$ 则比它们多得多,前者为 0.04%,后者是0.20%。但是,由于 D_2O 在原子工业中具有重要的用途,所以人们一提起“重水”,多是指 D_2O。D_2O 的分子量是 20,在 3.82 ℃时结冰,在 101.42 ℃时沸腾,所以在蒸发激烈的地方,它的比例会有所提高。另外,它对光线的折射性能和电性能也都与普通水有别;各种盐类在“重水”中的溶解度则都小一些。最有趣的是,它还有极强的吸收普通水的能力,就像浓硫酸那样贪婪,并与普通水相互作用生成 HDO。所以提纯的 D_2O,必须密封保存。在原子能工业中,D_2O 用作快中子的减速剂。而减速以后的慢中子是保证铀 235 裂变的炮弹。所以没有慢中子也就不会有核裂变及由此产生的原子能。

固体水

水是液态的,水若结晶便呈固态的冰。水和冰虽然是同一种物质,分子式都是 H_2O,但两者的内部结构不同。液态的水分子是以无序的任意的方式结合在一起的,而在固态的冰中水分子是有序的按一定方式排列组合在一起的。现在所述的“固体水”就是固态的水而不是冰。它是当代世界具有重大实用价值的发现之一。人们发现当把一种特制的聚合剂加入水中后,就可获得一种似果冻般的固态水。它完全保持原有的化学成分。与冰不同的是,在较高温度下,它仍可保持固态,既不融化也不蒸发,能长期保持下去。若要让它重新变成液态,只要再加入少量的液态水即可。“固体水”运输时,不需要使用容器,甚为方便。它对人体也无不良影响。

(张庆麟)

海洋之水天上来

转动圆圆的地球仪,映入眼帘的是大片大片深蓝色海洋。海洋中储存的水量是地表总水量的97%。如此巨量的海水到底是从哪儿来的一直是地球科学家苦苦探索的自然之谜。

随着现代科学技术的进步,地球科学家的实验手段不断增多和加强,对地球和海洋起源的研究大有长进,对海水的来源问题取得了比较一致的解释——海洋之水天上来。

海洋之水天上来,天上之水又从哪里来?依据目前的认识从两个方面来解答。其一从地球形成之初来说。初始的地球是一个熔融的火球,到处都是火山喷发的景象,地球深处大量的气体、水蒸气和灰尘,通过火山口喷出来,游荡在空中。水蒸气在空中冷却并与灰尘粒子凝结在一起,形成降雨云团。随着火山持续喷发,地球内部热量释放,地球温度逐步降低,地球上空的降雨云团就越聚越多,一场持续很长时间的倾盆大雨洗涮地球,在加速地球冷却的同时,大量的雨水流向地球表面的低洼盆地之中,日积月累,形成了地球上原始的海洋。

其二,天外来水补充地球海洋之水。美国物理学家弗兰克从《探险者》卫星拍摄的地球周围气辉照片中发现了一些看上去是由于大气层上层被击穿造成,但还没有得到解释的洞孔。经过数月的分析判断,弗兰克认为是由于重100吨的慧星落向地球时,击穿大气层上层形成的洞孔。落向地球的这些慧星,实际上都是一个个冰球,当它们接近地球时就已土崩瓦解,无数碎冰块粒又很快地蒸发到大气之中,混入降雨云团,变成雨水落下,加入地球上的水循环。

澳大利亚海岸

弗兰克教授应用现代计算技术,估算出冰球慧星每一万年能给整个地球表面提供一英寸水量,从地球形成至今已有45亿年来说,冰球慧星为地球提供的水量已足够装满海洋,同时又为地球的南北极提供了巨厚的冰帽。弗兰克又认为,假如冰球慧星再持续数十亿年向地球供水,地球的气候将发生巨大变化。

美国加利福尼亚喷气推进实验室的物理学家克莱恩·耶茨和密执安大学的空间物理学家托马斯·唐纳胡通过他们各自的实验,赞同弗兰克的冰球慧星理论。弗兰克的发现在美国地球物理联合会上提出来后,得到许多科学家的赞同。这个海洋之水天上来的学说。是对海洋之水来自地球内部的单一解释的有力补充。因为仅靠地球自身内部的蒸汽释放形成的雨水量毕竟有限,实难填满海洋。弗兰克的冰球慧星理论为地球上海洋的水量找到了补充渠道。但是,弗兰克的理论疑问也不少,如冰球慧星向地球供水量不可能是个定量,年年不变的。宇宙从来是按照自已的规律在运动,对冰球慧星的运动规律尚待观察探索。每年落到地球上的冰球慧星数量多少,至今还是一个未知数。弗兰克认为地球诞生45亿年来,冰球慧星所供水量足以装满海洋,仍是个人臆测。如果真的是这样,加上地球内部通过火山喷出的蒸汽所形成的雨水,早已把地球上的陆地全给淹没了。

关于海洋之水天上来,目前科学家所公认的就是上述两种说法。随着宇宙探测工作的深入,今后还会有新的理论出现,对这一问题的解释也将趋于完美。当然也不能排除新的发现会否定海洋之水天上来的说法。

(胡秀敏)

河流之王——亚马逊河

世界上最雄伟壮观的河流是南美洲的亚马逊河。首先从流量来看，亚马逊河的河口年平均流量达到每秒12万立方米。一幢长约40米，宽约15米，高为20米的6层楼体积为12 000立方米。也就是说，亚马逊河河口处每秒钟的流量，相当10幢这样的6层楼装满水，1秒钟内流向大海，多么壮观呀！亚马逊河口一年注入大西洋的河水多达3 800立方千米(即3.8万亿立方米)。非洲的尼罗河口年平均流量每秒2 300立方米，仅为亚马逊河的1/50。我国的长江河口年平均流量为每秒32 400立方米，相当于亚马逊河的1/4。

亚马逊河的流量之壮观，即使远离河口300千米的大西洋上，还可以看到黄浊的河水。有人把亚马逊河口一带的洋面称为“淡水海”，在这个区域里的海水已被亚马逊河巨量的淡水所置换了。

亚马逊河的水量如此丰富，与它所处的地理位置和气候条件密切相关。亚马逊河水系横跨于北纬2度至南纬15度之间，属于热带雨林气候，年降水量在1 500毫米以上。如亚马逊河沿岸的著名城市马瑙斯，年降水量为2 100毫米；安第斯山的冰雪融水都流入亚马逊河。

其次是亚马逊河的流域面积广阔。干流虽然只经过秘鲁、哥伦比亚、巴西等国，但其支流众多，至少有上百条，其中长度超过1 600千米的支流就有17条。这可是个相当可观的数字。我国长江的支流也不少，但长度最长的汉水也仅1 500千米。亚马逊河的支流除来自上述3国外，还来自厄瓜多尔、委内瑞拉、圭亚那、苏里南、玻利维亚等国。所以亚马逊河的流域面积横跨8个国家约705万平方千米的土地。非洲的尼罗河，从源头到注入地中海，沿途虽流经9个国家，但其流域面积仅为300万平方千米，不到亚马逊河的一半。我国的长江流经青、藏、滇、川、鄂等10个省、市和自治区，流域面积不过180多万平方千米，仅为亚马逊河的1/4强。就流域面积而论，亚马逊河稳居世界河流之首。

再看亚马逊河的宽度，不少人见到这一望无垠、广阔无边的亚马逊河时，都会感叹它好似浩瀚的大海。是的，它的确不像河，最宽的河面竟有25千米，世界上任何一条大河都无法与它相比。一般的河流是上游窄，越往下游越宽。我国的武汉市，地处长江下游，那里的河宽也仅在1 500～2 000米，还不到亚马逊河的1/10。

亚马逊探奇

亚马逊河流域地势低平，河流坡度小，流速较慢，一到洪水季节(每年的 3～6 月)，洪水宣泄不畅，水位可高出平均水位 10～15 米，大水淹没两岸数十至数百千米的平地，呈现出一片汪洋，称之为“河海”，实不为过。

最后看亚马逊河的长度。亚马逊河发源于秘鲁境内的安第斯山脉中段，约在南纬 15 度左右，其上游叫乌卡亚利河，从南往北流，一直流到南纬 3 度左右的伊基托斯城，才转而向东流，经过哥伦比亚和巴西两国，在巴西的马卡帕附近流入大西洋，长度为6 751 千米，为世界最长的河流。关于亚马逊河的长度还有两种说法，一种是以乌卡亚利河为源，长度为 6 480 千米；另一种是以马腊尼翁河为源，长度为 5 500 千米。若以6 480 千米为准，亚马逊河只能排在尼罗河之后，成为世界长河的老二。因为已知尼罗河的长度为 6 670 千米。关于亚马逊河长度的三种说法，其不同都在于源头的确定。在河流学上确定河流的源头，采用“唯远为源”的原则。亚马逊河是由白尼罗河和青尼罗河两条河流汇流而成。那追寻源头的话，就追溯白尼罗河和青尼罗河的源头，这两条河流的源头在哪里？哪一条河流的源头更远？三种说法的最后统一，还需进一步勘查才能确定。

值得一提的是亚马逊河还有惊人的海潮。亚马逊河的海潮和我国钱塘江潮是齐名的世界著名海潮。涨潮时，大西洋海水入侵形成 5 米高的水墙逆流而上，其声传至数千米之外，气势磅礴，景色壮观，当地人称之为“亚马奴”，年年吸引着成千上万个世界各国的观潮者。

从河流的流量、流域面积、宽度和长度四个标准来评判，亚马逊河是名副其实的“世界河流之王”。

（吴胜明）

维持黄河的健康生命

黄河发源于青藏高原巴额喀拉山北麓的约古宗列盆地南缘的雅拉达泽，全长5 464千米，是中国的第二长河。在世界上排在亚马逊河、尼罗河、长江、密西西比河之后，属世界第五长河。黄河并非以其河长、水量等出名，而是以其流域的文明以及洪水、泥沙等出名。

黄河流域面积为75万平方千米，是中华民族文明的摇篮。大约4 000多年前，黄河流域形成了炎帝、黄帝两大部族。后来黄帝取得盟主地位，并融合其他部族，形成“华夏族”，后人把黄帝奉为中华民族的祖先。在河南新郑市黄帝出生的地方有黄帝宫，在陕西黄陵县有黄帝陵，世界各地的华人都认为自己是炎黄子孙，把黄河流域看作中华民族的发祥地，称黄河为“母亲河”。

黄河的泥沙含量之高闻名于世。据河南陕县水文站多年观测，每立方米(即1吨)黄河水中，平均含沙量高达37.6千克(即37.6公斤)，为世界大河之冠。过去山东、河南沿黄河两岸的百姓中，流传着“一碗水，半碗沙”的说法。黄河由于含沙量高、浑浊呈黄色而得名。黄河浊流流入渤海时，混浊的黄河水可以伸入渤海海区九十千米，在蔚蓝色的海面上呈现碧水黄流、清浊不混的奇观。黄河每年输沙量达16亿吨，其中12亿吨输入海洋，有4亿吨沉积在下游的河床之中，导致河床抬高，高出大堤外地面3～5米，有的地方达10米以上，成为“地上河”，当地老百姓称之为“悬河”。到河南开封一带旅游，就能看到“悬河”景观。黄河成为“地上河”，其一泥沙沉积；其二下游无支流汇入，

黄河

河水得不到补充。"地上河"把黄河水流分为南北两支，南支流入淮河，北支流入海河。地球上河流的分水岭一般都是山脉，黄河下游的"地上河"成为黄河的分水岭，在地球上是绝无仅有的。由于黄河河床的不断抬高，两岸堤坝也越筑越高，黄河下游的决堤、泛滥的危害也愈来愈大。

黄河的洪水之害，从古至今累有记载。黄河流域降水集中在七八月份，且多暴雨，形成伏汛。九十月份间的为秋汛，三四月间的为桃汛(桃花盛开的季节)，一年之中黄河要防三汛，尤其要重视伏汛。解放后的1958年、1963年、1996年的黄河洪水之灾都发生在伏汛。

除了防御洪水之外，黄河流域还有一种独特的凌汛也不得不防。黄河下游从开封附近的黄河水突然折向北流。春天时，河床中的冰雪融化开冻，水和冰块流向下游尚未解冻的山东段时受到阻隔，形成冰坝，阻挡流水的同时又抬高了水位，水从决口处漫过冰坝而下，形成壮观的"冰凌"。流水阻塞，危及两岸，不得不派飞机投掷炸弹，炸毁冰凌，炸开冰坝，让水流通畅。

当今黄河最大的问题，不是泥沙、洪水和冰凌，而是断流。从20世纪90年代开始，黄河开始断流。据山东利津水文站监测资料揭示:1993年断流63天;1994年断流82天;1995年断流122天;1996年2月24日到7月14日，断流连续142天，断流河段上延至河南兰考夹河滩;1997年断流226天，断流河段上延至河南开封柳园口附近。2004年6月，笔者两次路过郑州的黄河桥，望桥下河床，仅见中央有一泓水，其余均为裸露的广阔沙滩，令人无法想像这是我国的第二长河，唐诗描述的"黄河西来决昆仑，咆哮万里触龙门"、"九曲黄河万里沙，浪淘风簸自天涯"的黄河啊!

中华民族的"母亲河"，滔滔的黄河，在我们这代人手中断流，成为一条濒死之河，究其原因有二。一是自然原因。近十几年来，全球气候变暖，干旱少雨。二是人为原因。在黄河上无节制地造坝、修渠引水。据1990年统计，在黄河的干支流上修建了刘家峡、盐锅峡、青铜峡、龙羊峡等大、中、小型水库和水电站竟达3 158座，总库容达500亿立方米。实际上把黄河流域的全年径流量全部收入库中，下游河床哪还有水啊!治黄的失误，带来黄河断流。国际上对河川开发限制直接消耗年径流量不得超过40%，否则带来生态灾难。我们用黄河的全年径流量逼近70%。黄河管委会负责人气愤地说:"难道我们吸干了母亲河的乳汁，还要再喝干她的血液吗?!"

水利部长汪恕诚说:"对一条河流而言，该来洪水时就应来洪水，长期不来洪水，泥沙淤积、河床抬高、河道萎缩等问题随之而来。像人的脉搏一样，每年来一次洪水，标志着河流的脉搏在正常跳动。反之，如果长期不来洪水，甚至断流了，那么河流的生命也就消亡了。"原水利部长钱正英说："我搞了这么多年的黄河。治理黄河有两个目的，一个是减沙，一个是削减洪水。结果呢，减了沙，水少了；减了洪水，河床抬高了，最后问题还没解决。"事实也是如此，1996 年 8 月的洪水，黄河花园口流量每秒 7 500 多立方米，比 1958 年洪水每秒 22 300 立方米的流量要小得多，但水位反而高出 10 米，大堤内 100 多年从没上过水的高滩也被淹没了，造成黄河下小水闹大灾；2003 年黄河秋汛，花园口流量只有每秒 2 000 多立方米，河水照样出槽漫滩，这都是河床抬高所造成的。

为治理黄河断流和河床淤高，从 1999 年开始，确保黄河入海口最小流量不得低于每秒 30 立方米，结果此后 4 年黄河未断流。再是调水冲沙。2002 年从小浪底水库调出每秒 3 150 立方米的人造洪峰，冲沙 11 天，使 3 000 多万吨泥沙入海，河道普遍下切。2004 年 6 月又实施第二次调水冲沙。这两项措施已初见成效，终于找到了维持黄河健康生命的办法。

（吴胜明）

黄河断流的人为原因

人类对水资源的不合理利用和对环境的破坏是黄河断流的主要原因之一：森林覆盖率低和水土流失严重；人口和经济迅速发展耗水量剧增；水资源管理不协调；农业灌溉方式原始水资源浪费惊人；水体污染严重和水体质量不佳；温室效应；海洋沙漠化；人为热释放；沿海城市气候的截流等。

苏伊士运河和巴拿马运河

地球上的运河众多，人工开挖的可以通航的河叫运河，我国的京杭大运河就是人工开挖的。世界上最著名的运河有两条，一条是苏伊士运河，另一条是巴拿马运河。

苏伊士运河位于埃及境内尼罗河三角洲与西奈半岛之间狭长的苏伊士地峡上，扼欧、亚、非三洲交通要冲，沟通地中海与红海，成为大西洋和印度洋之间的咽喉要道。

15 世纪初，为沟通东西方贸易之路，葡萄牙航海家达·伽马，沿非洲西海岸南下，绕过好望角，历时 2 年，开辟了沟通大西洋与印度洋的海上航路。但这条航道航线既长，又充满风险，商船经常被风暴卷沉。法国人想到了从埃及东面通过苏伊士地峡开掘一条运河。

由法国人投资设计的苏伊士运河，从 1859 年 4 月 5 日破土动工，历时 10 年半，于 1869 年 11 月 17 日竣工通航。据说为开掘这个运河，12 万埃及人献出了生命。前埃及总统纳赛尔为此说："运河是我们的生命、血汗和尸骨换来的。"

苏伊士运河全长 195 千米，宽 365 米，深 16.16 米。运河原来实行单线行驶，为提高效率经过不断改进，2000 年实现双线行驶。

苏伊士运河地处低平的地峡，且地中海和红海水位落差仅 25 厘米，故不设船闸。在运河中船只航行速度为每小时 14 千米，共计 14 小时航程。现在每年有 100 多个国家和地区的 1.8 万艘船舶通过苏伊士运河。货运量占世界海运贸易量的 14%，每年通行费 20 亿美元以上，是埃及外汇收入的支柱。

苏伊士运河

巴拿马运河位于中美洲巴拿马境内，它西濒太平洋，东临大西洋，是沟通两大洋的主要通道。在哥伦布发现美洲大陆11年后，西班牙探险家巴尔博亚，从大西洋岸的科隆(今运河北口)出发，横跨巴拿马地峡，于1513年9月25日发现了太平洋。1519年9月，麦哲伦开始人类历史上第一次环球航行，他从大西洋到太平洋是绕道南美洲南端的海峡(后来取名麦哲伦海峡)，花了近1个月时间。为此人们萌发了修筑巴拿马运河的想法。

在苏伊士运河修成10年后，人们看到了可观的经济效益。1879年，具有苏伊士运河设计和修建权的法国人又获得了巴拿马运河开凿权。1880年1月1日，巴拿马运河正式动工。工程由曾负责修建苏伊士运河的菲迪南德·勒赛普主持。由于巴拿马地峡自然条件与苏伊士地峡不同，这里是个潮湿多山的地带，最低处海拔近100米，勒赛普却未能因地制宜，照搬苏伊士运河开凿方法，结果遇到了意想不到的困难，再加上暴雨成灾，不断山崩，以及霍乱和黄热病的蔓延，导致大批劳工死亡，再加上管理上的问题等，使工程拖延到19世纪80年代末，仍半途而废。

1902年美国人从法国人手中接过运河的开凿权。于1904年继续开凿，并决定修建水闸式运河，历时10年，耗资38 700万美元，于1914年8月完工，15日万吨蒸汽货轮“埃朗贡”号首次通过运河。不过，直到1920年7月，美国才宣布运河供国际使用。

巴拿马运河长81.3千米，共修建3组6座水闸，是个船闸式运河。一般船只通过运河需16小时。装运危险货物的船舶则限制在白天通过，其他船只则可日夜通行。

巴拿马运河的开通，沟通了两大洋，使原本绕道而行的航程缩短了5 000～10 000多千米，大大便利了海上交通和国际贸易，每年通过巴拿马运河的货物4 000余万吨，占世界海上贸易总额的6%左右。每年约有60多个国家的1.4～1.5万艘轮船通过运河，平均每天40多艘。

(吴胜明)

千奇百怪的湖泊

镶嵌在大地上的湖泊,不但把大自然装扮得更加艳丽多姿,而且给人类带来了宝贵财富。

世界上湖泊最多的国家是瑞典,拥有大小湖泊约 9.2 万个。芬兰被誉为千湖之国,境内大小湖泊约 6 万个。我国有大小湖泊 2 万多个,并拥有世界上最高的湖泊——西藏的纳木湖,海拔 4 718 米。世界上最低的湖泊是著名的大盐湖死海,湖面低于地中海海面 390 多米。世界上最大的湖泊是咸水湖——里海,面积约 37 万多平方千米。世界上最深的湖泊是贝加尔湖,最大水深达 1 620 米,平均水深 730 米。贝加尔湖还是世界上

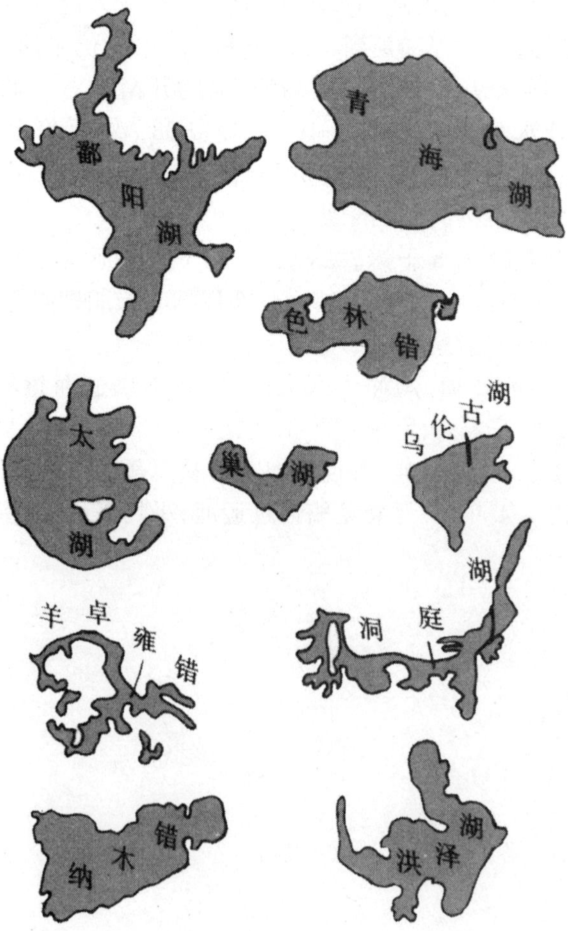

中国五大淡水湖和五大咸水湖

蓄水量最大的淡水湖。如果把地球上的湖泊面积拼接起来，总面积约250万平方千米，相当于中国国土的1/4。在如此众多的湖泊之中，千奇百怪的湖泊很多，不妨拾其数例饱读者眼福。

素有"世界屋脊"之称的我国青藏高原，平均海拔4 000～5 200米以上，面积250万平方千米的范围内，分布着1万多个湖泊，仅青海省就有1 875个。世界上最高的湖泊——纳木湖就在这里。青藏高原的湖泊以咸水湖居多，所含盐总储量约600亿吨。咸水中含有50多种矿物，有的咸水湖中含有核工业的重要原料——重水或放射性铀。高原咸水湖的景色迷人，美丽如画。雨季时湖面碧波荡漾，湖的四周镶嵌着一圈雪白的盐花，好似姑娘戴的花边帽。枯水季节，湖里的水分蒸发干净，盐沉积下来，厚度从数米至数十米，形成名副其实的雪白盐湖。

美国路易斯安纳州南部有个梳子湖，水域面积650公顷，湖中还有杰尔森岛，岛上植物茂盛，是座湖中花园。湖中鱼虾繁多，是垂钓者的乐园。谁能想到，1986年9月的一天，水深2米的梳子湖，在不到1小时的时间内，湖水突然消失得干干净净。连湖中的9艘驳船、8艘拖轮、1辆旅行拉车、湖中30公顷面积的小岛一起，在人们的眼皮底下一瞬间消失得无影无踪。原来在湖底40米以下是一座正在开采的盐矿。正在湖中进行石油勘探的钻机捅破了盐矿层，湖水顺钻孔流入盐矿内，水又溶解了支撑湖底的盐柱，整个湖底塌落，梳子湖瞬间消失。

我国台湾高雄市西北方向有一个昼夜咕噜作响的养女湖，湖里稀泥一片，在其地下几千米深处，隐藏着大量的天然气和石油。当地下深处的气体不断聚积，压力升高时，便会循着岩层断裂缝隙上涌，沿路带着岩缝中的泥浆和油气冲出地面，四散外溢而形成喷泥塘，喷发剧烈时泥浆柱可达10米左右，十分壮观。

俄罗斯的乌拉尔地区有个"牛奶湖"，湖水呈乳白色，捧起湖水品尝，没有奶香却有点甜。当地妇女都喜欢到这个湖里来洗衣服，湖水能洗去衣服上的油污。取水样测定，湖水中含有苏打(碳酸钠)成分，属碱性水质。苏打溶水成乳白色且带甜味。碱性水质能去除油污。

在加勒比海的多米尼加岛上，有一个湖泊像一锅煮沸的开水，整个湖面热气腾腾。当地人用线串着肉片、鱼片之类生食，放进这个大锅里，一会儿就煮熟了，吃起来鲜嫩可口。当湖水满满的时候，湖底会喷出一股股灼热的蒸汽，冲出湖面高达2米多。沸湖长90米，宽60米，面积约5 400平方米。据地质学家分析，沸湖可能是个古老的火山口，湖底的岩层断裂直通地下深处，深处灼热的蒸汽沿着岩层断裂不断上冲，使得湖面长期保持热气腾腾的景象。

在漆黑的夜晚，来到北美洲大巴哈马岛上的一个湖里去划船，随着船桨的翻动，激起的不是白花花的波浪，而是一簇簇耀眼的火花，当地人称这个湖叫火湖。火湖是个淡水湖，湖里长满了一种叫“甲藻”的水生物，它富含荧光酵母，被船桨搅动而翻露水面时，就会发出一簇簇闪闪磷光，在夜晚的湖面上显得特别耀眼。

加勒比海特立尼达岛上有个佩奇湖，面积 400 公顷，湖深 70 多米。湖里全部是沥青在冒气泡，沥青总量约 600 万吨。奇怪的是，湖里的沥青自 1888 年正式开采以来，采出沥青量早已超过 600 万吨，至今湖里沥青丝毫不见减少。据专家分析，佩奇湖一带火山活动频繁，地壳构造运动导致岩层断裂，地下封闭的石油构造被破坏，石油沿断裂向上运移过程中，原油挥发，剩余沥青从湖底涌出，源源不断，取之不尽，成为世界著名的沥青湖。

西西里岛上有一个死亡之湖，湖中无任何生物，湖边无一草一木，偶尔失足掉进湖里的动物，也会被湖水杀死。经地质学家勘察查明，原来湖中有两个泉眼直通地层深处断裂带，地下的一氧化碳、二氧化碳和硫化氢等气体与裂隙中其他成分混合形成腐蚀性很强的酸性泉水，杀死了湖中生物和湖边草木。

非洲刚果(金)东部边境有个尼拉贡戈活火山，直径 2 000 米、深 244 米的火山口内全是熔融状的岩浆，不时发出轰鸣咆哮的巨响，形成名副其实的岩浆湖。

世界上千奇百怪的湖泊许许多多，被人发现的毕竟少数，即使少数也列数不尽。我国也有许多奇怪的湖泊，桂林阳朔的犀牛湖，每隔 30 年会发生一次湖水消失变成干湖的现象就是一例。形形色色的奇怪湖泊，自然都有它形成的原因。

（甘德福）

中国的湖泊之最

最大的咸水湖——浓墨重彩青海湖
最大的淡水湖——水天一色鄱阳湖
最高的湖泊——意趣盎然纳木错
最低的湖泊——月色美人艾丁湖
最深的湖泊——长白山天池

奇异的泉水

清晨走在山间小道上，凉风习习，清香扑面，叮咚的泉水声拨动着心弦。这是我们地质队员独有的工作和生活享受。

泉水是地下水的天然露头。它综合反映了地下水与地层岩石、地质构造和地貌条件之间的因果关系。泉水是地下水循环、运动、更新、作用的表现形式，遵循一定的自然规律，周而复始，以至无穷。凡泉水出露的地方大多风光秀丽：奇峰异岩、树木葱茏、鲜花绿草、云雾袅袅，周围是大片沼泽湿地。

泉水的成因极其复杂，与诸多因素有关，所以泉水种类繁多，变化多端。有上升泉、下降泉、冷泉、热泉、矿泉、构造泉、裂隙泉、接触泉、岩溶泉、间歇泉、气候泉、报时泉、极时泉、钟泉、水火泉、风泉、冰泉、海泉、月泉、喊泉、甜泉、香泉、酒泉、酸精泉、咸泉、苦泉、汽水泉、毒气泉、问病泉、药泉、朱砂泉、油脂泉、多彩泉等等，林林总总，数不胜数。泉的水流时断时续，时快时慢，时大时小，时上时下；有深有浅，有曲有直，有滴滴而渗，有圈圈而冒，有咕咕而涌，有的从山上滚下，有的从地下冲出，有的从草丛溢出，有的从沟谷流出；或单独存在，或结伴成双，或三五成帮，或聚众集群；形成湖泊，汇成河流，流入大江，奔向海洋。山以泉而生灵，川以泉而鲜活，万物以泉而风流，地方以泉而有名。

世界上最早建立的国家公园是美国的黄石公园，位于落基山脉黄石熔岩高原上，这里地质构造复杂，曾发生强烈火山活动，地面广泛覆盖熔岩流，地壳至今不稳定。园内峡谷、河流、湖泊、温泉、泥火山、悬崖和化石森林等景观独特。在 3 000 多个温泉中尤以一个叫“报时泉”的闻名世

云南省云县的沸喷泉

云南省云县茂兰喷泉

界。这个报时泉每隔 35～90 分钟喷发一次，历时 2～5 分钟，水柱高达 40～60 米，泉水蒸汽似白云飘挂在上空，蔚为壮观。这眼泉已存在 400 多年，始终准时喷发，被美国人称之“圣信徒”。

我国云南安宁县也有个叫“三潮圣水”的报时泉。每逢子、卯、午、酉时辰，泉水从石雕的水龙口中准时喷出，先是风声呼呼，水沫飞溅，过 2～3 小时又突然断流，时间把握十分准确。但每遇枯水期，该泉干涸。此外，我国西藏也有众多间歇喷泉。

间歇泉之所以按时喷水，其一有受地下热源加热的水通过岩缝渗流而出的泉穴，其水温、流速、流量长期保持不变；其二有蓄积水的壶状大空洞构造，当“壶”中热水量储存到一定程度时，热水汽化使压力加大并产生虹吸原理作用，泉水和汽相伴喷出，直到“壶”中的水和汽的压力低于或等于泉口气压和水压时，喷泉恢复平静。如此喷喷歇歇形成间歇泉。

我国广西白石红庙沟发现一个“喊水洞”，当地人称它喊泉、叫泉、骂泉。贵州平坝城西沙作铺路旁有个“喜客泉”，应人喧哗鼓掌，泉涌起泡，人们称它为“击掌泉”。

击掌泉也好，喊泉也罢，都与附近岩石中的小裂隙互相连通，泉水处在将溢未溢的临界状态，每遇声波或振动波所产生的压力效应，引发岩石裂缝孔隙的虹吸现象，从而激发泉水喷涌。这是水文地质工作者的推测，实际情况究竟如何，有待进一步监测研究。

储存于地下岩石洞穴和断层之中的地下水，不断地将岩石的矿物元素溶解，使地下水富含矿物质。不同的岩石含有不同的矿物元素，所以储存其中的地下水，含有不同的矿物质。地下水通过岩石裂隙流出的泉水一样含有不同的矿物质。我国黑龙江五大连池火山群有 14 座玄武岩火山锥，长年涓涓而流的泉水，属于重碳酸盐矿泉，含有大量的二氧化碳及硫、镁、镭、钛等矿物元素，有很高的医疗价值，可消食、止痛、安眠、利尿、治疗肠胃病等，故称之为“药泉”。

历史上有过诸葛亮五月渡泸，将士深入不毛之地，由于渴饮荒泉而造成横尸荒野的悲惨故事。自然界也确实有毒泉，有些岩石富含有毒元素如砷、汞、镉等，这些有毒元素溶于地下水中，再从岩石裂隙中流出的泉水就形成毒泉。有些泉水随水流从地下带出有毒气体，同样形成毒气泉，如我国云南腾冲县曲石乡龙川江支流的山崖边，就有一个骇人听闻的扯雀塘毒气泉，随泉水而出的毒气有一氧化碳、二氧化碳和硫化氢等，毒气升天，飞鸟经过，被毒气呛晕，纷纷坠入塘中。

常规的地层温度，每深入 100 米，温度增加 3 ℃。在火山活动频繁、大断裂的地区，地幔的热能不断深入地层，使这些地区的地温特别高。所以不同地区地下水温度是不同的，流出的泉水温度也不一样。一般来说，当泉温高于当地平均气温时，称温泉；低于年平均气温时，为冷泉。高于当地水的沸点时叫沸泉；泉温在沸点以下，45 ℃以上时称热泉。科学家在大洋深处海沟里发现水温高达 400 ℃的沸泉。与沸泉相反的是冰泉。我国陕西蓝田县就有一口冰泉，水落井口立即成冰，井中之水在盛夏也结着冰凌。

（甘德福）

台湾温泉

我国宝岛台湾温泉资源十分丰富，现有温泉 80 多处，主要集中在北投和阳明山两个温泉区。位于台北市西北 12 千米的北投温泉区有三处泉源：一是单纯土类泉，泉水无色透明，略带臭味，呈弱酸性，水温 59 ℃；二是酸性绿矾泉，为无色无臭透明，略具酸性，水温 65 ℃；三是酸性硫化氢泉，水色浊白，有硫黄味，水温 48 ℃。离台北市 16 千米的阳明山温泉区，温泉都从七星山麓涌出，为单纯硫化氢泉，水量很大，溢成溪流，是北投的姐妹泉。台湾西南部有关子岭温泉，台湾岛南屏东县虱母山麓有四重溪温泉，台湾岛苗栗县有虎山温泉，还有谷关温泉、醮溪温泉、瑞稳温泉、安通温泉和知本温泉等。到台湾旅游，温泉风光和温泉浴是必需观光和享受的。

黄果树瀑布

黄果树瀑布并非中国之最

黄果树瀑布位于贵州省镇宁县，在北盘山支流打邦河上源的白水河上，是黄果树地段九级瀑布中最大的一级瀑布。它从60多米高处的悬崖上直泻而入犀牛潭，未见其景，先闻其声。近观飞瀑，似万马奔腾，水拍击石，犹似雷劈山崩，令人惊心动魄。还有那飞溅的水花，高达50～60米，雾气腾腾，光照下五彩缤纷，令人心醉。自古以来，人们都认为黄果树瀑布是我国最大的瀑布。

衡量一个瀑布的大小，要根据落差(即瀑布的高度)、宽度和流量三个方面。黄果树瀑布的落差为66.8米。在我国连前6名都排不上，更谈不上第一了。河南修武的云台山瀑布，落差314米；浙江雁荡山的大龙湫瀑布，落差190米；四川江津的望乡台瀑布，落差152米；离黄果树瀑布不远的滴水滩瀑布，是个3级瀑布，每级落差都在130米以上，整个落差达410米；贵州赤水的十丈洞瀑布，落差71.5米；四川松潘县的扎嘎瀑布落差93.2米。所以黄果树瀑布的落差在中国远不是第一。

黄果树瀑布的宽度为81.2米，在中国瀑布中也不能列第一。四川九寨沟就有两个瀑布比它宽：诺日朗瀑布宽270米；珍珠滩瀑布宽162.5米。离黄果树不远的陡坡塘瀑布宽105米。

黄果树瀑布的平均流量是每秒16立方米；最大流量每秒1 000立方米；最枯流量每秒0.5立方米。这个流量不算少，尤其是最枯流量每秒0.5立方米。著名的镜泊湖吊水楼瀑布每年有3个月左右流量为0。但黄果树瀑布的流量在中国瀑布中也远称不上第一。仅以黄河的壶口瀑布为例：严冬至孟春，流量为每秒150～300立方米；晚春流量每秒8 000～10 000立方米；夏季流量每秒为1 000～2 000立方米；秋季流量为每秒3 000立方米。壶口瀑布的流量远远大于黄果树瀑布的300～600倍；丰水期时也达10倍之差。

无论从落差、宽度和流量来衡量，黄果树瀑布算不上中国瀑布的冠军。

那么谁是我国的最大瀑布？从落差、宽度和流量三项标准作综合评价的话，实难找出绝对冠军。就单项指标来说，落差最大的当属我国台湾省嘉义县的蛟龙瀑布，它分4级飞泻，其中最大的一级落差就达500米，整个瀑布的落差在1 000米左右。由于落差太大，近观无法睹其全貌，只能远眺方见一条巨大的蛟龙从天而降,被誉为“难得一见的旷世奇观”。以宽度而言,四川九寨沟诺日朗瀑布宽度270米(又说300米),当属中国最宽之瀑布,可惜其落差仅20米,在气势上大为逊色。从流量来看,黄河壶口瀑布当属中国瀑布之最。壶口瀑布宽度虽只有30多米,落差也仅50余米,但来自上游的滔滔黄河水几乎都要在壶口倒悬倾泻。即使在冬季枯水期,流量也有每秒150～300立方米。在天寒地冻之季节,目睹涓涓飞流,给人以俊美之感;一到冰河解冻的四月初,流量骤增至每秒1 000立方米以上,巨流夹带着大量冰块直冲而下,如狮吼虎啸,震天动地;一到夏天,流量再度增加,飞流破空而下,激起的水柱像箭一样直射苍穹,刹那间,一支支水柱又化作细小的水珠,弥散成迷濛的白雾,在阳光照耀下彩虹叠现,胜如仙境;金秋两季,千溪万壑之水汇聚,每秒流量增至3 000立方米,最多时达到每秒8 000立方米,这时的瀑布连成一片,以千军万马之势奔腾而下,洪波怒吼,激湍翻腾,声如炸雷,惊心动魄,其气势之宏伟,堪称一绝。四方游客,蜂拥而至,争睹壶口瀑布的奇观。

中国的瀑布姿态万千,数量众多,已知地面上的瀑布有成千上万,还有许多隐藏在大山峻岭之中的瀑布,正等待着探险者去发现。我国还有许许多多的地下瀑布,隐藏在深不可测的洞穴之中。中国瀑布之最,在地上还是在地下,谁是真正的冠军,有待新的发现。

(吴胜明　张庆麟)

中国瀑布之最

落差最大的瀑布:台湾嘉义县蛟龙瀑布总落差达1 000米,4级下跌,为中国及亚洲第一。

宽度最大的瀑布:四川九寨沟诺日朗瀑布宽达273米。

水量最大的瀑布:云南中甸、丽江两县金沙江上的虎跳石瀑布,落差8米,多年平均流量为7 800立方米/秒。

知名度最高的瀑布:贵州黄果树瀑布。

最大的火山瀑布:镜泊湖吊水楼瀑布,一万年前火山爆发熔岩流阻塞牡丹江出口形成。

最大的瀑布群:贵州马岭河瀑布群。共有60余处,而壁挂崖一带仅2公里长的峡谷中,就分布着13条瀑布,形成一片壮观的瀑布群。

湛蓝海洋变赤脸

2004年“五一”长假刚过，人们还沉浸在假日欢乐喜庆的气氛中，这时突然传来了我国近海连连发生赤潮污染的消息。先是东海舟山群岛爆发了特大赤潮，使得上海沿海地区的渔场紧张了好一阵子。紧接着北边的黄海也爆发了赤潮。6月份以来，渤海海域发现了大面积有毒赤潮。随后传来广东沿海海域也出现大面积赤潮。湛蓝的海洋连连变成赤脸，我国沿海海域到底怎么啦？

自20世纪80年代末以来，我国近海赤潮的爆发频率逐年在递增。据统计：1989年12起，1990年26起，1992年30起，此后的赤潮爆发每年都在30起以上，每次赤潮的覆盖面积越来越大，其中有一次赤潮的覆盖海域面积达五千多平方千米，造成直接经济损失1.2亿元以上。

上海电视台播放赤潮爆发时的景象，让人感到恐惧：一望无际的海面上，翻滚着一条很宽的污血般浑浊的海浪，沿着海边向前奔袭而来，赤潮中沉浮着无数泛着粼光中毒窒息而死的鱼类及其他海洋生物。在赤潮经过的海滩上，横七竖八地躺满了散发出阵阵恶臭的死鱼烂虾。

赤潮是海洋渔业生产最大的敌人，每次赤潮路经的沿海地区，扫荡式地把海洋鱼类食物链的浮游、底栖生物灭杀殆尽，并灭杀河口、海湾鱼虾产卵场、育幼场之生物，让养殖场的鱼类断子绝孙、尸横遍“海”。

俗话说：“条条江河归大海”。近海水域是陆地江河之水流入大海的下梢，未经处理的工业和生活污水，带着漂浮的垃圾，长时间大规模地直接排放到各条江河之中，汇集到入海口后流入大海。在入海口的近海区域，是污染物质沉积汇集最集中的地方，加上密集的渔船和商船也集聚于江河入海之口，不断把船上的油污和垃圾倾入水中，使该区域的海水“高度营养化”。主要污染物有无机氮、活性磷酸盐和铁、锰等金属元素，以及含有大量促使赤潮生物增殖的有机物等。这引起某些微小浮游生物大量繁殖和高度密集，从而导致海水变色。引起海水变色的赤潮生物有300种左右，其中约70种能产生毒素。在温度适宜的初夏，短时期内迅速繁殖生长，把海水染成一片赤色。待海流经过时，随波逐流形成赤潮，一路翻滚向前，祸害近海渔业和海洋生物。

我国近海赤潮越演越烈与江河污染越来越严重是密不可分的。我国的大中型城市都傍江河而建，在大量吸取江河之水为生产生活所用的同

黄色的赤潮

红色的赤潮

时,又把大量的生产生活污水和垃圾,倾入江河。随着河流排入海洋的污水垃圾与日俱增,导致近海赤潮的发生频率逐年增加。2003 年,仅上海及邻近海域共发生赤潮 11 起,累计影响面积超过2 300 平方千米,其中两起赤潮面积超过 1 000 平方千米。随着全球气候变暖,赤潮发生的时间将会提前,这意味着赤潮发生频率也将增大。

有的人把海洋当作藏污纳垢的天然废物场。从川流不息的江河里带给它无穷无尽的污水废物;在石油海上开采和运输过程中带给它大量的油污;沿海大城市又把污水废物装船倾向大海;还有好战分子把废弃的剧毒品和放射性废料沉入海洋,使海洋逐渐成为地球上容量最大的头号毒品库。

如果人类在无休止地掠夺大自然资源的同时,又将污物浊水伤害大自然,大自然必然也会用不同方式对人类进行报复,赤潮仅是一张大海因愤怒而涨红的脸。专家们指出,海水污染引发赤潮,赤潮又加剧了海水污染,这种恶性循环的持续,最终将彻底破坏海洋中的生物资源,而海洋也最终将全部失去它湛蓝的颜色。

（顾根良）

黑潮

1999 年的圣诞节，对法国人来说真是一个糟糕透了的日子。这一天，强劲的时速高达 172 千米（风速每小时 118 千米就是 12 级台风）的西北风，从大西洋猛扑过来，使飞机停飞、火车停驶。大风还掀翻房屋，刮断电线，推倒大树……更糟糕的是，人们担心已久的“黑潮”也随着大风席卷而来。

原来，几天前，有一艘满载着 3 万多吨原油的马耳他油轮“埃里卡”号，在法国西北部的大西洋中因遭暴风袭击而断裂沉没，致使 3 万多吨原油顷刻间泄入大海，形成了一条长 1 千多米、宽 200 多米的黑色油带。这像柏油一样黏稠的油带如同死神手中的枷锁，不但阻挡阳光射入水中，又隔绝海水与大气的交流，所以它所到之处，水中的生物无一能够幸免。为了防止这片黑油随风进袭海岸，法国有关方面早早就动员了大批人力，采取了种种措施，进行围堵，希望能将它消灭在大西洋中。然而事与愿违，在强风的推动下，这片黑油还是像潮水一般向法国海岸直扑而来。它还扩展成一片长达 400 多千米的油带。顿时，原本美丽的海岸变成一片油污；昔日的海滨胜地，一片狼藉，面目全非。只见海中黑浪翻滚，浪花中不时卷来死鱼和死海鸟（据估计仅因此而死亡的海鸟就达数万只之多），散发出阵阵的恶臭；海滩上不再有戏水者的踪迹，只有一些企图在海滩上歇脚而不幸沾染上油污，无法再展翅飞翔，正在不停地扑腾挣扎的海鸟，发出阵阵的哀鸣……还有沿岸的牡蛎和贝类养殖场，也在这场黑潮的袭击下覆没。

纽约港中污积的海水退潮时留下遍地垃圾

其实，法国的这场生态灾难仅是这种被称为

“黑潮”的油污染事件中的一起而已。自20世纪中叶海上出现大型油轮以来,类似的事件就一而再,再而三地发生过。例如1972年8月21日,利比里亚油轮“特克萨尼塔”号和“奥斯威格监护者”号相撞,致使10万吨原油泄入海中,使南非的海域受到了严重的污染。1976年1月24日,25万吨级新油轮“奥林匹克英勇”号在法国西北部的卡桑岛北岸搁浅,被岩石撞成两段,致使20多万吨石油泄入海中……更严重的是1991年海湾战争期间,由于伊拉克的油井受到破坏,至少有150万吨原油泄入海中,使邻近海域受到了严重污染,造成的恶果估计至少要50年才能完全消除。最新的一次事件是2002年11月19日,一艘载有7.7万吨燃料油的“威望”号油船,在距西班牙北部海岸175海里处断裂后沉入3 500米深的海底。燃油当时没有一下子倾泻入海,而是以每天约80吨的速度在泄漏。尽管西班牙当局组织了数千名志愿者和武装部队进行围堵,但截止2003年1月9日,油污仍然从西班牙北部海域扩散到法国和葡萄牙海岸。其中西班牙北部500千米的海岸上就有179个海滩遭到重度污染,1万多只海鸟死亡,沿海4 000多名渔民因渔业资源受到污染而不能下海捕鱼,经济损失达3亿欧元。

“黑潮”对生态的危害,主要是它会在水面上形成一层油膜,从而隔绝大气与海水的气液交换。另一方面油膜的分解和自身的氧化作用,也会消耗水中大量的溶解氧,致使海水严重缺氧;油膜还阻挡了阳光,使其不能透入水中,因而影响水中绿色植物的光合作用。油膜还会沾污海兽的皮毛和海鸟的羽毛,使它们失去游泳和飞行能力;也会黏附在鱼鳃上,使鱼失去呼吸能力而死亡……油膜不仅给海中生物带来死亡的威胁,它在海浪的作用下会发生一系列物理、化学变化而污染大气,并随风扩散到其他各地。人们认为它也是造成全球大气质量下降的因素之一。再有,扩散的油膜在海水中将逐渐被稀释,影响面积也愈来愈大。当水中的油膜被稀释到十亿万分之一时,鱼类虽可存活,但受其污染的鱼会有油臭味;还有约23%～40%的鱼卵和鱼苗会受其影响而发生畸变。

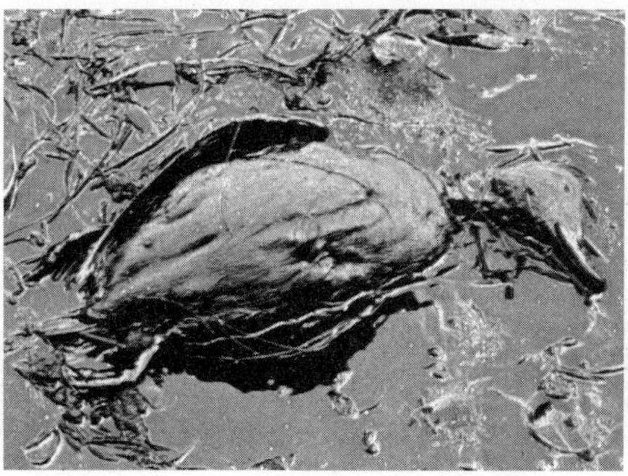

美国加州附近油轮漏油后这只鸭子是牺牲的海岸生物之一

“黑潮”还会破坏海滨风景区、破坏海滨浴场,有的甚至还会引起海上火灾。受“黑潮”污染的海域一般要经过几年的时间才能逐渐恢复;严重的则要十几年甚至几十年。

为了对付"黑潮"的威胁,人们提出了以下四种治理方法。一是燃烧法。这是一种"快刀斩乱麻"的办法,也简便易行,能在短时间内消灭大片油污。但这种方法会严重污染大气,所以已很少采用。

二是化学处理法。即把化学药品喷洒在油膜上,以加速其化学分解,或促使其凝固沉入海底。但是,后来人们发现,一些已经使用的化学制品也具有毒性,有的甚至比"黑潮"的危害更大。

三是物理处理法。先用围栏将泄入水中的油污围堵起来,使其不再扩散,然后用吸油毛毡、吸油带、吸油浮筒、浮油回收船等器具对海面浮油进行回收。但这种方法的缺点是费时费力。目前还主要用于小规模的泄油事件。

四是生物处理法。人们发现有些细菌和微生物具有噬食石油的本领,有的还以石油为生,因此可用来清除油污。不过,这种方法虽然成本较低,但清除速度很慢,周期很长。所以目前主要用于消除油污的残余。

值得注意的是,地理学上"黑潮"一词还有另一含义。即它指一条北太平洋的暖流。大家知道,表层海水,由于受盛行风,地球自转和海水温度、密度差等的影响,会发生大规模的转移运动,称为洋流或海流。在北太平海,构成赤道水域与温带水域水循环的洋流称北赤道流。它由南向北沿顺时针方向运动,其中的一个近岸支流便是"黑潮"。

黑潮,沿北太平洋西部边缘向北流动,以具有高温、高盐和水色深蓝似黑而得名。它南起菲律宾东南,沿巴士海峡东侧北上,经台湾东岸和那国岛之间的水道进入东海,然后沿东海陆架边缘与陆坡毗连区域流向东北,至日本九州附近,折向东,离开东海,返回太平洋。

黑潮对我国近海的海水物理化学性质,海洋生物的繁衍,近岸地区的气候环境均具有十分深刻的影响。如人们在黄海和渤海均发现有热带大洋性浮游生物。它们就是黑潮带来的。又如人们还发现,在秋末冬初时,若测得黑潮经过的吐噶喇海峡的水温比往年平均水温高,则我国北部平原来年春季降雨量就会比常年多。

总之,为对付"黑潮",人们虽然已经有了一些办法,但总的来说都不理想。

(张庆麟)

水荒

早在 1997 年,世界气象组织和联合国教科文组织在为世界水资源论坛准备的文件中曾写道:“到 21 世纪,水有可能成为一种稀罕之物”。

这决不是危言耸听。21 世纪虽然刚刚开始,但人们已愈来愈迫切地感受到水资源匮乏的威胁。2003 年联合国水资源世界评估计划就再次警告说:如果各国政府继续对水资源问题不予以重视的话,那么在今后几年中,水资源危机将会非常严重。报告还说,目前世界上已没有哪个地区没有水资源危机。报告还估计,在最坏的情况下,到 21 世纪中叶,将会有 60 个国家的近 70 亿人口(截至 2000 年全世界人口刚刚超过 60 亿)面临缺水的威胁。

地球不是有水球之称吗? 水占有地球表面的 71%,怎么还会缺水呢?

是的,地球虽然并不缺水,但其中 97%以上的水却是我们人类生活和工农业生产所无法直接利用的海水,适合我们所需的淡水仅占地球总水量的 3%还不到。就是这不足 3%的有限淡水,还有约 2/3 囤积在高山和极地的厚厚冰雪层之中,另外的近 1/3 则深埋在地下的岩层中,真正能被我们方便地利用的淡水资源仅占总水量的 0.26%左右。

即使是这十分有限的淡水资源,在世界上的分布又是极其不均匀的,且不说那些常年干旱、罕见雨水的沙漠地区,还有像科威特、沙特阿拉伯等“水比油贵”的中东国家,是地球上最缺水的地方;就是那些原本拥有丰裕水资源的地方,也由于人们对淡水资源需求量的不断增长,加上人为的各种污染,而使水资源日益匮乏、捉襟见肘。

据统计,随着人们生活水平的不断提高,生活用水量迅速攀升,抽水马桶、淋浴设备、洗涤机器、环境美化等等无处不需要水。世界上许多中等发展国家的城市每人每日的用水量大约在 400～600 升之间。而在美国,每人每日的需水量竟高达 8 000 升左右。因此可以想像,当人们的生活水平都达到美国这样水准时,世界对水的需求将会增加到多么惊人的数字。另外,工业对水的需求也十分巨大。每生产一吨钢,需淡水 60 吨;一辆汽车,需水 400 吨;一吨纸,需水 500 吨;一吨合成橡胶,需水 2 000 吨……可见,随着工业生产的发展,对水的需求也将成倍地增长。农业更是一个用水大户。今天我们使用的淡水资源中 67%～80%用于农业灌溉。大约每收获 1 公斤大米,就要消耗水 5 000 升。因此为了夺取农业的丰收,人们已不得不加紧对水的攫取。这就使本已捉襟见肘的水资源更加雪上

瑞典的一个河口湾里大片油腻的工业污物与碎冰混在一起

加霜。我国曾经浩荡奔流的黄河水,近些年来不断出现断流,还有华北地区地下水位的逐年大面积下降,都是过量抽取水资源的结果。

更严重的是,这些有限的淡水资源还时时受到人为污染的威胁。那些来自工矿企业的工业废水、饱含农药和化肥的农田排灌水、日益增加的城镇生活污水,都在源源不断地流入江河湖泊,甚至渗入地下,使众多本来甜美的淡水,变成黑臭不堪的污水,甚至毒水。例如20世纪80年代初上海松江县境内的3 100多亩水面,由于受到长江化工厂排放污水的毒化,导致20多万斤活鱼中毒死亡。又如贵州兴义灶矾山区本是一个山青水秀、花果飘香的好地方,但自从那里发现汞矿,甜美的山泉水受到矿渣的污染,使饮用这些水的当地居民纷纷患上了怪病。不久前世界银行在关于水资源的报告中还指出,中国有3/4的河流受到不同程度的污染,全国有近一半的民众饮用的是受到污染的水。不仅我国如此,世界许多地方也同样纷纷告急。在中美洲,许多河流中粪便型大肠杆菌含量超过安全饮用水的1 000倍。在马来西亚,巴生河水的汞含量是如此之高,以致有人建议可以将它直接装瓶用作杀虫剂。在美国,据1998年的调查,至少有40%的水域被食品加工的废料、金属、肥料和杀虫剂所污染。与此同时,在欧洲,55条大河中只剩下5条还未受到人为的污染。

由于上述的种种原因,全球正在遭受日益加剧的水荒威胁。有人警告说:水荒,在21世纪必将成为社会动荡、诱发地区或国家之间战争的重要因素。如果说,目前在有些地区,一滴水曾和一滴油等价;那么在明天,一滴水很可能会和一滴血等价。面对这一严峻的局面,我们是否就无能为力呢?水是一种可再生资源,只要世人能普遍重视这一问题,珍惜水源,严格控制污染,合理使用水源,提高水资源的利用率,如:改进生产工艺,使工业用水降到新的水平;采用滴灌技术,避用粗放式的耗水量巨大的传统灌溉方法等,就有可能使水资源危机得到缓解。

(张庆麟)

千炮竞鸣争雨云

2004年7月9日根据气象部门的预测，一片携带丰富水汽的乌云，正从河南南阳上空向东北方向飘移。这对于久旱无雨，饱受干旱之苦的豫中大地来说，无疑是个巨大的喜讯。为了不错失这一良机，地处豫中的平顶山、驻马店、漯河、许昌、周口的五市领导决定实施人工降雨，迫使老天爷把雨水留在这里。

当晚20时，乌云如期到达漯河市上空，指挥部一声令下，预先设置在该市三县一区的18个火炮和火箭发射点纷纷向空中的乌云射击。乌云受到强烈扰动，果然顷刻间化成大雨，哗哗地倾泻下来。据统计，从当晚20时起至翌日下午17时，漯河共打出增雨炮弹725发，火箭弹40枚，使该市迎来了一场滂沱大雨。降水量最少的漯河市区和郾城县，也在50毫米以上，最高的舞阳县则达81毫米，有些街区甚至积水难行。大雨使肆虐该地一个多月的干旱彻底解除。

与此同时，平顶山、驻马店、许昌和周口四市也纷纷架起大炮和火箭发射台向老天爷开战。不断喷射和轰鸣的火舌，把富含水汽的乌云撕成碎片，化作甘霖倾泻而下。其中平顶山和许昌两市的降雨量最大，超过100毫米，但处在云块东北边缘的周口市只获得27毫米的降水量，其中的某县更仅获得7毫米的降水，远没能彻底解除久旱干渴的状况。为什么周口没有少费力气却收效甚微呢？原因就在于五市把降雨的目标都锁定在同一块乌云上，而周口在地理位置上正处于该乌云的东北边缘，当云块的水汽被位于上方的四市大量截流之后，能到达它境内的自然只剩下"毛毛雨"了。

其实，这次五市千炮齐发争抢一片雨云，仅是我国北方诸省长期面临干涸的一个侧影而已。2004年入春以来，东北诸省几乎全线喊渴，内蒙东南、吉林西部更出现了近40年来最严重的春旱。河北、山西、河南，以及西北各省也都不同程度地出现旱情。入夏以来，气温又比历年偏高，仍无雨水，致使旱情加剧。

本来没有降雨，人们还可以依靠水库和地下水来缓解干涸的土地。但由于历年的干旱和人们长期过量开采地下水，使这两大"法宝"频频失灵。据报道，尽管河北省2003年雨水还比较充沛，但由于在汛期相对少雨，故仍属于偏枯水年的状态。截至2003年9月底全省大中型水库共蓄水仅为14.9亿立方，可用水量仅7亿立方，还不足11个市用水量的一半。地下水的情况同样好不了多少，由于过量的采集，导致地下水位普遍下降。其中仅华北地区就超采1千亿立方米，致使地下水位下降形成一个面积达9万平方千米的大漏斗。地下水位的下降，不仅使地下水的开采更加困难，开采成本增加，一些早期挖掘的浅井还因水位下降而报废；另外，它还会带来地面沉降等诸多环境问题。为了不使这些现象继续加剧，人们不得不限量开采，甚至停止开采地下水。

当地表水系供水不足，地下水也难以满足需求的时候，人们当然只能把目光瞄准空中的雨云。为了不让雨云从空中轻易溜走，人们自然就采取了各种人工降雨的方法。这就怪不得豫中五市要纷纷争抢这片雨云了。其实，采用人工降雨的手段来缓解旱情，已是我国北方诸省市近年来习惯的措施了。如2004年初辽宁就有11个市地采用这一方法，据说共布置了30多个火箭发射台，发射火箭86枚，还放飞325枚气球增雨焰弹。可惜由于雨云含水量较低，仅增加降水0.72亿立方米。2003年，天津也向老天爷要水，共实施增雨作业14日，动用发射站310站次，发射炮弹近1万发，火箭100余枚，还利用飞机进行增雨作业4架次，累计获得3.76亿立方米的降水。此外，北京、黑龙江等省市也均采取过相似的措施。

利用人工方法来增加降水，固然是解决旱情的一种手段，但是，当人们纷纷采取这一方法时，也可能带来一些难以预计的不良后果。首先，它可能扰乱了地球水系的正常循环，加剧了人力对大气环流的影响。其次，它还很可能引发各地在水分配上的争执，就像这次豫中五市争抢一片雨云，周口市因获益较少，而不免抱怨一样。第三，它还可能给生态环境带来某些负面的影响。这是因为在实施人工降雨时，人们不仅要发射炮弹和火箭，而且为了使云中的水汽能顺利凝结成雨滴，就需要让炮弹与火箭携带有促进凝结的催化剂，如碘化银、干冰、盐分、尿素等。虽然目前尚无证据可以证明，这些催化剂会给环境带来不利的影响，但若广泛、长期频繁地使用这些催化剂，后果令人担忧。正是出于这样的考虑，有识之士呼吁制定必要的政策，严格审批制度，恰当地把握好人工降雨的分寸，切忌滥用。

（张庆麟）

人工降雨

用海水缓解水荒

全球面临水荒已成人们的共识。这里的水荒,是指可供人们生活、生产使用的淡水资源的不足。其实,地球并不缺乏水。众所周知,地球表面71%的面积被水所覆盖,水体总量达到近14亿立方千米,淡水仅占总量的2.53%,余下的97.47%是海洋水和咸湖水。若把这97.47%的水利用起来,人类就再也用不着为水资源不足而发愁。

那么为什么海水不能直接用于生活和生产呢?这是因为海水中平均含有3.5%的各种盐类。除氯化钠外,还有氯化镁、硫酸钠等,它们使海水发苦,还会使饮用者腹泻或患其他疾病。而更重要的是人体的肾脏不能排除如此高浓度的盐分。在正常情况下,人的肾脏能排泄的盐浓度不能超过2%。因此若喝了含盐3.5%的海水100毫升,就必须额外再补充75毫升的淡水,才能把海水冲淡到含盐2%。这样肾的排泄量就为175毫升。问题是这额外的75毫升淡水从哪里来,若没有体外淡水的补给,就只有从人自身的体内去寻找,结果就会把人体细胞内部和细胞周围的水抽取出来,导致人产生脱水现象。脱水的人,轻则感到口渴,重则会引起神经紊乱,甚至死亡。有人指出:海上遇难者有的便是由于不适当地喝了海水,导致脱水死亡的。研究表明,不仅人不能直接饮用海水,许多陆地动植物也同样无法适应海水的高盐度。同样,海水的高盐度还会侵蚀各种金属制品,或给制造业带来额外杂质,所以海水也无法直接用于各种生产领域。鉴于当前淡水资源的严重不足,人们正在积极寻找利用海水的途径。途径之一是寻找和培植能适应海水盐度的生物,特别是能耐盐的作物。据报道,目前人们已找到上百种可用海水直接浇灌的作物,并已在墨西哥、中东等地的近海沙漠试种成功。这些耐盐作物中最重要的是“海篷子”,据说它是美食家眼中的绿色拉,一道味道鲜美的小菜。而且它还含有比黄豆更多更好的食用油,其副产品则是富含营养的牲畜饲料。黄豆的含油量只有17%~20%,而海篷子则含30%的油。它的油不仅可供食用,也可用于医药和化妆品,所以是一种具有良好用途的作物。从20世纪70年代起,经过30多年的培植,目前已在沙特东北沙漠海岸被广泛引种。尽管阿拉伯海的海水盐度高达4%,但用它日夜不停喷浇的海篷子依然长势良好。利用它种植和衍生出来的其他相关产业,正成为沙特继石油之后的又一重要产业。我国有关方面也在进行海水灌溉的研究，据《中国绿色时报》2004 年 7 月 28 日的报道：江苏盐城市已成功培植出可用海水灌溉的蔬菜，面积达 1 000 亩，其中海芦笋还获得绿色食品 A 级证书，深受消费者青睐。此外山东、广东、海南等地近 30 万公顷的荒碱地和沿海滩涂也在开展海水灌溉，并通过杂交育种培育出了一种耐盐小麦，为进一步扩大海水灌溉创造了有利条件。

海水利用的另一途径就是对它进行脱盐淡化处理。人们早就知道，可以用加热蒸馏的方法来使海水脱盐淡化。但由于这样做要消耗大量能源，费用较高，所以一直未能大规模利用。直到 20 世纪 50 年代，中东地区的一些富裕的沙漠国家，由于淡水资源的严重不足，以致水比油贵，才不得不大规模用蒸馏法获取淡化的海水，但毕竟成本较高，无法普及。20 世纪 70 年代以后，一种被称为“逆渗透”技术开始用于淡化海水。该法是迫使海水通过细密的过滤薄膜，从而滤掉其中的盐分。这一技术使海水淡化的成本有了大幅度降低，但每生产 1 立方米淡水仍要几美元。20 世纪末，一种结实耐用的复合膜取代了原先使用的脆弱的尼龙膜和醋酸纤维素膜，又一次使逆渗透技术获取淡化海水的成本，降到 1 美元以下。这就使淡化海水的成本与开采、运输地下深层水的成本相近。据报道，设在以色列的世界最大的逆渗透水厂，目前获取 1 立方米淡化海水的成本为 50 美分，这与从加利利海把淡水输送到特拉维夫的每立方米 30 美分相比已非常接近。因此淡化海水已成为以色列生活用水的重要来源，已占以色列淡水用量的1/10。除以色列外，英、美、西班牙等国也纷纷建立了海水淡化厂。我国也在天津、大连、青岛等地建有海水淡化厂。其中天津还设有专门研究机构——“国家海洋局天津海水淡化与综合利用研究所”。在海水淡化技术方面，除反渗透法外，还采用电渗析、压汽蒸馏等方法。每立方米淡化海水的成本也已降至 4～7 元(相当于 48～84 美分)，达到国际先进水平。据悉，目前全世界淡化海水的日产量已达 3 000 万立方米，约占全球生活用水量的 3%。此外还有多个大型海水淡化厂正在积极建设中，因此可以预期淡化海水将成为人们用水的另一重要来源。

不过，许多环境学家对淡化海水的推广忧心忡忡。他们担心这会给环境带来不利影响。因为盐分从海水中分离出来，形成高浓度咸水后，便被大多数水厂倒回大海。这种高盐度的废水不仅含有水垢、腐蚀性盐，还含有防腐的化学添加剂。当大量的废水日以继夜地倾入大海，完全有可能根本改变大海的生态环境，那将给地球带来难以预测的灾难。因此当人们在积极开展海水淡化处理时，也必须未雨绸缪，妥善处理它带来的余水、废水，不要让它成为一个新的公害源。

(张庆麟)

深层海水

深层海水是人们近世发现的一种优质的资源。所谓深层海水是指水深200米以下,阳光几乎照不到的地方的海水。它具有许多优异的特性。由于几乎没有阳光,微生物稀少,这里有机物的分解速度远高于其合成的速度,所以它具有极为丰富的氮、磷等营养成分。据测定,这些营养成分的含量通常比浅表海水高出几十到上千倍。它还具有低温(一般在1℃～9℃间),且温度比较恒定的特点。另外,它还十分清洁,几乎不含有害的病原菌,也很少含有来自陆地的污染物。

深层海水的上述优点,使它成为一种可被广泛利用的优质资源。虽然它的开发利用刚开始于20世纪的80年代,迄今只有很短的历史,但已在下述领域中取得令人满意的成果。

首先是在养殖业方面。原本在培育鱼卵和幼鱼时,为了预防病虫害,人们通常要让表层海水经过过滤,来获得清洁的水源;还有饲养海胆和贝类,对清洁水源的要求更高,往往需要对浅表海水进行两次过滤,有的甚至还要用紫外线进行灭菌处理,显然这样做会消耗能源,增加成本。现在改用深层海水,由于它本身很洁净,可以省略过滤工序,使养殖费用明显下降。而且原本用浅海水很难养活的深海生物,现在有了深海水,就为它们的饲养创造了条件。例如日本富山县水产试验场就利用深海水进行鳟鱼、虾、海带等的养殖,获得十分可喜的结果。日本高知县则利用深层水低温养殖原本只生活在北部大洋中的银大马哈鱼,还用其养殖具有宝石学价值的贵重的红珊瑚,红珊瑚在人工环境下长势良好,他们创造了红珊瑚养殖的新纪录。美国夏威夷深层海水开发实验基地也利用深海水的低温富营养,在炎热的夏威夷成功地养殖了大批本来只能生长在日本北海道一带寒冷水域的海带等。

其次,深层水还具有良好的环保用途。当今二氧化碳排放量的增多是产生温室效应、气候转暖的重要原因。鉴于二氧化碳对全球气候的重要影响,1997年12月在联合国的主持下通过了“联合国气候变化框架公约京都议定书”,并对各国二氧化碳等温室气体的排放量作出了限制,努力减少二氧化碳的排放已成为人们的共识。科学家们指出,利用深层海水就有可能达到减少二氧化碳排放的效果。日本每年二氧化碳的排放量约3亿吨,其中30%来自火力发电厂的废气。为减少二氧化碳的排放

海洋中形形色色的生命

量,日本东北电力公司把这种废气排入到有微细藻类的海水中,通过海藻的光合作用来吸收废气中的二氧化碳,达到减排的目的。进一步研究又发现,若用深海水来替代最初试验时使用的浅海水,由于深海水营养丰富,藻类的繁殖更加迅速,从而使二氧化碳的排放量也得到更有效的控制。同时,大量繁殖的藻类又可用来制作饲料和肥料,可谓一举两得。另外,人们还利用深海水的低温作冷却水源,从而免去了为制造冷却水而消耗的大量能源,以及会危害臭氧层的制冷剂——氟里昂等的使用。

深层海水还有其他方面的用途。例如日本静冈县农业试验场就曾利用深海水,来制作农作物的生长促进剂。他们每周给罐栽西红柿浇灌加20倍水稀释的深海水,与普通栽培组相比,收获期提前约10天,产量增加1.5～2.7倍,含糖量也提高4%左右。在对草莓进行试验时,在育苗期给它浇灌用30～50倍水稀释的深海水,结果草莓生长非常旺盛,果实也更加鲜美。同样,深海水对小松菜、菠菜等蔬菜的发育、生根和生长均具有良好的促进作用。研究人员指出,深海水之所以对蔬菜生长有促进作用,主要是因为它含有80多种矿物质和微量元素,而且水质稳定。

深层海水还被用于食品加工业。日本高知县有一家造酒厂就利用深海水酿造了一种名为“土佐深海”的特殊清酒。他们首先利用一种特殊的薄膜采取逆渗透技术对海水进行淡化,然后再加入0.3%的深海水,并借助酵母菌进行发酵酿造。由于深海水营养丰富,使酵母菌在酒中始终保持活性,所以这种酒口味柔和,女士们也很喜爱。另一家企业则生产一种带有柚子、蜂蜜等水果味,含有3%深海水的饮料。据说其味道也格外爽口。还有人用深海水生产豆腐、酱油、咸菜等多种食品,上市后深得消费者的喜爱,人们普遍反映其味道鲜美可口。

（张庆麟）

太平洋岛国忙搬家

2001年11月15日，太平洋中的岛国图瓦卢的领导人宣布，国家抵抗海平面上升的努力已告失败，决定放弃自己的家园，把全国1.1万国民悉数移民到新西兰。

图瓦卢是世界上第一个因海面上升而不得不举国搬迁的国家，但它却不是惟一受海面上升威胁的国家。2004年6月30日，荷兰负责可持续发展和环境的国务秘书彼德·范赫尔也警告说："我们的国家有一半低于海平面，若海面上升超过某一界限，我们就不可能再修建拦海堤坝……其后果将无法设想"。另外，印度洋中的美丽岛国马尔代夫也是忧心忡忡，一场无法抵御的灭顶浩劫正在悄悄地向他们逼近。

海面上升已是不容置疑的事实。多年的监测发现，其上升的趋势似乎还在不断加速。20世纪40年代，美国学者哥登伯格在搜集和分析了世界各地的观测资料后指出：世界各大洋海平面正以每年1.1毫米的速度上升。20年后的60年代，一些海洋学家的研究发现，海面以每年1～1.5毫米的速度上升。1980年，又有人对全球725个海平面观测资料进行分析，结果发现海面上升速度已增加到每年3毫米。最近，根据卫星观测资料，人们又发现全球海面正以每年3.9毫米的速度上升。我国一些海洋学家的研究也证明，在我国沿海海面上升速度平均为每年3.8毫米。

太平洋中的海岛

海平面为什么会加速上升呢？原因主要在于全球气候转暖，使本来大量囤积在极地和高山上的冰雪融化成为水，注入海洋。1999年6月人们曾经观测到，南极半岛上有一座总面积达1 300平方千米的冰山，在两周的时间内全部消融。据说它融化成的水可供全世界的人每人每天喝2杯，喝上1千年。因此你完全可以想像到，如此大量的水注入海盆，怎能不引起海面的上升。导致海面上升的水，还有一部分是来自陆地的地下水。本来这部分水蕴藏在地层中，但近世人们无节制地大量抽取地下水，使许多地区的地下水位明显下降。地下水位的下降是地下水损耗的直接表现。物质是不灭的，地层中损耗的这些地下水最终也要汇入海洋，从而加剧了海面上升。

科学家们指出：海面上升的后果是灾难性的。它不仅会使一些岛国面临灭顶之灾，而且也同样威胁着所有的沿海国家。据调查，世界上约有60%的人口集中在沿海地带。全球35万千米的海岸线上，有近1万千米的岸段上建有城镇。许多世界著名的大城市，如纽约、伦敦、威尼斯、曼谷、悉尼、东京、上海等都建在沿海，毫无疑问都将受到海面上升的直接威胁。若海面上升1米，我国就会有12万平方千米的土地被淹没，约7千万人口需要迁移。

另外，海面上升还会加剧海水对海岸的侵蚀，造成咸水的内侵。这是因为原本陆地地下水的水位与海面处于相对平衡的状态，这使陆地地下水能依靠自己的压力抵御海水的入侵。如今海面的上升将会打破这种平衡，高海面即海水高水位的压力超过地下水压，于是便会出现海水向内陆的渗透，使地下水质变坏，进而又会引起土地的盐碱化。印度左吉拉特邦沿海地区就是一个典型的例子。这里本是一块美丽而富庶的土地，在120万公顷的土地上生活着133万人。但今天这里已再也见不到昔日茁壮的庄稼和郁郁葱葱的果林，展现在人们面前的是一片白茫茫的盐碱和不毛之地。虽然左吉拉特邦的悲剧不是海面上升的直接结果，而是人们过量抽汲地下水，导致地下水位显著下降，致使海水有机可乘，乘虚而入

斐济是太平洋中的岛国

在地面沉降和海面上升的双重压力下，上海黄浦江的防洪墙，不得不在1978年再次加高

之故，但我们应该认识到，即使没有人为的抽汲地下水，仅仅是海面上升，迟早也会带来类似的后果。

海面上升还会加剧台风、暴雨和风暴潮的危害。这是因为地球是一个有机的整体，海面上升本身固然是地球气候转暖的结果，但反过来，海面上升又会影响气候，使大气环流发生微妙的变化，从而加剧了这些气象灾害的产生。

海面上升还使河流出海口的水位升高，减小了河流出海口的水位差，使河水流速下降，从而导致泥沙大量淤积在出海口，使河流的通航能力减弱。

总之，海面上升的危害是巨大的，它将使人们的生存环境更加严峻。而且由于它涉及的是占地球表面71%的海域，影响之大将是难以估量的。面对这样的变化，人类几乎是无法与之抗衡的。惟一的办法就是努力减少温室气体的排放，尽可能地改变或控制气候转暖的趋势，以减缓海面上升的速度。

（张庆麟）

潜水极限

蔚蓝色的海洋浩瀚无垠、深邃难测。海洋中丰富的物产吸引着人们去探寻。据历史记载,我国早在2 700多年前的周代(公元前十世纪到前二世纪),就已有潜水捕捞的记述。这是人类历史上有关潜水的最早记述。到明代潜水技术有了新的发展。公元1637年出版的《天工开物》中记述:潜水员在腰上绑有长绳,再用锡做的环形空管罩在鼻子上,使其可通过空管来呼吸。

在国外,公元前350年古希腊人已经使用木材制作的头罩来进行潜水。稍后,古罗马有一本《关于军事法规》的书中说:"潜水员带有一个特殊的面罩。罩上有两只眼睛孔。眼睛孔上覆盖着一层透明的板。潜水员依靠自己带的一个皮革做的气袋来呼吸。"这应是近代潜水装置的雏形。随着技术的进步,潜水装置也得到不断的改进,从而出现了现代的各种各样的潜水装备。

那么在有了这些装备以后,人如果不是呆在坚固的潜水器里,仅依靠相对简单的设备究竟可以潜入多深的海域呢?在没有坚固外壳保护时,人潜入水下,就必然会受到水的挤压。我们知道10米高的水柱就会产生相当于一个大气压的压力。所以在10米深的水下,人就会受到2个大气压的压迫(包括水面上的一个大气压)。为了不使身体被压瘪,身体内部和外部就不能有压差,即身体内外应保持压力的平衡,也就是说进入肺腔的空气压强应和外界水的压强相等。不仅是肺,人体其他部分的空腔如肠、胃、中耳、鼻腔等等也同样需要保持压力的平衡。为此潜水员就必须吸入经压缩的空气。潜水深度愈大,吸入气体的压强也必须相应增加。

研究发现,人吸入的氧气压力是有限制的。当氧气的压力相当2个大气压时,只要呼吸时间超过10小时,就会引起"氧中毒";若氧气的压力超过3个大气压,即使短时间呼吸也很危险,它可能引起"氧中毒痉挛"。所以在水下若采用纯氧呼吸,潜水深度就不能达到30米以下。

若是采用普通空气呼吸,由于在普通空气中,氧气仅占21%的比例,所以即使在50米深处,它的分压也只有1个大气压多一些,不致使人中毒。但60米是使用普通空气呼吸的潜水员的限制深度。不过这时候不是氧气来捣乱,而是空气中另一主要成分氮气在作怪。因为氮在空气中所占的比例是78%，在60米深处它的分压将达到4.7个大气压。这个气压的氮会被机体所吸收，使潜水员发生“氮中毒”。于是潜水员就像醉汉一般，激动地歌唱，无休止地唠叨，或无缘无故地发笑，在水下根本无法辨别方向和工作。如果还继续下潜到80米，氮分压就会达到6.3个大气压。这时潜水员在氮的作用下会由醉汉变成疯子，记忆力丧失，胡言乱语，手脚不听指挥地乱舞，眼睛和耳朵会出现幻觉、幻听；严重时就会失去知觉，甚至死亡。

深海探险

那么，60米、最多80米是否就是人类潜水的极限深度呢？当然不是。人们注意到既然这个极限是由氮引起的，而氮又不是人体呼吸所需的气体，因此可以设法把它去掉，用别的气体来代替。实验证明用惰性气体氦来代替氮是一种可行的办法。当潜水员改用氦氧混合气体来呼吸时，80米的禁区便轻易地突破了，而且潜水深度可以超过100米以上。但接着人们又面临另一深度的限制，这就是140米。当水深140米时，氦氧混合气体中的氧的分压就会接近3个大气压，于是“氧中毒痉挛”的威胁又再次阻碍人们向深处进军。

不过，由于用氦代替氮使潜水深度明显增加，人们又沿着这一思路研究新的可供潜水员呼吸的气体。就像中医开药方一样，把各种可能使用的气体按不同的比例搭配起来，并反复进行动物试验。经过不断的努力，人们终于又突破了140米的限制，创造了一个又一个新纪录。据报道，目前短时间的潜水深度纪录已可达到500米。

（张庆麟）

地球的蓝色面纱

如果你有机会飞上太空，回首遥望人类的家园——地球，你将会看到那多姿多彩的固体地球的表面，还飘浮着一层面纱般的蓝色物质层。这就是地球的大气层，或称大气圈。

大气层的厚度，从地面算起可达 2 000 多千米外的高空，相当于固体地球半径的1/3。不过，由于它的物质密度比固体地球要小得多，所以整个大气层的总质量，仅占地球总质量的百万分之一还不到，约为 5 300 万亿吨。而且愈往上，其物质密度也愈小，愈稀薄。如果以海面上的空气密度为 1，在 240 千米高空，大气密度就只有一千万分之一了；到 1 600 千米高空，大气密度又变成一千万亿分之一。也就是说，整个大气圈的 90%的物质，都集中分布在距地面最近的 16 千米范围内。从航天飞机或宇宙飞船回首遥望地球时，所看到的那层薄薄的蓝色面纱就是近地面 16 千米内的大气层。

大气层的高度不同，其物理性质和化学组成也有一定变化。据此可将其再分为几个层圈。

最靠近地面是对流层。它的厚度因地理纬度及季节而不同，热带和夏季较厚，寒带和冬季较薄。对流层与地面关系密切，受地面影响大，空气存在明显的上下对流，故称“对流层”。已知大气中的水分主要集中在对流层中，并导致云和降水的发生。在对流层中，每升高 1 千米，气温就会下降 6.5 ℃左右。在对流层顶部，气温一般都在 0 ℃以下。

这是宇宙飞船从太空拍摄到的地球大气层的照片

对流层之上到离地 50～60 千米之间，空气主要作水平方向的运动，故称“平流层”。平流层中因含有一定量的臭氧，会吸收较多的太阳热量，致使气温逐渐随高度而升高。在平流层之中，大约距地面 20～30 千米的地方，臭氧最为集中，称为“臭氧层”。不要小看这薄薄的臭氧层，它能够保护地球生命免受太阳紫外辐射的杀伤。

平流层之上到离地面约 80 千米处，称“中层”。这是因为在这一层中，大气仍然保持不带电的中性而得名。在中层，气温又随高度而降低。

中层之上到离地面 800 千米处，是"热层"。该层的特点是气温又急剧升高。如在离地面 200 千米处，气温可达 900 ℃左右，并一直可升高到 1 200 ℃。热层中气体大多被分解成带正电或带负电的两部分，所以该层又叫"电离层"。其中又以离地面 80～90 千米、100～120 千米、150～250 千米和 250～500 千米处电荷量最为密集，故分别被命名为 D、E、F_1 和 F_2 电离层。电离层能反射除微波段外的无线电波，所以在实现卫星通讯之前，是人们进行远距离无线电通讯的基础。

离地面 800 千米以上，称为"外层"。这里空气已经十分稀薄，而且由于距地心较远，地球引力减弱，所以常有一些气体分子或原子散逸到星际空间去，故又称"散逸层"。外层大致可延伸到离地面 2 000 千米以外，才逐渐向星际空间过渡。

地球大气层的特点，不仅在于它的五夹板般的分层结构，而且还反映在它的化学组成上。近代化学分析表明，近地表大气的物质组成按其体积比，大致是氮气占 78.08%，氧气占 20.95%，氩气占 0.934%，二氧化碳占 0.033%，剩下的其他气体，如氖、氪、氦、甲烷、氢等总共只占 0.003%。当然上述物质组合不能代表整个大气层的情况。一般说来，越往大气的高层，较轻的气体，如氢和氦的比例就会越高。另外，由于大气高层的物理化学作用还会产生一些新的气体，如臭氧，从而在平流层里形成了一个富含臭氧的臭氧层。

地球大气层的浓度也很有特点。据测量，在接近地面处，大约每立方厘米的空气重约 0.001 23 克。不过，我们感受到的不是某个单位体积的空气质量，而是整个厚厚大气层的压力。在海平面处，这种压力是每平方厘米 1.034 千克。对于大气施加给地面的这一压力，我们称其为"大气压"。17 世纪时，意大利物理学家托里拆利通过实验证明，这个大气压相当于 760 毫米汞柱的压力。因此人们便把相当于 760 毫米汞柱的压力称为 1 个大气压。为了使用的方便，后来人们又引入"百帕"作为气压的基本单位。1 个大气压等于 1 013.25 百帕。1 个大气压代表的是整个地球大气层所施加给零海拔高度地面的压力，因此随着海拔高度的增加，气压也会随之降低。如在 3 000 米高处，大气压将下降到 701 百帕，即相当于 0.69 个海面大气压。

地球大气层的独特性，是地球能够成为太阳系乃至更广大的宇宙空间中独一无二的"绿洲"的基本条件。事实上，在已知的众多星球中，人们还未能找到一颗具备像地球这样的大气结构的天体。这也就难怪在那些天体里，人们至今未能找到生命的踪迹。

（张庆麟）

臭氧层空洞

欧洲航天局宣布，根据“环境卫星”发回的一大批最新图片可以看到，2004 年 9 月初在南极上空的臭氧层空洞已重新出现。

什么是臭氧层空洞？原来太阳光照射入地球时，在距地面 10～50 千米的平流层里，阳光中的紫外线会促使空气中的氧分子(O_2)，分解成两个氧原子。这新分解出来的氧原子又会迅速和氧分子结合，形成具有三个氧原子的臭氧(O_3)。在距地大约 20～30 千米处，臭氧浓度比其他地方相对较高，所以人们称之为臭氧层。其实，臭氧层在大气中是极其薄弱的一层，在整个大气的组成中，臭氧仅占 0.4%，虽然 90%集中在臭氧层里，但浓度仍然很低。如果在零度的温度环境下，沿垂直方向把大气中的臭氧全部压缩到一个大气压，则臭氧层的总厚度就会只剩下 3 毫米左右。正因为臭氧层本身就是如此稀薄，所以特别容易被消耗和破坏。1985 年，英国科学家法尔曼等人在南极哈雷湾观测站发现，在过去 10～15 年间，每到春天，南极上空的臭氧浓度就会减少约 30%，使本来很稀薄的臭氧层变得更稀薄，并与周围明显不同，仿佛是个空洞，便称之为“臭氧层空洞”。主要分布在南极上空，直径达上千米左右。稍后，美、日、英、俄等国的科学家不仅证实南极臭氧层空洞的存在，而且也在北极上空发现臭氧含量减少了 20%的类似空洞。我国科学家也在拥有世界“第三极”之称的青藏高原上空，发现那里的臭氧层也以每年 0.27%的速度在减少。1979～1991 的 12 年间，除赤道地区外，全球的臭氧总量以每 10 年 1%～5%的速度在减少。

大家知道，臭氧层对于地球来说是一个十分重要的圈层，被称为地球生命的“保护伞”。它把阳光中对生命有害的紫外线中的 99%部分阻止在对流层之外。现在臭氧层出现空洞，就好像在“保护伞”上开了一个“天窗”，阳光中大量的紫外线便乘虚而入，因而给我们人类和地球上的其他生物带来严重的威胁。研究表明，紫外线会抑制人体免疫功能，造成免疫系统失调，引发各种疾病：最严重的还会引起皮肤癌和白内障。若臭氧层中臭氧含量减少 3%，地面上所接受的紫外线辐射将增加 15%，皮肤癌的发病率将上升 15%～25%。美国环境保护局还估计，大气中臭氧含量减少 10%，则会增加 10 万例皮肤癌病例。同样，地球上其他生物也不能幸免，尤其是微生物和水生生物。过量的紫外线能对 20 米深的水体范围内的浮游生物、鱼虾幼体、贝类等造成严重危害。大量浮游生物的死亡，又会使海洋中那些靠吃浮游生物过活的鲸、海狮及各种海洋生物难以生存，使海洋生物链发生断裂，生态平衡受到破坏。过量而长久的紫外辐射还会破坏植物的叶绿素，从而影响植物的光合作用，使农作物受到伤害，质量变坏，产量大幅下降……

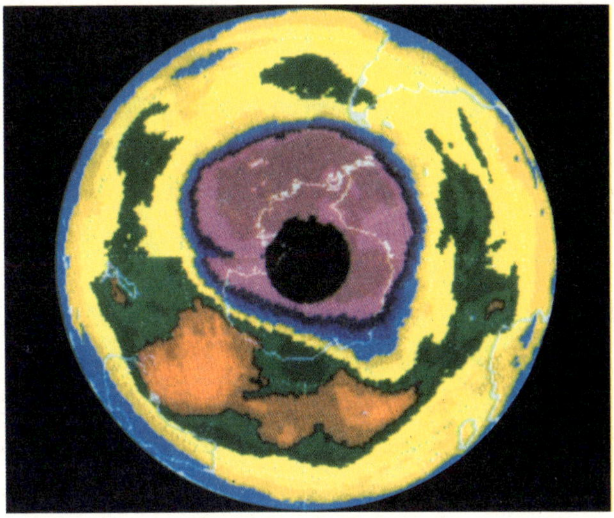

南极上空的臭氧洞

环境学家还指出，臭氧层空洞的存在，紫外线的增加，还会进一步加剧地球上已经出现的温室效应，使困扰人们已久的全球变暖问题更加严重。南非科学家 2003 年发出警告：人们往往只注意到臭氧层空洞为紫外线的长驱直入大开方便之门，而忽略了它同时还会为地球物质的逃逸提供了通道。根据卫星探测资料可以发现，每分钟有几十亿个氧分子从臭氧层空洞逃之夭夭。如果不迅速予以制止，2011 年后，地球大气层中的氧气将不复存在，那时地球上的大多数生命恐怕都难逃灭亡的命运。

臭氧层为什么会出现空洞呢？大多数研究者相信，人为的环境污染应该是主因。尤其是近世已被广泛使用的氯氟烃等化合物，很可能扮演着十分重要的角色。氯氟烃是由人工制造的一类含碳的氯氟化合物，并被广泛用于制冷、发泡、喷射、灭火等领域，如日常使用的冰箱、空调机，还有汽车、计算机，甚至灭火器、发胶等。人们还注意到，氯氟烃化合物的化学性质比较稳定，在自然界能比较长时间地保存下来。但是当它们扩散到臭氧层时，却很容易与从氧分子中分解出来的氧原子结合。这样就使氧原子与氧分子结合形成臭氧的机会大大减少。在臭氧层中臭氧的形成与分解本来是处于动态的平衡中，现在形成少了而分解消耗却保持不变，所以臭氧便会逐渐地减少了。

鉴于臭氧层的重要性和臭氧层空洞可能带来的危害，1987 年 9 月 16 日，地球上 24 个主要国家在加拿大蒙特利尔召开会议，签署了《关于消耗臭氧层物质的蒙特利尔协定书》，决定到 1999 年将破坏臭氧的化学品生产和使用减少 50%。此后，许多国家已禁止或减少使用氯氟烃化合物，采用其他“绿色”替代品。

（张庆麟）

稀有气体——氡

在埃及著名的图特卡蒙法老的金字塔陵墓中，镌刻着这样一行墓志铭："谁要是干扰了法老的安宁，死亡就会降临到他的头上"。这个所谓的"法老咒语"发现于 1922 年，当时英国考古学家霍华德·卡特终于找到了图特卡蒙金字塔通向墓穴的通道。1922 年 11 月 26 日墓穴被打开。主持这一发掘工作的卡特从这以后果然祸事不断。以后，又不断有与该墓穴发掘工作有直接或间接关系的人员，由于这样那样的原因辞世。于是，一些报刊、杂志大肆渲染，认为这些人的死与法老咒语有关。在人们的不断努力下，20 世纪末终于查明，金字塔使人致病的因素主要有二：一是寄生在木乃伊身上繁殖长达几个世纪的微生物，二是墓穴中高浓度的有害气体——氡。

氡是一种无色无味的稀有气体，而且是一种放射性元素。它的半衰期为 3.823 天，也就是说每过 3.823 天，它就会通过放射性蜕变为其他元素，致使其原存量减少一半。那么是不是说氡在大气中的含量会随着时间的推移而越来越少呢？不是的。虽然它的原存量会因放射性蜕变而不断减少，但另一方面，自然界还在不断地制造出新的氡，它们来自铀、钍、镭这些放射性元素的蜕变。

氡在大气中的含量虽然非常低，但其存在却会给人体带来伤害。首先它是吸烟之外导致人们罹患肺癌的主要元凶。当它随着人的呼吸进入肺部后，其放射性蜕变的子体会被肺部所截留，时间一长，就会在它的刺激诱发下形成病灶。因此世界卫生组织已把它列入 18 种主要的环境致癌因素之一。据说美国每年有 7 000～30 000 人死于氡引起的肺癌。其次它还是诱发白血病的元凶之一。人们认为这可能与氡及其子体对骨髓的放射性辐射所致。第三它还可能使人丧失生育能力。这是由于它的辐射能量足以杀死精子。此外，氡还会通过人体脂肪影响人的神经系统，使人精神不振，昏昏欲睡。

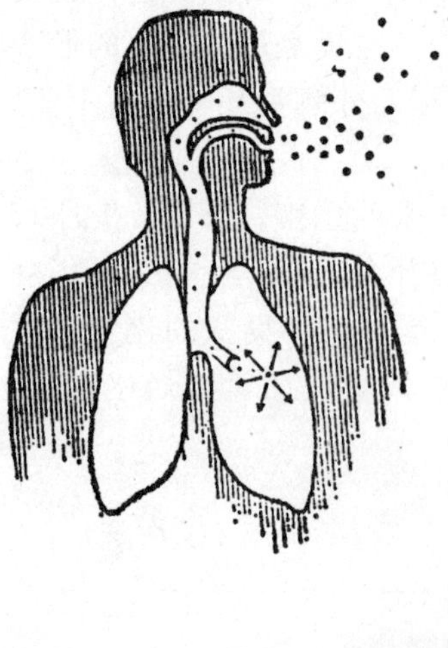

氡引起肺癌示意图

氡是铀、钍、镭放射性元素的蜕变产物。在自然界，各类火成岩、页岩和含有石英的沉积岩、变质岩都会含有一定量的这类元素，尤其是花岗岩类岩石中的含量会更高，因此在此类岩石的分布区，氡含量也会较高。人们还注意到，即使在一些浅部分布有石灰岩、黏土岩这些含放射性元素相对较少的岩石的地区，有时氡含量也会较高，原因就在于氡气具有一定的穿透能力，会穿透岩石而到达地表。人们还发现室内的氡含量通常要比室外高，是因为室内的氡不仅有来自地下的岩石和土壤，还有来自建筑材料如花岗岩板材、砖砂、水泥、石膏释放出的氡。这些建材又因其矿物组成、产地、生成年代等的不同，而释放出不同浓度的氡。室内的氡还可能来自用于取暖和厨房的天然气。此外，氡由于比空气重7.5倍，所以即使环境中氡含量水平很低，它在进入室内后会因通风原因而相对聚集起来，故而室内的氡含量变化常显示出冬季最高、夏季最低，白天较低、夜晚较高的规律。

鉴于氡对人体的危害，法国当局曾对居室氡辐射的水平作出规定：每立方米1 000贝可（贝可是放射性活度单位，1贝可＝辐射源每秒发生一次衰变），这是应该尽快采取重要措施的警戒线。如果是公共建筑出现这样情况，应尽可能关闭。每立方米400贝可，是预防线。超过这个限度，最好采取必要的矫正措施。每立方米200贝可，今后建造房屋氡气含量不可超过这个标准。美国环境保护局则建议，室内应保持平均水平低于每立方米148贝可。我国于1996年也颁布了《住房内氡浓度控制标准》，规定新建住房内氡浓度的控制标准为每立方米100贝可；已建住房内的氡浓度控制标准为每立方米200贝可。

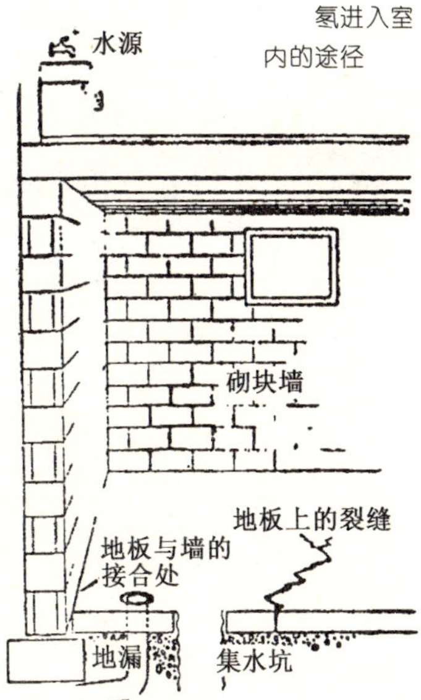

氡进入室内的途径

人们指出要降低建筑物的氡浓度应从五方面着手：首先是选址，尽量避开含放射性物质较高的花岗岩等分布区。其次是选料，所用的材料应符合国家颁发的有关卫生标准，不使用放射性含量高的石材。第三在设计施工时，应根据实地情况，采取必要的防范措施。如建筑区有断层存在，可能成为深部氡释放的通道，此时应考虑使用渗透性低的材料予以封堵，减少氡的释放。第四是通风，大量实践证明通风是降低室内氡含量的最有效手段。所以在房屋建造设计时就应充分考虑到这一需要。第五是可采取适当的屏蔽措施。如使用防氡的环保型涂料涂敷墙体，可在一定程度上减少氡向室内的释放。

（张庆麟）

龙卷风

龙卷风俗称“龙吸水”，是从积雨云层中伸向地面的空气涡旋，在夏季6至9月最易发生。当高温高湿大气层很不稳定时，积云发展很旺，上升气流与下沉气流之间切变很大，就容易形成龙卷风现象。龙卷风的特点是：范围小（直径在100～1 000米），生命期短（几分钟至1小时），移速快，走直线，风力大于12级台风，威力无比，被龙卷风尾巴扫到之处，树倒车翻，墙断屋毁，人伤畜死，留下一片灾难。1956年9月24日上海市区（杨浦）发生一次龙卷风，竟把一个11万公斤重的大油罐甩到15米的高空，然后落在120米远的地方。1984年8月31日，一股龙卷风袭击江苏盐城的建湖，造成1 000多间房屋倒塌，8人死亡，400多人受伤。

罕见的海上龙卷风

龙卷风大多出现在沿海国家。在美国、英国、新西兰、澳大利亚等国的发生频率很高。龙卷风每年给美国造成1亿多美元的损失。仅1963年至1970年的7年中，平均每年有330人被龙卷风夺去生命。受龙卷风之害最深的美国，对龙卷风的重视程度也最高。美国强风暴研究中心，把研究龙卷风的发生、发展和预报，列为重点研究课题。目前，科学家们运用三种方法研究龙卷风。第一种方法是利用气象卫星摄影；第二种方法是利用气象气球观测；第三种方法是驾驶科研飞机，直接飞进龙卷风的风眼里，搜集有关风速、空气湿度和气压数据等。这种方法危险性太大，费用也十分可观。美国等一些国家考虑用无线电操纵的无人驾驶飞机，进入风眼测数据，既降低费用，又无生命危险。1998 年 8 月，美国和澳大利亚联合研制的一种无人驾驶飞机，用大约 26 个小时飞越了大西洋。这架短小轻薄的飞机，重量只有 13 千克，翼展长 3 米，全程只用了约 7 千克燃料。美国气候服务部环境模型中心主任史蒂夫·洛德说，这类无人驾驶飞机，可以在龙卷风的风眼里游弋，不断地用无线电发送有关龙卷风的气压和风力的一系列数据。这种飞机还可执行远离陆地、深入到海洋上空去探测的任务，而且不受航线的制约，可随心所欲地紧跟风暴作持续不规则飞行。根据初步估算，一个由 20 架无人驾驶飞机组成的机队，每年 365 天昼夜不停地在南加州、夏威夷和阿拉斯加的安格雷奇这个三角区域内进行巡航，就能准确地预报美国飓风的发生和发展情况，同时可监测该三角区域内龙卷风的情况，所需费用仅为一架有人驾驶飞机一年费用的 1/7。我国上海为了研究每年光顾上海的台风的风速、风力和走向，并对有时发生的龙卷风跟踪监测，特地从美国进口了一套车载测风仪器。

龙卷风

说到龙卷风时，必须提一下威力比龙卷风大得多的一种——飑风。1985 年 5 月 3 日，一场巨大的飑风夹杂着冰雹，袭击了湖北省监利县北部的几个乡。粗壮的老树被连根拔起，新建的楼房被揭了顶。更奇怪的是，刚好从地里回家的 40 多岁农妇杨友香，正在路上行走时被飑风卷上数百米的高空，越过 9 条河流，随风飞行 500 多米后才徐徐降落，她着地后竟安然无恙。飑风是一种突然发生的强风现象，持续时间不长，出现时风向突变 90 度以上，瞬间风速由每秒 8 米以下增大到每秒 11 米，气压突然增大，常和雷暴、阵雨，甚至和冰雹、龙卷风相伴一起袭来。

（孙亦松）

台风

每年的夏秋季节,我国东南沿海都要遭遇几次台风的袭击。台风是指中心最大风速在每小时 64 海里(即 118.5 千米)以上,风力在 12 级以上的一种热带气旋。热带气旋发生在热带海洋上,是一种气流作逆时针方向旋转的大气涡流。根据热带气旋中心的最大风速和风力的大小可分为:热带低压、热带风暴、强热带风暴和台风(北太平洋西部)或飓风(西印度群岛和大西洋一带)。台风是发生在北太平洋西部的极猛烈的热带气旋,是由于洋面上局部聚积的湿热空气,大规模上升至高空,使得原来由湿热空气所占的位置变成低压区,导致周围空气向低压区流动,形成一种逆时针方向螺旋式旋转的空气大旋涡。这个旋涡的直径在200～1 000 千米之间,巨型台风可大于 1 000 千米。在北太平洋西部发生的这种热带气旋,习惯上称之为台风,泛指具有狂风的任何热带气旋。而发生在西印度群岛和大西洋一带的热带气旋,习惯上称为飓风。

台风(或飓风)是沿海地区主要自然灾害之一。台风总是夹着暴雨和风暴潮一起袭来。强风中心最大风速一般在每小时 180 千米左右,最大可达每小时 360 千米。它具有强大的携带力和破坏力。在海上能掀起惊涛骇浪,覆没船只,破坏港口;在陆上能揭起房顶,刮走庄稼,拔起树木;甚至能将海中或岸上的物体,悬空刮起吹走,直至风力减弱,携带力降低时,才将物体抛下,形成奇怪的鱼雨、虾雨、蛙雨、虫雨、草雨、谷雨等等。台风所引起的风暴潮,会使海面陡然升高,随时威胁着沿海城市的安全。

这是从太空拍摄的飓风伯尼丝的照片

上海每年夏秋季一

般要经历多次台风侵袭。1905 年 9 月 1 日，台风登陆上海时遇日全食异常，引起的特大风暴潮，吴淞口潮位高达 5.55 米，崇明、川沙、宝山等地淹死 2.5 万人。1962 年 8 月 2 日，上海遭遇台风、暴雨袭击，黄浦公园潮位涨到 4.76 米，沿黄浦江的外滩、苏州河沿岸的山西路和山东路等地段，初建的防汛墙决口 46 处，半个市区被淹，水深 0.5～0.7 米，低洼的杨浦区部分地区水深达 2 米，积水 10 天后才退去。市区大部分地下室进水，仅闸北区就有 2 万余户居民住宅进水，许多工厂停产，市区交通中断，经济损失 50 多亿元。此后将防汛墙重新加固加高至 5.3 米。上海原本是低洼之地，加上地面沉降，如今外滩的路面高程不足 3 米，平日里的东海潮汛(半日潮)，一年中有 480 次潮位超过外滩路面。上海这座城市完全依靠防汛墙维持生机。为确保大上海的安全，在《七五》计划期间，上海再一次加固加高防汛墙，外滩防汛墙顶高程达 6.9 米，日晖港墙顶高程 6.3 米，吴淞口 7.3 米，达到抵御百年一遇台风的要求。

台风(或飓风)在给人们带来巨大灾难的同时，也给人们带来了好处。1998 年夏天，长江中、上游地区连遭暴雨，导致长江特大洪水。与此同时，东南沿海台风奇缺，上海出现历史上最高气温 39.8 ℃，天气持续闷热。台湾也因缺台风而全岛干旱难熬。台风总是带着暴雨一起而来，丰沛的降雨量，既能平衡一个地区的水循环，又给一个地区带来凉意。我国东南沿海的夏季，正是植物茁壮成长的时光，台风带来的降雨，驱走了旱情，利于植物生长。一旦台风缺少，往往会发生伏秋旱现象，严重影响农业收成。1955 年，美国有 17.1 万平方千米面积发生干旱，持续 19 个月，飓风康尼到来后，旱情立即消除。澳大利亚西北沿海为繁荣的渔业生产区，科学家发现，在该地区海域平均每年有 4 次飓风活动，能把大约 75 米深处的养分带到海面，该海区的鱼类既多又肥。飓风还能把港湾内的沉积物卷走，在延长港湾使用寿命的同时，又能大幅度降低港湾内重金属沉积物对环境的污染。美国佛罗里达州的阿普拉切可拉湾，从 19 世纪中叶以来，沉积物不断增加，水深只有 2.44 米。1985 年 9 月初，飓风埃莲娜沿圣乔治海峡刮进了阿普拉切可拉湾，以巨大的能量作用于海面和海底，从海湾卷走细粒沉积物 1 720 万立方米，使海湾又恢复到 19 世纪中期的水平。

(孙亦松)

泥雨与沙尘暴

每年春天来临之际，我国的北方地区都要闹几次沙尘暴和泥雨，沙尘暴经过之处，建筑物、车辆、大地、居室里都蒙上一层泥沙，也把行人弄得灰头土脸，苦不堪言。

我国的沙尘暴的发源地分为境外和境内两种。境外源区主要有蒙古国东南部戈壁荒漠区和哈萨克斯坦东部沙漠区。这两个区发生的沙尘暴，最远能经过中国北部广大地区，然后通过太平洋上空的大气环流一直到达北美洲。境内源区主要有内蒙古东部的盆地或沙地、阿拉善盟中蒙边境地区、新疆塔克拉玛干沙漠和库尔班通古特沙漠。很多情况下，境内与境外的界限不是泾渭分明，当沙尘暴自境外发生并进入中国时，境内源区则成为加强源区，使空气中沙尘浓度急剧上升，造成严重的大气颗粒物污染。强风经过之处，一路上不断有当地的沙尘加入，沙尘暴的范围、规模和强度持续增大，路经雨区，沙尘混合雨水而下，形成泥雨。

境外和境内沙尘暴发生后，大致分北路、西北路和西路三个方向向京津地区移动。北路从二连浩特等地区开始，经四子王旗、化德、张北、张家口、宣化等地到达京津。西北路从内蒙古的阿拉善的中蒙边境、河西走廊等地区开始，经贺兰山地区、呼和浩特、大同、张家口等地到达京津。西路从哈密或芒崖开始，经河西走廊、银川或西安、大同等地到达京津。据专家调查，来自西路的沙尘暴，可以一路抵达长江中下游地区。上海受沙尘暴侵袭主要来自西路的沙尘暴。

沙尘暴

引发沙尘暴的因素有三个：一是丰富的沙尘源；二是强风，把沙尘卷起来；三是极不稳定的大气环流，把沙尘暴扩展。三者缺一不可。

从 20 世纪 50 年

尘暴给澳洲中部爱丽斯泉镇盖上一层黑幕

代到 70 年代，蒙古国地区春季多低气压活动，该地区的冷空气常沿西北或北路进入我国西北地区，引发多强风，所以多沙尘暴；但自 20 世纪 80 年代以来，因大气环境变化，加上全球增温的影响，春季蒙古国地区多高气压活动，因而西北及北路冷空气活动减弱，导致少强风，故少沙尘暴。统计表明，2000 年发生沙尘暴 8 次，2001 年 10 次，2002 年 5 次，2003 年 3 次。2000～2001 年沙尘暴突然增强的主要原因是日本海地区转而多低气压活动，它后部的冷空气常沿东北路入侵蒙古国，故蒙古国东部和我国北京地区多沙尘暴；而 2002 年特别是 2003 年春季，因日本海低气压活动减弱了，所以沙尘暴比较少。由此可见，大气环流对沙尘暴的发展起着重要作用。

我国的沙尘暴发源地境外通过北路和西北路进入京津，境内从西路进入京津。由此看来京津是沙尘暴的汇集地和扩散地。京津地区的沙尘源直接影响着沙尘暴的浓度。距离北京 18 千米的怀柔县，是内蒙古风沙南侵的天然通道，也是北京风沙来源的两大风口之一。从地理上来说，它是阻挡内蒙古风沙进京的最后一道屏障。与北京近邻的河北省丰宁县面积 8 765 平方千米，沙区面积就有 2 730 平方千米，沙化面积1 129 平方千米。目前，沙化面积正在以每年 220 平方千米的速度扩张，以每年 3.5 千米的速度向北京推进。据丰宁县有关部门介绍，按每年沙尘推进速度 3～5 千米计算，如果没有大山的阻挡，大约 30 年后，这里的黄沙就会在北京出现。北京地区土地沙化，沙尘暴一来，北京地区的沙尘会马上起飞加入，后患无穷。治理沙尘暴，人类能做的是治理沙尘源。至于强风和大气环流这些自然现象，人类是无能为力的。怎样治理沙尘源？钱正英院士说："防沙治沙的对象应当是原有耕地、草地、林地的沙化，而不是改造原有的沙漠。""沙漠是地球环境的一个组成部分，是人类不能也不应消除的;沙化则是人类不合理利用水土资源而造成的土地退化的灾害,是人类应当也可以防治的。"人类应与沙漠和谐共处,而不是不顾自然条件地改造沙漠或"向沙漠进军"甚至"征服沙漠"。正如沙漠周边群众所总结的:"人进沙进,人退沙退",而不是"人进沙退,人退沙进"。

土地沙化是土地荒漠化的一种表现形式。沙化应当界定为:由于人类不合理的经济活动导致原有耕地、草地、林地的沙化。造成土地沙化的主要原因包括:滥垦、滥牧、滥樵、滥挖,造成草原植被的破坏;超采地下水造成地下水位大幅度下降,使植被退化以至衰亡;有的沙漠周边地区,由于种植一些当地降雨所不能支持的人工植被,耗尽了沙地蓄存的土壤土,得到的仍是事与愿违的结果,反使沙化扩大。

针对土地沙化的原因,人类应采取退耕还林、广种草勤植树,限制开采地下水等措施。随着南水北调工程的完成,2008 年黄河水调入北京,2010 年长江水调入北京,供水范围 5 876 平方千米,覆盖北京平原地区 90%,停止开采地下水量 20 559.27 万立方米。北京地区的地下水水位将得到恢复,有利于治理土地沙化,降低沙尘暴加强区的强度,使沙尘暴灾害逐步减轻。

(李云翼)

沙尘暴

沙尘暴是尘暴和沙暴的总称,尘暴这个名词出现于 1935 年初,专指美国中南部科罗拉多、堪萨斯、新墨西哥、得克萨斯和俄克拉何马州受干旱和沙尘影响的情况。这是由于长期缺乏降水和自然植被破坏后土壤流失所造成的。之后尘暴这个名词为世界各国引用,在中国称之风沙。沙暴是指空气中夹沙的强风,多数沙粒直径为 0.8~1 毫米不等。与尘暴很不一样,沙粒大部分限于地面以上 2 米的高度,很少升到 11 米以上。尘暴的粒子都小于 0.8 毫米,随风卷向很高的天空。许多情况下,尘埃和沙粒混在一起飞扬,从而形成沙尘暴。当沙尘中含有可燃粉尘时,遇火苗时会发生爆炸。沙尘暴遇空气中水气或降雨,则就形成了泥雨。

雷电有害也有功

1994年4月11日上午，河南省商城县长竹园乡一带雨势渐大，并伴有阵阵雷鸣，突然间出现一个强闪电，该乡黄柏山小学的教室后部墙壁顿时被劈开一条大缝。紧接着一个震耳欲聋的巨雷，全班师生顿时失去了知觉……幸好这次雷击没有直接击中人体，但全体师生均受到不同程度的雷击烧伤。类似的因雷击而引起人员伤亡的事件，可以说屡见不鲜。据统计，我国每年因雷击而造成的人员伤亡事故，平均在3 000起以上。除人员伤亡外，因雷击造成房屋毁坏、引起森林火灾和建筑起火，以及电器设施损坏等事故所造成的直接经济损失，每年都有50～100亿元。

雷电是一种十分常见的自然现象。在地球大气层中，每一瞬间都有雷电发生。全球估计每秒钟有近百次雷电袭击地面。其中主要发生在南纬60°到北纬80°的区域内，并以热带为最多。而且陆地的雷暴活动多于海洋。陆地的雷暴多出现在午后，而海洋则主要发生在暖海流水域的上空，且在夜间居多。从季节看，一年四季都可以有雷暴，但以春夏最多，冬雷则罕见。雷暴在我国的分布，东部沿海多于内地，南方多于北方，其中尤以海南岛和广东的雷州半岛为最，那儿每年的雷暴天气均在100天以上。上海及其附近的江南地区，每年约有雷暴天气40天，华北地区则在15～40天之间，西北地区一般15天左右。

一次雷暴的水平范围一般在几千米到几十千米，高度可达8～15千米，时间可持续几分钟到几十分钟。雷暴释放的能量十分巨大，通常在千分之几到十分之几秒的瞬间就能释放出数十亿到上千亿瓦特的电能，温度可达1～2万摄氏度。可想而知，一旦被雷击中后果将多么严重，即使不是直接击中，周围的人与物也会受其波及。

因雷暴而产生的雷击有三种表现形式：即直击雷、感应雷和球雷。直击雷是带电的云层与大地上某一点之间发生迅猛的放电现象，主要危害建筑物和建筑物内的电子设备以及人畜、林木等。感应雷是直击雷放电过程中，强大的脉冲电流对周围的导线或金属物产生电磁感应，引发高电压及闪击的现象，主要危害其影响区域内的各类电气设施，如电视机、电冰箱等。球雷是一种飘忽的行踪怪异的雷，但比较罕见。

对于建筑物来说，为预防雷击应安装避雷针或避雷器。避雷针能将

雷雨云的相邻两次对地闪电

雷电直接引入大地，从而免除雷击。避雷器与避雷针不同，它是通过间隙击穿达到对地放电。把避雷器与需保护的电气设施并联，当雷电流沿避雷器的导线传来，出现可能危及被保护设施的“过电压”时，避雷器的间隙立即被击穿，对地放电，使大量雷电流分流入地，从而有效地保护了电气设施。

个人防雷则应注意以下几点：

第一，雷雨天应尽量呆在家里，并紧闭门窗，以预防球雷入室。还应切断暂时不用的电器设备，预防感应雷造成的破坏。如在车上也应关闭车窗。

第二，若在城市的街头，来不及躲入室内，则要注意千万不要站在广告牌、电线杆等高挑的有金属的物体的下方。若周围比较空旷，还应把有金属杆的雨伞收起来。

第三，若在野外，千万不要躲在大树底下，而且应避开大树一定距离。即如果树高近 10 米，那你离树的距离不应少于 10 米。这就是所谓的“保护锥面”。在野外，更切忌把铁锨、锄头等带金属的物体举过肩，使它成为引雷的目标。当你无处可躲时，应立即蹲下，降低高度，或寻找凹地来避雷，以免自己成为引雷的目标，也不要在旷野上骑车。

第四，不要在河里游泳、划船；如在水面作业则要尽快上岸，远离岸边。

第五，正在进行电线、管道、铁器等金属设备安装或进行高空作业的工作人员，应立即停止施工，尽可能避入室内。

经验表明，若能做到以上几点，就能大大减少雷电带来的危害。

值得指出的是，雷电并非只有害处，它也有“功劳”的一面。首先它能制造大量的氮肥，使大气中不活泼的氮与氧化合形成二氧化氮，二氧化氮溶解在水中并与水中的钾、钠、钙离子结合便成为作物能够直接吸收的氮肥。据测算，全球每年因雷电可合成氮肥约 5 亿吨，相当于 5 万个年产 1 万吨的小氮肥厂的年产量总和。

其次,雷电有利于加强作物的新陈代谢。研究表明雷电造成地面与高空之间的电位差,这个电位差愈大,植物的光合作用和吸收作用就愈强,从而可促进植物的生长。

第三,人们都有这种感觉,雷雨过后空气特别新鲜宜人。这不仅是由于雨水洗涤了空气中的尘埃,也因为雷电会在空气中产生许多有益健康的负离子;还有它能促进臭氧的合成,对修复臭氧层空洞起到积极作用。此外,雷电蕴藏有巨大的电能,人们正在尝试"捕捉"和贮藏它,一旦成功,对解决能源危机当然是大有裨益。再者,人们还注意到,一些经常受雷击的地方,其地下往往潜藏有金属矿体,因此雷击现象也可以成为一些矿藏存在的标志。

(张庆麟)

雷电之父

本杰明·富兰克林(Benjamin Franklin)(1706—1790)是 18 世纪美国的实业家、科学家、社会活动家、思想家和外交家。

40 岁时,富兰克林观看了电学实验,从而对电有了兴趣。他产生了一个想法,天上的电和地上的电是一样的吗? 1752 年 6 月的一天,阴云密布,电闪雷鸣,一场暴风雨就要来临了。富兰克林和他的儿子威廉一起,带着上面装有一个金属杆的风筝来到一个空旷地带,风筝很快就被放上高空。刹那,雷电交加,大雨倾盆,富兰克林和他的儿子一道拉着风筝线。此时,刚好一道闪电从风筝上掠过,富兰克林用手靠近风筝上的铁丝,立即掠过一种恐怖的麻木感。他抑制不住内心的激动,大声呼喊:"威廉,我被电击了!"随后,他又将风筝线上的电引入莱顿瓶中。回到家里以后,富兰克林用雷电进行了各种电学实验,证明了天上的雷电与人工摩擦产生的电具有完全相同的性质。富兰克林关于天上和人间的电是同一类东西的假说,在他自己的这次实验中得到了光辉的证实。后来,富兰克林还将他的发现转化为了新的发明,避雷针诞生了。

火球之谜——球雷

1979年12月中旬，上海川沙县洋泾公社东华大队第八生产队的一栋新房子的主人发现，在声声惊雷中，突然有一只火球从天而降。它从二楼北窗进入室内，沿着墙转了个圈，接着又回到北窗下，轰的一声击穿墙壁，即随声消失。

其实这是一种比较罕见的雷电现象，称为“球雷”，也称“球状闪电”。球雷多发生在雷雨天，但偶尔也发生在晴好天气，此时多发生在高山或潮湿地带。球雷的直径一般从几厘米到几十厘米，偶尔也可以大到几米、数十米；颜色以红色或橘黄色居多，也有湖蓝色或蓝绿色以及白色。球雷的运动路线甚无规律，它就像一个轻飘飘的气球，可随风飘移，无风时也能停滞在空中，有时还可以逆风而行；但若周围有建筑物、墙壁、树木之类物体，它常会遵循“附壁效应”，沿着这些物体边缘飘行。更有趣的是，它还可穿过玻璃，也能从窗缝、门缝、烟囱挤入室内；有时在室内游荡一番后扬长而去。球雷的存在时间，多为几秒或几分钟，在移动时既可无声无息，也可发出“嗞嗞”或“噼啪”的声音。消失时常伴有爆炸的轰鸣声，但也可悄无声息地失去踪影。

一次对地闪电

这种行动怪异的球雷究竟是怎样形成的呢？直至今日，人们对它的成因尚无定论。有人认为它是一种带强电的气体混合物，所以不稳定，一旦碰到导电体就可能因放电而爆炸。也有人认为它是大气中氮和氧的化合物，通常在闪电的周围形成，冷却后就会消失。有的认为球形闪电源是波长30～70厘米的高强度超短电磁波。还有人认为它由普通水滴形成。当雷雨时放电的大电流正好击中它，高热使其迅速汽化形成具有很大导电性的薄壁水泡，来自线形闪电的电荷不均匀地集中和相当长时间地停留在水泡壁上，正是这些电荷的分布，使火球得以稳定地存在几秒或几分钟；另外水泡内部的电流会继续分解气体，并从里面“吹”泡泡般把水泡扩大。所以大体积的球雷的持续时间一般也会较长。

此外，许多人更相信球雷是由一团等离子体构成。我们知道所有物质的原子都是由带正电的原子核和带负电的外层电子组成。由于原子核的正电荷数与外层电子的电子数相等，所以原子是电中性的。但如果原子丢失了一个或几个电子，于是原子就变成带正电的阳离子；反之若原子额外地获得外来的电子，这时它便变成为带负电的阴离子。所谓等离子体是一团主要由离子构成的物质团，它由电离的气体组成。虽然从每个离子看可以是带正电也可以是带负电，但在整个等离子体中，其正负电荷的密度几乎相等，所以整体而言仍是电中性的，故曰“等”。物理学家认为，等离子体是物质呈气、液、固三种状态之外的第四态。它存在于火焰和电弧的高温部分，也存在于太阳和其他恒星的表面气层中。当线形闪电产生的高频电磁波与地面电场结合就有可能使部分空气发生电离，即把电子从原子中拉出，驱向中心，而带正电的阳离子则包在外面，形成等离子体，这便是球雷。球雷整体虽然是电中性，但因正负电荷分布不同，仍有极性，所以它会受外界电场的吸引。它移动时的“附壁效应”就是受静电场吸引的表现。球雷把电磁波约束在它的内部，另外它还会从周围环境吸收补充能量。如果它“吃撑”了肚皮，或是由于碰到障碍物使约束在内的电磁波受到扰动，就会发生爆炸。不过它也可能由于能量的消耗，得不到足够的补充而无法维持下去，以致悄悄地熄灭掉。

当今世上最热门的话题之一、被许多人疑为是外星来客的不明飞行物(UFO)，有些人相信它实际上就是偶露峥嵘的球雷。所以UFO才会大多具圆形的外貌，具有飘忽不定、行踪诡异、来去无踪的特性。然而，事实究竟如何，人们还期待着有更多的实证。

（张庆麟）

瓦斯

2002年6月20日9时45分，黑龙江省鸡西矿务局城小河煤矿突然发生一次猛烈的爆炸，瞬间矿井坍塌，坠落的岩石、煤块堵塞了通道，正在井下作业的矿工全部被埋在井中。类似因瓦斯爆炸而导致的矿难事件，不仅在我国，在世界其他地方也同样时有发生。如2004年4月10日，在俄罗斯克麦罗沃州发生的瓦斯爆炸，造成45人死亡。诸如此类的事故，不胜枚举。

引起煤矿爆炸的瓦斯来自何方？“瓦斯”一词是英文“gas”的音译。本用于泛指气体，在煤矿中则指“煤成气”。煤成气是一种以甲烷为主要成分的天然气，它是古代植物遗骸在转化成为煤的过程中分解释放出来的气体。煤化程度愈高，分解释放出来的瓦斯也愈多。一般说来，形成一吨褐煤，可释放出38～68立方米的瓦斯，而形成一吨无烟煤则能释放出340～422立方米的瓦斯。通常这些在煤化过程中释放出来的瓦斯，大部分会逸散到大气和周围的地层中去。特别是当煤层埋藏较浅，或矿体有露头出露时，瓦斯更易散逸。当然，也有一部分瓦斯却以煤层本身作为储藏所，以吸附或游离状态贮存于煤层的孔隙、裂隙、空洞之中。不同地区的煤，会因煤的类型(牌号)、煤层的位置(埋藏深度)、温度、压力，以及裂隙的发育程度，上下围岩的渗透性等条件的差异，而蕴藏有不同数量的瓦斯。一些煤层厚、埋藏较深，上下围岩的封闭条件较好的煤层，平均每吨煤中常可蓄积瓦斯几十立方米。因此，煤层一旦被开采，压力降低，煤层受到震动，那些本来蓄积在煤层中的瓦斯就会释放出来。如果释放的过程是逐渐的缓慢的(大多数情况是这样)，只要加大通风，一般就不会造成祸害；但若通风不良，让它逐渐郁积，当达到一定浓度时，就会因受震动或遇明火而发生爆炸，致使矿毁人亡。在少数情况下，瓦

煤矿工人在作业

斯的释放也会骤然地发生，称为“瓦斯突出”。如1975年8月8日，四川三坝煤矿井下，工人们刚刚在巷道深处放完炮，还没来得及清理，突然一阵狂风，卷着大量煤粉和碎石呼啸而出，持续时间达40分钟之久。当时，巷道的三道风门全被吹开，停放在洞口的一辆装有钢钎的矿车，被强劲的气流推出30多米；洞口的石块被卷到50米之外；主巷道约有110米地段，几乎全被煤粉和碎石所堵塞。所幸，人员已撤离，没造成伤亡。

瓦斯爆炸或瓦斯突出是造成煤矿矿难的主要元凶，但事物是一分为二的，这种常给煤矿带来不幸的瓦斯，如果处理恰当，却完全可以使它们“改邪归正”，变害为利而造福世人。据研究，瓦斯是一种高效、优质、清洁，很少有污染的理想燃料和化工原料。每1立方米瓦斯能产生8 500大卡的热量，比1千克标准煤的热量还高，而且它比煤等其他燃料易于开采。另外，它还可用于制造塑料等有机化学品，也是制造炭黑和氢的重要原料。美国国家矿业局曾经估计，在美国已发现的煤矿中，可能蕴含有200万亿立方英尺瓦斯，若按目前的能源消耗量来看，只要能采取其中的一半，就可满足美国20年的能源需要。

要利用瓦斯，首先要把瓦斯从地下煤层中抽取出来。目前已采用的方法是：在煤层没有开采之前，可先打两个孔到煤层中，一个为立孔，一个为“活心孔”。后者即用钻头竖直打下去，再弯曲到横向煤层中；然后用虹吸管抽取瓦斯，或用水泵把水从竖孔压入煤层，以使煤层破裂，使更多的瓦斯通过“活心孔”抽取出来。若是已开采的煤层，则可直接将孔打到工作面和倾斜到煤层的上方或下方进行抽取。

在采矿之前，预先抽取瓦斯，既可消除隐患，利于煤矿的安全生产，又可充分利用瓦斯，使其变害为宝，增加矿山收入，是一举多得的好事。

据初步调查，我国煤成气资源丰富，已知总量超过31万亿立方米，相当于450亿吨标准煤，储量位居世界第三位。从20世纪80年代开始，已在抚顺、焦作、阳泉等地进行了煤成气的开采。其中重庆市在80年代末就达到年采瓦斯1亿立方米，利用率高达62%，年产值达350万元。到90年代后期，全国煤成气的开采量达10亿立方米，成为世界上继美国之后的第二个大规模进行地面煤成气开采的国家。2002年在山西沁水还建成了枣园煤成气压缩站，把当地抽取的煤成气压缩后运往100千米外的长治销售，首次实现了陆上开采煤成气的异地销售。又据报道，美国德士古石油公司与我国中联煤成气有限责任公司已签约准备共同开发内蒙古准格尔、陕西神府、山西保德三地的煤成气。可以预见，在不久的将来，我国的煤成气利用会更上一个台阶。

（张庆麟）

“空中死神”——酸雨

世界上最早在斯堪的那维亚发现酸雨。人们追根究源，发现酸雨是由于工业发达的欧洲大量排放硫化物和氮氧化物气体，空气受到污染而产生的。随着工业化进程的加快，世界上发达国家中的酸雨问题越来越严重。在苏格兰和宾夕法尼亚，雨的含酸度比餐桌上的食醋还高。醋的pH值为4，而酸雨的pH值低于醋。美国全国有15个州降雨的pH值在4以下，其中西弗吉尼亚州更是以pH值低于1.5成为世界之最。美国和加拿大的部分地区，天降之雨几乎与橘汁一样鲜艳。瑞典有大约2万个湖泊因天降酸雨，导致湖泊的生态死亡或濒于死亡。挪威南部13 000平方千米面积上的所有水域中，也因酸雨而导致鱼类死亡。德国的常青森林已莫名其妙地死去，原来也是酸雨闹的“鬼”。意大利北部9千公顷森林，因不断遭受酸雨“沐浴”而死亡。旅游胜地瑞典频遭酸雨的危害，全国3亿棵树木已奄奄一息。世界上发达国家遭受酸雨之害的实例实在不胜枚举。中国的情况同样令人担忧。我国的酸雨在20世纪60年代后，仅在南方一些地区出现小范围的酸雨。近些年来，随着经济的持续高速发展，煤和石油的大量燃烧，酸雨也在迅猛发展，西南、华南和东南沿海尤为严重。酸雨在重庆、贵阳、长沙、柳州、厦门等地的pH平均值为4～4.5，许多地区甚至小于3.5。福建省23个城市里97%的城市下酸雨。广西南宁每年酸雨率超过40%，最高达到77%，春季高达100%。中国降酸雨的面积已占全国总面积的1/3以上！据1995年统计，因酸雨造成的直接经济损失1 100多亿，相当于当年国民经济生产总值的2%。

酸雨形成过程

酸雨成因并不复杂，主要是人类大量燃

烧煤和石油排放出大量硫化物和氮氧化物的气体,进入空气中,可飘至上千米的高空。这些污染气体在云层里会慢慢转化成硫酸和盐酸,当与水气、云层和雨雪相遇时,便形成了酸雨或酸雪降到地面,一部分渗入土壤,大部分随水流汇集到江河湖海之中。其次是火山喷发也会向大气中释放一些硫化物和氮氧化物,但其量和持续时间与人类制造的相比,要小得多。不可小视的是煤田自燃产生的硫化物和二氧化硫等有害气体的影响。我国内蒙古自治区乌海市西北部的乌达煤田自燃,自 43 年前煤层自燃起火以来,到目前为止,确定火区 26 个,总面积约 307.6 平方米,地面四处冒烟,整个煤田上空弥漫着刺鼻的烟雾,地表到处可见煤焦油、芒硝和硫磺从裂缝中溢出。当地环保部门多年检测结果显示,这里空气中一氧化碳含量超过国家标准 5 倍,硫化物、二氧化硫等有害气体均超标 1 倍。近年来乌达煤田及周边地区的酸雨明显增多,火区周围几乎寸草不长。我国新疆也有煤田自燃,这种现象在世界上还不少。煤田自燃因素影响酸雨是原因之一。而在人为向天空过量排放二氧化硫和氮氧化物中,汽车尾气的排放量实在不能低估。据检测表明,汽车大国美国的空气污染中 60%～90%来自汽车尾气。我国自改革开放以来,汽车工业得到迅猛发展,城市汽车数量每年以 10%的速度增长。北京现有汽车 190 万辆以上,是日本东京和美国洛杉矶的 1/10 左右,但由于保养、尾气治理、城市交通设施不合理等因素,汽车尾气排放的碳氢化合物、氮氧化合物的总量超过东京和洛杉矶。英国环境健康安全理事会日前发表报告指出,汽车尾气是各种污染源中的“第一杀手”,汽车交通给社会带来的经济损失已超过了路桥费收入和燃油费用。

酸雨隐藏在云系之中,云系又随大气环流而移动,所以酸雨是无国界的。尤其是处在下风的邻国经常遭受占据上风国家飘来的云层侵袭而普降酸雨。如美国为了保持自己天空的洁净,把大量的火力发电厂建在东北部与加拿大接壤的上风边界处,每年将有 2 千万吨的含酸污染气体乘风飘到加拿大,使加拿大人民饱受酸雨之苦。但风向不会一年四季不变的,也有风向倒转的时候,这时加拿大又将每年 400 万吨的酸污染气体飘还给美国作为“回礼”。两国在天空中“互赠”酸雨至今,真是既害人又害己。

如何消灭酸雨?专家开出的药方非常简单:彻底消除烟囱里和汽车尾气中的二氧化硫和氮化物。在烟囱里安置过滤设备,消除有毒气体排放,或者改用清洁能源如天然气等。消除汽车尾气的惟一方法是用清洁能源,如电、酒精、太阳能等来代替汽油。

(李云翼)

污染大气的"元凶"

洛杉矶位于美国西海岸,地处中纬度,西临太平洋,三面环山,是一个风景秀丽、气候宜人的地方。由于早年金矿、石油和运河的开发,加上得天独厚的地理环境,使它很快发展成为一个经济繁荣的大城市。世界著名的好莱坞和美国第一个迪斯尼乐园都设在这里。然而进入 20 世纪 40 年代以后,人们却发现这个美丽的城市一改往昔的温柔和宜人,变得似乎有些疯狂起来。每年的夏季至早秋,只要是晴朗的日子,城市的上空就会出现一种淡蓝色的烟雾,弥漫天空的烟雾使城市变得浑浊不清。烟雾还使人眼睛发红,咽喉疼痛,胸口憋闷,呼吸困难,头昏头痛。

继洛杉矶之后,这恼人的蓝雾在美国加州、英国伦敦、日本东京等地也陆续出现,并造成不同程度的人员伤害、果木枯萎、作物减产。

那么蓝雾是怎样产生的呢? 人们经过反复研究,直到 1958 年才查明原来是汽车惹的祸。在洛杉矶每天有 250 万辆汽车在行驶,每天要消耗 1 600 吨汽油并向大气排放 1 000 多吨碳氢化合物和 400 多吨氮化物。这些排放物会在太阳紫外线照射下合成一系列有害气体,如臭氧、醛类、过氧乙酰基硝酸酯、烷基硝酸脂、酮等,从而形成这种蓝色的烟雾。由于它是在阳光的作用下化合形成的,所以也叫"光化学烟雾"。今天,受光化学烟雾危害的地方已不限于上述地区,在世界许多地方都有不同程度的出现,其中包括我国的一些大城市。

光化学烟雾是大气受到污染的一种表现,但却不是惟一的大气污染形式。煤烟污染也是当今最常见的另一种大气污染。1952 年 12 月,潮湿而沉重的空气压在伦敦的上空,使伦敦一连几天沉浸在浓雾之中,而居民燃煤取暖和工厂使用的成千上万只烟囱,仍在浓雾中喷吐着大量黑烟。在这些浓烟中不仅夹杂着大量煤尘,还有煤中所含的硫因燃烧而形成的二氧化硫。二氧化硫与雾中的水汽相结合变成硫酸,并凝结在尘埃中,使浓雾演化成为酸雾。酸雾不仅强烈地侵蚀着各种建筑物,也危害生物和人体。仅 4 天的时间伦敦就有 4 000 余人死亡。此后的 2 个月中又有 8 000 多人也因吸入过多的酸雾,肺部受到损害而相继死去。

如果说光化学污染主要出现在汽车众多的大城市,那么这种因燃烧煤和石油而产生的烟尘、酸雾、酸雨污染就发生在更广阔的范围内。研究表明,在一吨煤和石油中常含硫 0.5%～5%,当这些硫燃烧时将会产生2倍于硫磺重量的二氧化硫。因此一个日烧煤2 000吨的火电厂，每天就会有20～200吨的二氧化硫排入大气。目前全世界煤和石油日燃烧量又何止亿吨，因此你可以想象到年积月累会有多少二氧化硫排入大气。这就怪不得今天酸雨、酸雾会在各地肆虐了。研究还表明，大气中二氧化硫含量达到百万分之八时，人就会感到难受；若二氧化硫形成酸雾，对人的危害就更大，只要其含量超过0.8%，人就难以承受，就会引起肺部不适，甚至死亡。

空气污染前：1969年9月1日的纽约市

空气污染时：1969年9月4日的纽约市

当今对大气污染的研究还发现,室内空气污染已和光化学污染、煤烟尘污染并列为三大空气污染。调查还发现,室内空气污染通常比室外空气污染更为严重,一般要高出5～10倍。特别是一些新装修房,室内的甲醛、苯等有机污染物常显著超标,以致成为一种隐性的"杀手"。据2004年7月23日上海《新闻晨报》报道,上海浦东一家三人入住新房仅月余,儿子就得了血液病,两个大人也患上血小板减少症。同年7月16日《中国新闻社》报道:北京回龙观某住房已装修空关5年,甲醛超标仍达6倍,以致飞进该房的苍蝇、蚊子也被熏死。当然并不是只有新装修房才有室内空气污染。事实上室内空气污染还有多种其他来源,如人体本身的释放物,抽烟的烟雾,化妆品和清洁剂的挥发物,烹调释放的油烟等等。研究表明室内污染物可大致分为四大类:一是可吸入颗粒物,包括飘尘、重金属微粒、猫狗鸟等宠物的微细羽毛等等;二是生物活性粒子,如细菌、病毒、花粉等;它们是大多数呼吸道传染病和过敏性疾病的"元凶";三是空气中的气态化学污染物,包括苯、甲醛及化妆品、烹调油烟等多种挥发性有机物;四是放射性射线,它们有的来自房屋的地下,有的来自装修使用的花岗岩等材料。由于室内污染有着多种来源,它已成为人们健康的隐性杀手。2004年6月中国室内装饰协会环境检测中心警告说:我国每年由室内空气污染引起的死亡人数达11.1万人,平均每天约304人。可见室内空气污染危害之大。

除了上述污染大气的三大"元凶"之外,大气还会受到来自其他方面的污染,如使用农药产生的气雾、动物粪便释放出来的甲烷气、工矿企业排放的废气等等都会使大气的质量变坏,危害生态环境,影响人们的健康。

(张庆麟)

大气污染

在干洁的大气中,痕量气体的组成是微不足道的。但是在一定范围的大气中,出现了原来没有的微量物质,其数量和持续时间,都有可能对人、动物、植物及物品、材料产生不利影响和危害。当大气中污染物质的浓度达到有害程度,以至破坏生态系统和人类正常生存和发展的条件,对人或物造成危害的现象叫做大气污染。凡是能使空气质量变坏的物质都是大气污染物。大气污染物目前已知约有100多种。按其存在状态可分为两大类,其中一种是气溶胶状态污染物。

城市的“六岛”气候

气候，是指整个地球或其中某一地区一年或一段时间(称为时段)的多年来气象状况的特点。它取决于该地区该时段内的太阳辐射、大气环流、地面性质等因素。

城市地区由于人口密集、建筑物鳞次栉比、工业集中、车辆众多，从而具有与广大乡村、山林明显不同的地面性质，会形成与周围非城市地区不尽相同的气候特征。由于它是大气候环境下局部小范围的气候异常，故有“城市小气候”之称。又因为这种小气候多呈孤立的与周围明显不同的特征，犹如一个小岛处于海洋包围之中一般，故又有岛状气候之喻。

城市小气候的最大特点是所谓的“热岛”气候。城市与其周围的郊区虽然接受的太阳辐射相同，大气环流也相同，但由于人口密集、工业和交通发达，使生活和生产产生的热量均十分可观。据调查，美国一般城市的人为释放热量相当于太阳辐射热的10%～15%，欧洲达30%，有的甚至超过太阳辐射，如莫斯科超过3倍，美国纽约曼哈顿区竟超过6倍以上。一方面人为释放热量的大量增加，另一方面则是热量散发的减弱。后者是因城市建筑物密密麻麻、高高低低，使风速减弱，热量不易扩散；加之用水泥、石料、柏油铺就的路面导热率低、热容量小，且不透水，表面干燥，使消耗和蒸发热量也小；而且城市的大气污染也会削弱热辐射。这就使城市的气温一般均要高于周围的郊区。据统计，许多城市的年平均气温比郊区高0.5℃～1.0℃；冬季则会高1℃～2℃。一些特大型城市则会出现更大的温度差别。上海1979年12月13日的一次调查表明，当天20时市中心区的气温为5℃～8℃，近郊区则为4℃～5℃，远郊区是2℃～3℃，差距达3℃～5℃。日本东京则曾测到相差达7℃的热岛现象。

除热岛外，城市还常出现“干岛”和“湿岛”气候。这也是由于城市的地面性质所造成的。城市地面多为各类建筑和不透水的路面，致使蒸发量和蒸腾量明显减弱，但气温则因热岛效应而比较高，这就使城市的绝对湿度的日振幅要比郊区小。白天，郊区的蒸发量、蒸腾量大，空气中水分较多，相比之下城市空气水分少，形成“干岛”。夜晚，气温下降，郊区近地面的水汽凝结为露，但城市因热岛效应，水汽的凝露量明显比郊区少，于是情况逆转，城市的绝对湿度反而高于郊区，形成“湿岛”。这种“干岛”与

广州是中国的南大门

"湿岛"日夜交替出现的现象也是许多城市气候的另一特征。

再说"雾岛"和"雨岛"。城市因工业集中,交通繁忙排放出来的尘埃和其他吸湿性粒子多,在条件适合时,即使空气中水汽含量未达饱和,相对湿度在70%~80%左右,也会形成雾,所以城市的雾会比郊区多。尤其是众多汽车排放出来的尾气,在强烈阳光照射下更会发生光化学反应,形成一种对人体十分有害的浅蓝色的光化学烟雾。城市不仅多雾,降雨也多。不过城市由于存在干岛效应,空气中水分较少,所以正常情况雨水不会比郊区多,但是当城市周围大范围内具有降水条件时,就会出现降水明显多于郊区的雨岛现象。这是因为城市里建筑物密集,使大气环流受削弱;另外由于热岛效应产生局部气流的上升,加之空气中凝结核多,因此有利于降水的产生。同时建筑物产生的阻障效应,又使降水云系能停留较长时间,使城市的雨量往往明显多于郊区。例如1997年8月23日下午13时20分苏州市区东部发生了降雨,一小时降水量达70多毫米,而南部长桥一带仅下了1.3毫米,新区则滴雨未下。又如1995年香港九龙市区的年降水量达2 754毫米,而新界只有2 200毫米。类似情况在上海等地也能看到。更要强调的是,城市由于大量使用煤和石油等矿物能源,释放出较多的二氧化硫和氧化氮,它们与空气中的水分结合变成硫酸和硝酸,所以城市的雨水大多具有一定酸性,若pH值小于5.6就成为"酸雨",并形成城市"酸雨岛"。酸雨的危害是十分巨大的,因本书另有介绍,这里从略。

城市还具有"浑浊岛"气候。也就是说城市的浑浊度因子比四周高。所谓"浑浊度因子"是指该地的太阳直接辐射和天空散射辐射的比值。太阳直接辐射是指直接到达地面的太阳辐射能量。当太阳辐射通过大气层时，会遇到空气分子、尘粒、云滴等质点，使其发生向四面八方的散射，其中到达地面的部分，叫天空散射辐射。太阳直接辐射和天空散射辐射的强弱，取决于太阳高度角的大小，也决定于大气透明度。大气中若含水汽凝结物和尘粒等物质多，透明度降低，必然削弱太阳的直接辐射，而增强天空散射辐射，使浑浊度因子增大。城市大气中污染物和飘尘多，使浑浊度因子明显增大，所以在天气形势稳定、风速小的情况下极易成为“浑浊岛”。据 1981～1985 年的观测记录，上海市区的年平均低云量比郊区高 10%；年平均晴天数比邻区少 39.2 天，阴天却多 22.8 天。这就是浑浊岛效应的结果。

应该指出，以上所述城市的“热岛”、“干岛”、“湿岛”、“雾岛”、“雨岛”和“浑浊岛”，这“六岛气候”，是城市生态环境恶化的表现，因此亟待人们予以治理。专家们指出，要改善这种状况办法有三：一是扩大城市水体，以增加水对气温和湿度的调节能力。二是增加绿化面积，绿叶是城市之肺，它反射热量，吸收尘埃，蒸腾水分，是调节气候的能手。三要严格控制人为热量、温室气体、汽车尾气、工业飘尘等的排放，这是有效预防光化学烟雾、酸雨的关键。人们相信若能做好这三方面工作，城市的六岛气候定会有较大的改善。

（张庆麟）

未来气候变暖变冷尚无定论

近10多年来，人们普遍感觉到冬天不冷，夏天炎热，在二十世纪，地球的平均气温差不多上升了1 ℃，导致水温升高，海水膨胀，海平面上升10～20厘米，气候变暖已成为全球的共识。科学家普遍认为由于二氧化碳的逐年增加，地球上空的二氧化碳浓度不断升高，形成一层二氧化碳屏障，阻挡了太阳射向地球的热量和地球自身产生的热量向大气层的散发，导致地球气候不断变暖。科学家根据金星表面温度高达180 ℃，是因为金星大气中含有大量的二氧化碳这一事实，来说明地球气候变暖是二氧化碳不断增加造成的。在寻找产生二氧化碳来源的过程中，科学家首先归罪于世界人口的激剧增加，工业发展大量燃烧石油、天然气、煤和各种自然资源，森林被大量采伐，自然生态遭到破坏，导致二氧化碳逐年增加。人造化肥的大量使用，捕捉了红外线辐射；大片积雪的融化，又减弱了地球对太阳光的反射等，也是气候变暖的原因。生物学家有一种新奇的说法，说地球上有24亿亿只白蚁，它们吃掉地球上三分之一的有机物，在消化过程中，释放出大量的二氧化碳和甲烷。其中每年排出甲烷量约达2 000亿立方米，占大气层中甲烷量的一半以上。小小白蚁也成为气候变暖的“帮凶”。地球自身在不断放气，世界上的500多座活火山，每年发生500万次的地震，从地球深处释放出的二氧化碳和其他气体的量更是惊人。还有世界上每年有许多森林火灾发生，又将产生多少二氧化碳啊！

2004年新一期《自然》杂志发表英国科学家报告说，如果人类不采取措施减少温室气体排放，地球在今后的1.5万年间会变得越来越热。全球气候变暖，也意味着地球气候系统中的能量在增加，因此产生越来越频繁和猛烈的风暴。而随着水灾的增多，泥石流灾害和土壤流失越来越严重。气候变化也间接地引起物种的灭绝。

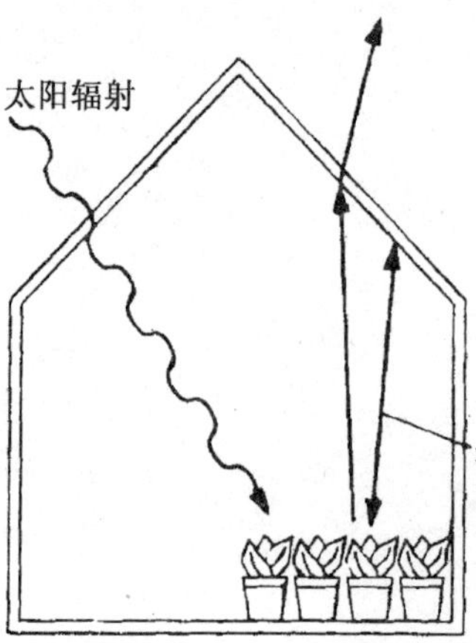

温室效应示意图

由此看来，二氧化碳总是在逐年增加，气候变暖似乎成了不争的事实。

事实果真如此吗？设在瑞士苏黎世的世界冰川观测研究机构确认，瑞士境内阿尔卑斯山的冰川和智利境内的高山冰川，自1980年以来增加了55%，南美阿根廷海沿岸的南极冰山有了新的扩展。德国科学家考察船在大西洋中部经两年多观测发现，海湾暖流的方向开始改变，对欧洲大陆的影响在减弱，海湾暖流的热效应在下降。因为海洋暖流是把热量从热带输送到北方高纬度地区。全球气温升高，高山冰雪溶化，大量淡水汇入海洋，使海水含盐分降低，重量减轻，洋流到达低纬度地区后，海水因含盐减少而无法沉入海底，从而也不可能返流回热带。北大西洋暖流最后一次消失，发生在距今8 200～12 700年。种种迹象表明，地球气温开始由暖变冷，预示着新的冰期可能到来。

任何事物都有两重性。火山喷发、草原和森林火灾，会产生大量二氧化碳，但其浓密的烟雾遮挡了太阳光的直射，降低了大地水蒸气的挥发，森林被毁也使植物水蒸气挥发量减少，导致气温变冷。

地球气温变暖变冷最关键因素是太阳活动的频率。近十多年正处于太阳活动期（太阳黑子爆炸频繁期），所以气候明显变暖。天文学家观察表明，太阳活动目前正从高潮期转向低潮期，气候也将由暖转冷。

从全球气候来分析，高纬度地区的气温明显下降，在北大西洋出现几十年来从未见过的酷寒，海水也冻结了。在格陵兰和冰岛之间一度出现"冰陆"，北极熊可以自由往来，成为罕见的奇闻。地质学家认为这是"小冰河期"到来的先兆。美国政府科学顾问汤姆·珀如认为，冰期是一定要来临的，最快也要15 000年以后。

中国气候学家张德二研究员最近说，近十多年来气候变暖是不争的事实，但变暖程度未达到历史上最温暖的水平。历史上曾有多个温暖时期，13世纪中叶就是一个温暖时期。从几百年、几千年的气候演变来看，目前的变暖程度远没有超过历史上最温暖的水平。目前的气候变暖能持续多久？未来是朝着变暖还是变冷方向发展？到目前为止，还没有一个令人信服的结论。

（甘德福）

厄尔尼诺

厄尔尼诺是西班牙语,原意"圣婴",指的是赤道中、东太平洋海水大范围异常偏暖0.5℃以上、持续时间超过6个月的现象,这是我国及多数国家判别厄尔尼诺现象的共识。美国则将监测范围缩小到太平洋中部,水温异常偏暖0.5℃以上、持续时间减短到3个月。2004年下半年以来,太平洋中部海域平均水温比常年同期偏暖超过0.5℃,所以美国专家发布新一轮厄尔尼诺又将到来的信息。

厄尔尼诺又称厄尔尼诺海流,是太平洋赤道带大范围内海洋和大气相互作用后失去平衡而产生的一种气候现象。它的基本特征是太平洋沿岸的海面水温异常升高,海水水位上涨,并形成一股暖流向南移动,使原属冷水域的太平洋东部水域变成暖水流,结果引起海啸和暴风骤雨,造成一些地区干旱而另一些地区降雨过多的异常气候现象。厄尔尼诺现象大致每过3～7年发生一次,自1900年以来总共发生了33次。

在1982～1983年出现的厄尔尼诺是20世纪最严重的一次。它致使非洲破坏性的干旱特别严重,造成加利福尼亚州发生一系列严重的冬季风暴,使法属波利尼西亚遭到75年来第一次台风袭击,秘鲁和厄瓜多尔连遭暴雨、洪水泛滥,使澳大利亚遭受200年来最严重的干旱。这次厄尔尼诺现象造成1 500人丧生,以及50～80亿英镑的经济损失。1986～1987年发生的厄尔尼诺现象损失程度较轻。1992～1993年的厄尔尼诺现象影响到北美的气候,以及亚洲和非洲的气候,影响程度也比较轻。而1997～1998年的厄尔尼诺现象,导致41个国家出现水灾,22个国家出现旱灾,印尼和巴西出现森林大火。厄尔尼诺现象还创造了适于严重疾病蔓延的条件。如所谓的大裂谷病,在肯尼亚、索马里和埃塞俄比亚若干地区蔓延。这次厄尔尼诺现象对我国的影响非常之大,长江流域出现三次大范围的持续强降雨过程,以致发生了继1931年7月和1954年6月以后的又一次特大洪水,中央领导亲临抗洪第一线,与数万军民一起抗洪抢险。

美国科学家对在秘鲁发现的距今5 000～8 000年的古鱼类化石进行系统研究后发现,厄尔尼诺现象发生的历史已有5 000年。目前科学家在全球已发现有3处发生厄尔尼诺现象,除了太平洋和印度洋之外,大西洋也有厄尔尼诺现象。太平洋和印度洋的厄尔尼诺一般3～7年出现一

厄尔尼诺海流南流时，带雨云团在温暖海流上翻滚

次，而大西洋的厄尔尼诺现象则是在前两个发生之后12～18个月内形成。这一发现有助于了解厄尔尼诺现象产生的规律，并能准确地预报由这种现象引起的区域性大规模的干旱、洪灾、暴雨和飓风等灾害。

关于厄尔尼诺形成的原因，科学界大致有三种观点：其一是大气海洋周期循环说。该观点认为是东南信风和东北信风的减弱，导致了赤道太平洋向西流动洋流和秘鲁冷洋流、加利福尼亚冷洋流、赤道东太平洋东部冷水上翻的衰缓，从而引起赤道东太平洋海温上升。

其二是地球自转速度变慢说。科学家把岩石圈、水圈和大气圈的活动统一成一个整体，提出“地球自转急剧减慢是形成厄尔尼诺的一个重要因素”。

其三是地球内部热流说。该学说指出了厄尔尼诺现象与东太平洋海底断裂活动及其火山、热水作用的密切关系。

我国科学家李扬鉴教授应用大陆层控构造学说，提出地球体积膨胀导致地球自转速度减缓，惯性力的作用使太平洋赤道地区洋底的岩石圈被撕开，洋中脊扩张，导致海底热水和岩浆大量上涌，为厄尔尼诺现象的产生提供了主要热能来源。

厄尔尼诺是当今科学界公认的最强的年际气候信号，一旦发生将给全球气候带来异常重大的影响。所以各国科学家都在花大力气尽早揭开厄尔尼诺的面纱。

（甘德福）

热带大陆的热和冷

非洲的全称是阿非利加洲,它夹在印度洋和大西洋中间,面积约 3 020 万平方千米,是仅次于亚洲的世界第二大洲。非洲大陆的最南端是南非的厄加勒斯角(南纬 34°51′);最北端是突尼斯的吉兰角(北纬 37°21′),与欧洲的最南端仅差 1°21′;赤道横穿非洲大陆中部,全洲 3/4 的地区处于南北回归线之间,所以常年太阳直射,阳光充足。如位于非洲东北的苏丹,就被人们称为阳光灿烂的国家。“苏丹”的意思是“黑人之国”,因为苏丹人皮肤多呈黑色或棕褐色。苏丹国土面积 2 505 800 平方千米,约占非洲总面积的 8.3%。苏丹虽未处赤道,但那里干旱少雨,阳光充足,华地汉尔发地方年日照 4 000 小时左右,比我国的日光城——西藏拉萨(3 006 小时)还多。即使苏丹南方的多云月份,每天仍有 8 小时的日照。苏丹不仅日照时数多,而且阳光强烈,气温高。在夏天,大部分地区的平均最高气温在 41 ℃,平均气温也在 25 ℃,极端最高气温接近 50 ℃。整个非洲大陆地区年平均气温都在 20 ℃以上,气候炎热。所以,人们把非洲称为“热带大陆”。

非洲热带草原

非洲的热表现在:高温笼罩整个大陆;世界极端最高气温的记录是 57.8 ℃,出现在非洲北部利比亚首都附近的阿济济亚(1922 年 9 月 13 日测得);年平均气温的最高记录也出现在非洲。埃塞俄比亚东北部的达洛尔,年平均气温为 34.5 ℃;索马里境内的鲁古福拉迪,年平均气温 31.1 ℃。这是世界上迄今为止的最高记录。

非洲大陆终年高温炎热,生长在这里的人们感觉不出岁月的流逝。卢旺达是非洲中部的一个内陆国家,面积仅 2 万多平方千米,人口却有 500 万,是非洲人口最稠密的国家。卢旺达有不少人对于岁月的流逝没有感觉,有些人连自己的年岁也搞不清楚,原因在于这里气温终年几乎没有变化,更无四季之分。该国的鲁波纳城(位于南纬

2°29′),一年12个月的气温几乎停在25℃;平均最低气温维持在14℃;极端最高气温停留在28℃左右,极端最低气温维持在11℃左右。这种有规律的微小变化,使人难以感觉出来。惟有的感觉是日出又日落,日落又日出,一天接着一天。于是乎把年、月的概念给淡忘了。正是这样的气温,使得卢旺达境内全年都是生长季节,一边收割,一边播种,物产丰富,人口增长率自然就高了。

非洲虽说是热带大陆,因为受地形和海洋的影响,位于赤道的非洲并非处处是炎热的,也存在着四季如春的"春城"。肯尼亚的内罗毕处于南纬1°13′,每年的月平均气温基本一致,最低为15℃,最高为19℃,年平均气温为18℃,这真是名副其实的"春城"。在气候学上,凡候(5天)平均气温在10℃到22℃之间的称为"春季"或"秋季"。年均气温18℃的内罗毕,比我国广州(年均气温21.8℃)还低了近4℃。乌干达的恩德培位于北纬0°03′,也可以说是个赤道上的城市。它的月平均气温也是基本一样的,最高为22℃,最低为21℃,也是一个名副其实的标准"春城"。

位于赤道地区的内罗毕和恩德培这两个城市为什么不炎热呢?原因就在于它们位于东非高原之上。内罗毕的海拔高度达到1 798米,恩德培城的海拔高度也达到1 146米。海拔高了,气候自然就不炎热了。位于赤道地区的非洲最高峰乞力马扎罗山(海拔5 895米)和肯尼亚山(海拔5 199米)的山顶,终年白雪皑皑。

除了高原环境塑造赤道春城之外,还有在本格拉寒流的影响下,也塑造出了一个"春城"。它是非洲西南部的城市吕德里茨,位于南纬26°38′,因受本格拉寒流的影响,其全年平均气温只有16.2℃;最冷月份是8月(因其位于南半球),平均气温为14℃。

非洲的地形以高原为主,海拔200～2 000米的高原和台地占全洲总面积86.6%,平均海拔750米,仅次于亚洲。非洲高原面积之大居各洲之首,故有"高原大陆"之称。虽然赤道横贯非洲大陆中部,从地带性位置看,整个非洲处在赤道气候带、热带气候带和亚热带气候带,炎热、干旱是非洲气候的突出特征,但因为是高原大陆,所以造就了像内罗毕和恩德培这样的"春城"。

(吴胜明)

撒哈拉的气候奇观

撒哈拉沙漠是世界上最大的沙漠。它位于非洲北部，处于阿特拉斯山脉和地中海以南，北纬 14°线(以 250 毫米等雨量线为界)以北，西起大西洋海岸，东到红海之滨，横贯非洲大陆北部。东西长达 5 600 千米，南北宽约 1 600 千米，面积 960 万平方千米，几乎与我国的国土面积相当，约占非洲总面积的 32%，并相当于全世界沙漠总面积的一半。

说起撒哈拉大沙漠，很多人总以为它是一片沙丘起伏、黄沙茫茫的不毛之地。其实不然。它实际上只有大约 1/5 的地方是真正的沙漠，其他地方则是裸露的砾石荒原——砾漠(砾质戈壁)和寸草难生的岩石高地——岩漠。沙漠、砾漠和岩漠呈镶嵌式分布。“撒哈拉”一词的阿拉伯语原意是广阔不毛之地的大荒漠，并不仅指沙漠。

在地理纬度上，撒哈拉正处在北回归线附近的高压带内，一年中大部分时间均盛行来自干燥的中西亚东北信风。信风吹至炎热的北非后更趋干燥，降水极少。区内年降水量大多少于 50 毫米，有些地方常年无雨。如埃及的阿斯旺、阿尔及利亚的美沙拉等，出现过多年降水量为零的记录。即使是埃及首都开罗，多年的平均降水量也仅为 22 毫米，每年的4～11 月份更是滴水不下。由于无雨，日照时间又长，致使蒸发量多达 2 000 毫米以上。再加上日夜温差变化剧烈(一般日夜温差可达 30 ℃～40 ℃)。在这种情况下，地表岩石受到强烈的风化剥蚀，形成大片的流沙和戈壁。这正是撒哈拉沙漠形成和发展的主要原因。

撒哈拉炎热干旱，雨量稀少，从而出现了有趣的气候奇观。其一是幻雨。沙漠上空有时有冷空气流动，乌云聚集，喜降阵雨。但是，由于低空极度酷热、干燥，雨点不等落地就蒸发掉了。人们称它为“幻雨”。其二是雨蒸风和沙暴。撒哈拉的沙暴形成过程是在晴空万里、骄阳如火的时候，天空中常会传来一种奇怪的声音，高而不连续，时有时无，这就是“沙漠之歌”。声响之后，沙丘的顶峰开始活动，热空气把沙粒卷入高空，形成巨大的黄色沙云，顶天立地，旋转不已，太阳由暗红到消失。霎时，狂风大作，黄沙漫天。飞沙打在脸上，针扎一般，甚至刺破皮肤渗出血来。沙暴开始来了，把鸡蛋大的石头吹得满地乱跑；把沉重的驼鞍抛出几百米以外；被风暴卷起的沙粒，从空中迅猛地砸下来，使人处于十分危险的境地。每当沙暴袭来的时候，原本穿长袍、缠头巾的当地阿拉伯人，更要将全身裹得

非洲撒哈拉沙漠中的一个绿洲

严严实实，顶着风，弯着腰，迅速走到附近的地方躲避。一般的沙暴仅持续2～3小时，也有刮上1～2天的。如果探险队遇到这样的天气就很危险。其三是干雾。当沙漠上空风很小，空气中又布满尘埃的时候，就会出现不是由水滴引起，而是由尘埃形成的干雾。这时的能见度完全消失，甚至连号称“沙漠之舟”的骆驼都会迷失方向。所以，撒哈拉人按习惯不得不在道路两旁，每隔一定距离垒起一堆石块作为路标，以防迷路。其四是奇怪的“枪声”。在夏季的中午沙漠气温常在50℃以上，沙面温度甚至高达70℃～80℃；然而一到晚上，狂风呼啸，温度可直降到0℃。致使岩石热胀冷缩，很容易发生崩裂。住在沙漠里的人，到了晚上每每听到岩石的崩裂声，好似雷鸣，又像战鼓，也像枪声，不知情的人听了确实感到恐怖。

撒哈拉沙漠不仅有上述的气候奇观，还以闻名遐迩的史前岩壁画而备受世人关注。这里的壁画不仅规模宏大，有的长达数千米，且绮丽多姿，既有各式各样的人物像，也有鸵鸟、水牛和其他动物。它们反映了远古人们生活的情景，表明当时这里并不像今天这样荒漠遍野，而是有过繁荣昌盛的文明和湿润舒适的环境。也有一些壁画表现的是一些千奇百怪的形象，致使人们不仅对这些壁画的制作年代无法稽考，也对壁画所要表达的含意茫然无知，有些人甚至怀疑它们是曾经造访地球的外星人留下的。正是由于这些原因，撒哈拉这个世界上最大的沙漠，吸引了在现代文明社会里生活的各国客人，他们竞相前往旅游、观光和科学考察，为了亲身体验一下撒哈拉沙漠的残酷气候变化和大自然微妙，观赏一下史前人类的文明和智慧，即使带回来的是无数的不解之谜和无穷的遐想。但切记恶劣多变的沙漠气候环境带来的危险。2004年11月19日就发生了德国的3名游客在撒哈拉大沙漠中失踪的悲剧。

（吴胜明　张庆麟）

夜雨并非巴山独有

唐代诗人李商隐在四川的梓州做官时，写了一首很有名的诗《夜雨寄北》："君问归期未有期，巴山夜雨涨秋池。何当共剪西窗烛，却话巴山夜雨时。"诗人把四川省大巴山地区的夜雨现象，写得缠绵有情，让人难以忘怀。

诗人的观察确实很准确，在四川盆地的东、西、南、北、中，任意选择重庆、达县、成都、乐山、泸州等5个气象台站为例，从当日的20时至第二天的8时，5站进行平均，获得夜里降雨的量占总雨量的72%；中午12时至下午17时的5个小时的降雨量仅占总雨量的10.5%。这里的夜雨量，从20时到24时是直线上升的，一般在深夜24时雨量达最大值，在凌晨2时以后降雨量又直线下降。据5个台站的统计，雨量最小的时段在中午12时到下午16时之间。四川盆地的夜雨，因为有李商隐的诗所传诵，所以广为人知，似乎中国的夜雨为四川独有，夜雨最多的地方非四川莫属。其实并不是这样，我国还有一个地方的夜雨量超过四川盆地，这就是西藏的拉萨。

拉萨夜雨

拉萨阳光灿烂，日照时间居我国各地之首，素有"日光城市"之称。至于拉萨的夜雨就很少有人知晓了。据统计，拉萨的夜雨量占年雨量的80%以上，也就是说拉萨下雨绝大部分都在夜晚。拉萨全年降雨量为1 460毫米左右，比我国南方的武汉、长沙还多。拉萨的白天晴空万里，阳光普照，一到夜晚就细雨绵绵，十分有利于农作物的生长，所以全国小麦亩产量冠军一直为西藏保持。夜雨也有利于旅游者的观光游览。雄伟的布达拉宫，一年四季基本上都在阳光照射之下，显得金碧辉煌。

俗话说："天要下雨娘要嫁。"下雨是常见的自然现象。我们常见的雨是空气对流所造成的。在陆地上，白天太阳光照射下，地面的空气变热而上升，中午开始起云，午后云量增多。地面上空的空气，上层冷而下层热，冷空气重，热空气轻，冷空气下沉，热空气上升，形成空气对流。一般在中午前后，冷热空气对流最为剧烈，所以下雨的概率就高。在热带地区的海南岛这种现象特别明显。海南岛地处我国的南端，按理说夏季白天的气温应该比较高，正因为海南岛的夏季几乎每天午后要下一场冷热空气对流的雨，大大降低了气温，反而成为夏季旅游的好地方。如果空气结构是下面空气冷，上面空气热，空气对流就难以进行，下雨的概率就非常小。那么西藏和四川等地为什么白天不下雨，一定要在夜晚下雨呢？这与它们的地形有密切关系。从地理环境来看，拉萨位于拉萨河谷之中，谷地南部为高山所阻挡。从下午开始，地面得到的太阳热量就逐渐减少，山坡开始降温，与山坡接触的空气也跟着变冷。冷空气的密度较大，就沉向河谷中。下降的冷空气越积越多，迫使河谷中原来比较轻的暖湿空气抬升上去。当暖湿空气抬升到一定高度时，水汽就凝结成云(即无数的小水点)，并且越积越厚。当上升的暖湿气流托不住压下的冷气流时，便形成了雨。拉萨的冷热空气对流从每天下午开始，经过数小时活动到形成下雨的时段已经到了夜晚，所以拉萨多夜雨。

巴山夜雨的形成与拉萨相似。四川是一个多山的盆地，东部的重庆、西边的达县、南面的成都、北面的乐山、中部的泸州等，都处于群山环抱之中，地形条件与拉萨河谷地相似，只不过规模更大一些而已。冷热空气对流同样在下午开始活动，经过一段时间的云系积聚，到降雨时分已是深夜了。

夜雨并非巴山所独有。明白了夜雨形成的机制，凡地形条件与巴山和拉萨相似的地方，都可能发生夜雨，只不过夜雨的时间长短和降雨量的多少有些差别而已。

(吴胜明)

极地动物的保暖之道

南北两极处于地球两个对应点上,因环境不同,所生长的动植物也不一样;黑暗严寒,寸草不生,半年白昼,半年黑夜是其共同特点。即使在阳光长时间照射的季节,因阳光斜度大,植物也难以生长。所有植物都需在阳光最多的短暂时期内生长和繁殖。因为冰雪反射力强,太阳照射到地面的热量,不论什么时候,总有九成会反射回天空。特别是在冬天阳光短暂的日子里,阳光带来的温暖,微不足道,如南极洲中部最低气温达零下 88 摄氏度。在最接近南北两极的地区内,最暖月份的平均气温,也只在冰点以上几度。动物要在这样恶劣的环境下生存,食物的来源和自身的保暖之道,是生存的关键。

驯鹿是大型食草动物,站立时肩高 1.5 米,重 270 千克,它们每年都要从其加拿大泰加林中越冬地向北迁移到冻原带北部近北极区的繁殖地。迁移队伍甚为壮观,在 2～4 月份间,小群驯鹿合并成千军万马,数量可达 50～100 万头。由临近产期的雌鹿、小鹿和雄鹿组成的动物群,开始沿着历史上代代驯鹿所走的路线向北迁移。驯鹿靠吃树叶、草和地衣过冬,虽然针叶林带也是冰天雪地,但森林使雪地不致冻硬,驯鹿仍能用其前蹄挖掘埋在雪下的绿色树叶和地衣充饥。另外它身披粗密的毛发,形成一个厚达 5 厘米的致密覆盖层。每一根毛发都是空心的,含有利于隔绝严寒的气囊,这是兽类中最好的具抗风、绝缘作用的毛皮。驯鹿还有一个重要的生理功能是双重体温,即体温保持在 38 ℃左右,而暴露在外的脚只有 9 ℃～12 ℃,以减少散热,保持体温。

北极熊是惯于独行的食肉巨兽,以浑身雪白的皮毛作为天然掩饰,它全年生活在北极地附近,还会随着浮冰漂流出海,它们主要的食物是海豹。冬季,那些不在洞穴藏身的北极熊饥不择食,鸟卵、海草、鱼类和尸体等都吃。北极熊的产期为严冬 12 月至 1 月份,母熊在自挖的雪洞内产仔。初生的幼熊目不能见物,长不足一尺,重不足两磅,浑身几乎无毛,全凭洞穴及母熊的皮毛保暖。整个冬季与母熊同住在雪洞内。母熊喂乳期长达二十周,母乳是幼熊在这阶段内惟一的食料。出生后几个月内,幼熊已具有三寸厚的皮下脂肪层,并开始长出浓密的绒毛和粗厚的保护毛。北极熊母子当年结群狩猎,在第二年夏季分离,母熊离开半长成的幼熊,让它们独立生活,但这些未成年熊易被猎杀或因酷寒中缺食物而丧生。

北极熊能在极寒冷的北极冰上称霸，不被冻死，主要靠有一身与众不同的毛皮。它那白色的毛皮能够吸收紫外线，那一根根白毛好像一根根空心管子，毛内不含任何色素体，能够使太阳光的紫外光沿着芯部通过，阳光热量几乎被全部吸收以增加体温。又长、又厚、又密的毛是最保暖的毛皮之一。另外它具有很厚的脂肪层，同样具有保暖作用。

南极企鹅
挤在一起保暖

南极的企鹅是不会飞行的鸟类，它们的两翼演化成鳍状肢，适合于潜水和游泳。五月里，南极地区冬天快到了，成年企鹅便离水上岸繁殖。在黑暗中求偶和产卵，每次只产一枚卵。雄企鹅负责孵卵，几千只挤在一起取暖，这种密集的方式使每只企鹅的身体只有六分之一暴露在风雪中。在两个月的求偶孵卵期间，它们什么东西都不吃。此时动作迟缓、代谢率大为下降，靠消耗体内大量脂肪来维持生命，靠挤在一起来取暖生存。成年企鹅的腹部有一层褶皮，可以垂下来保护孵化中的卵，也可以用来保护出壳的幼雏。经过了千万年暴风雪的磨练，它全身的羽毛已变成重叠、密集的鳞片状。这种特殊的“羽被”，不但海水难以浸透，就是零下近百度的严寒也休想突破它保温的“防线”。同时，它的皮下脂肪层特别肥厚，这对保温特别有利。另外，它还具有双重体温，即体温保持在 38 ℃上下，而接触地面的脚只有 5～7 ℃。在极地生活的动物，都有这种保温的生理功能，这由动静脉的热力传输系统来保持的。从心脏流出的热血，把热力传给由末端流回的冷血，同时来自末端的冷血，把流向末端的热血冷却。这使动物体温保持在 38 ℃左右，而脚等末端体温则与周围的环境气温相近。这个系统有两个功能：在寒冷的环境里，可以保持体内的热力；又可以使血液涌向末端来散热。

另一方面，极地生活的动物一般都比在较暖地带的同种动物体型矮胖些，大些，但耳朵等易散热部分比较小而圆，这有利于减少散热，保持体温。有些鸟的脚部也长有毛，同样能保温。

（陈　彬）

枯枝败叶层里的生物

温带森林的树木种类繁多,但主要是落叶树林。这里雨水丰富而且全年分布均匀。冬季较短,但寒冷程度依然足以影响植物的生长和生理过程。落叶林休眠过冬,即生长几乎完全停顿,全靠贮藏在根、干和枝里的养料维持生存。秋天,落叶树林的地面变成天然废物的堆积地,铺满枯叶、干枝、倒树、植物残骸以及动物的尸体和粪便。有人估计,在一英亩林地上的废物中,便可能有一千万片落叶。潮湿的枯枝落叶层迅速腐烂,成为腐殖质。营养丰富的土壤使植物生长茂盛。同时,这些林地废物,养活着无数小动物。真菌和细菌使物质腐烂,形成食物链中的基质。真菌从潮湿地面或树干上长出子实体,供应许多大大小小动物以各种丰富的食物。真菌的孢子和地下菌丝是泥土中无脊椎动物的食物。有些动物以枯叶为食,如蚯蚓;许多动物依赖真菌分解树叶组织。由细菌分解得来的半液体产物,以及这些细菌本身,都是微小动物如线虫、轮虫等的食物。枯枝落叶层里的食物链极为复杂,在一平方千米林地内,可能有 300 种不同的无脊椎动物。再加上它们的天敌,便形成了食物链。食物链中生物种类包括微小螨类至哺乳类均有。枯枝落叶层里的动物种类和数量是无法全部弄清的,我们仅介绍几种较为典型的动物,特别是一些钻穴动物。

蚯蚓:属环节动物门,在土壤中营穴居生活,感觉器官不发达。蚯蚓在土壤中穿行时,吞噬土壤,然后把吃下的土壤由身后排出。蚯蚓消化吸收土壤中可供食用的成分。一部分不能消化的泥土形成一卷卷蚯蚓粪,排到地面上。这种穿土和翻土的过程,可使土壤更肥沃。树林中蚯蚓数量很多,每平方米约有二千条左右,一小块土地中可能有十多种蚯蚓,其中若干种直接以落叶为食。有的把树叶拖进穴内慢慢吃。另外蚯蚓分布很广,在农田、果园、公园、菜园里均很多,它们能疏松土壤,改进团粒结构,把酸性或碱性土壤改整为近于中性的土壤,增加磷、钙等速效成分,使土壤适于农作物、蔬菜和果树的生长。另外,蚯蚓可养鱼和养家禽,还有清热、降压和利尿作用。但蚯蚓也能破坏河岸,并有猪肺线虫等寄生虫。

蛞蝓和蜗牛:腹足纲。蛞蝓身体裸露,无外壳。触角两对。在体背前端 1/3 处有一椭圆形外套膜,其前半部游离。膜内有一薄而透明的石灰质盾板。蜗牛,贝壳的螺旋部中等高,常具色带。触角两对,眼在后触角顶端。这两种动物几乎能吃任何有机物,利用它们如锉的舌头来进食。

蜗牛从潮湿的角落以每分钟 2 厘米的速度爬行，在爬过的地方留下一条发亮的痕迹。蛞蝓和蜗牛危害农作物、蔬菜和瓜果。

夜间进食的蜗牛吃多种植物

跳虫：昆虫纲弹尾目，体长 2～5 毫米左右；触角 4 节；口器咀嚼式，陷入头内。具集合眼；无翅；腹部 6 节，具弹器及黏管；缺马氏管。生活于潮湿的土壤及腐殖质之间，约有2 000 多种。在一平方米土壤中约有 4 万只之多。它们的食物是经其他动物或真菌局部分解过的植物。跳虫在休息时，一个称为"弹器"而形似杠杆的器官会摺起来紧夹于腹部。肌肉的收缩使外披硬壳的关节缩近、整个身躯因而缩短，迫使体液流入弹器中。肌肉放开握弹器，液压于是攀直弹器的关节，使弹器猛然拍下，把跳虫弹向空中。跳虫是一种极古的陆栖动物。在有三亿八千万年历史的岩石里，也曾发现过它的化石。

在枯枝落叶层及泥土中居住着许多以蚯蚓、蜗牛、跳虫等为食的动物，在地面上有步行虫、蜘蛛、蟾蜍、蜥蜴、鸟类，以及鼩鼱、刺猬等。在泥土中较深处的有蜈蚣、拟蝎目昆虫以及食肉的线虫等。

拟蝎目昆虫捕食跳虫等，体型似蝎子，但是无后腹节，身长不足 0.25 寸。拟蝎目昆虫利用其有毒腺的螯，不仅能杀死猎物，而且能把猎物撕碎，送到一对更近口部而且较小的螯肢。这对螯肢把消化液注入猎物体内，使猎物化成液体以供食用。螯肢还能产丝，以便营造构造复杂的窝，供产卵、蜕壳或冬眠之用。拟蝎目昆虫在交配的时候，雌雄互相面对，高举螯肢，前后移动，有如翩翩起舞，直到雄性在地面上产下一个精包为止。这时雄性随即把雌性拖到精包之上，使精包进入后者的生殖孔中。

鼩鼱，不冬眠，一天不吃东西就要饿死。它吃与其体重等量的昆虫和蠕虫，饭后休息几小时，然后又吃三四小时，日夜不停。冬天它在枯枝落叶层和表土掘冬眠的昆虫充饥。鼩鼱体型很小，但会攻击闯入自己地盘的同类。

（陈　彬）

森林中随机应变的动物

有些动物为什么会濒临灭绝的境地，除了人为的捕杀、环境的恶化、繁殖率低等主要原因外，还有另外一些重要因素不容忽视，如食性的特化即偏食。一旦饥荒来临，就有饿死的危险。国宝大熊猫是素食性动物，但胃的结构简单，肠也短。竹子营养低，故只有增加采食时间和采食量，才能维生。一只熊猫每天平均取食 40 千克，一昼夜采食 3 400 根冷箭竹。它不但偏食，而且“认生”，吃惯了自己地盘内的竹子，就不愿再吃其他地方的竹子。即使是在饥荒的日子里，这种挑剔劲儿也一点没变。但竹子在一定年限会开花枯死，这时大熊猫既不肯改变食性，又依恋固守家园，最终势必饿死。

与大熊猫不同，在自然界里有许多动物能随机应变，随着气候变化，或日照长短、食物丰欠，来改变自己的毛色和食性。如北极地区的雪兔和北极兔的皮毛，夏天褐色，冬天变为白色。这样就可以伪装起来，免遭天敌捕食。岩雷鸟一年三易毛色，夏季羽毛土褐色，与岩石和地衣颜色相似；在秋季，岩雷鸟的羽毛先转变成灰色，再变成冬季的白色。鸟的羽色和环境色调尽量相配，对避敌和生存是有利的。如生活在非洲森林里的避役又名变色龙，随着光线照在它身上的强度、气温的变化等，其本身的色素颗粒随着不同刺激产生反应，显现不同颜色，有利于捕食或避敌。

在自然界中，动物的随机应变能力更重要的方面，是随季节的变化而改变食性，即素食性或食肉性要迅速变为杂食性。这样，在同一环境中那些挑剔偏食的动物闹饥荒乃至饿死时，它们仍然能生存下来。落叶林中那些随机应变的动物大多荤素都吃。如浣熊曾经遭人类大量捕杀，但其种群数量还是相当多，迄今仍是北美洲最常见的哺乳动物之一。浣熊大小如家猫，在

性喜清洁的獾

中空的树或岩隙里造穴而居。浣熊一胎通常产四仔，满周岁后就可以独立生活。它们成群结队在树上或地上寻觅食物，不论动植物，有什么吃什么。通常吃果实、坚果、种子、嫩芽及昆虫、鸟、鱼、小型兽类等。浣熊擅长用爪在水中捕食鱼、青蛙、淡水小龙虾等。它们会把食物放在水中浸一下，似乎要洗净才吃。

外貌像小熊的獾，能够用强健的前足把青蛙、蟾蜍、蜗牛、鼠类等猎物踩死，食物不足时会用足捣烂蜂巢，会挖掘洞穴和地道，翻土觅食各种幼虫和蠕虫充饥，食性广泛。故其生存范围广，欧亚大陆均有分布。

美洲鼩是北美地区惟一的有袋哺乳动物。食性杂，昼伏夜出，是爬树能手，在下层林丛中觅食，几乎无所不吃。一旦遇天敌，就本能地软下来装死。除了一身臭气，再加上这种装死的行为，确实会使犬等极少碰它，使其逃过一劫。

野猪：人们为了吃肉或保护农作物，对野猪进行大量捕杀，但至今从落叶林到热带地区到处有野猪的足迹。这首先得益于野猪的杂食性，如北方野猪除以红松和柞树的种子为食以外，还吃幼嫩树枝、草根、草子、野菜、蘑菇及其他树叶。在南方的野猪，吃各种杂草、树芽、树枝、树根、果实和动物尸体，以及蚂蚁和昆虫等。庄稼成熟时，野猪常到田里盗食玉米、稻谷、山芋等作物。它没有一定进食时间，活动时到处寻食。野猪嗅觉和听觉敏锐，有声响立即逃跑。奔跑迅速，善于泅水。但遭遇敌人需自我防卫时却异常凶猛，尤以受伤孤猪，会向人和猎狗反扑。即使是虎、豹等猛兽，也不敢轻易向野猪下手。壮年的大雄猪尤为厉害，它的尖锐长牙能把对手的身体剖开。在繁殖季节，雄猪争斗相当激烈，甚至造成重伤。幼猪身上带有淡黄色的斑纹，在林地具有天然保护色作用。幼猪产后一周即能随母猪外出活动。

在鸟类中乌鸦由于其嘶哑的叫声和黑色的羽衣，不受欢迎，常遭人类迫害，却依旧生存下来。这取决于乌鸦的适应力强，而且群体组织很好，具有一定的智慧。虽然生殖率不比其他鸟类高，但它们能够尽量利用生活环境中几乎任何可吃的东西，如果实、谷类、蛋、昆虫、小鸟、蛙类、小型哺乳动物及腐尸都可以成为它们的大餐。乌鸦用它的智慧把水生贝壳动物摔破然后吃其肉。实际上乌鸦和喜鹊同科，对人类益大于害。我们应破除迷信，对乌鸦加以保护。

（陈　彬）

热带雨林中的动物

热带森林常年高温潮湿，雨量充沛又均匀，非常适合动植物的生长。植物一年之中任何时期都能开花结果，也为动物提供了丰富的食物。许多动物既是猎食者，也是被猎者。螳螂捕蝉，黄雀在后。各种动物之间形成一个复杂的食物链。

由于热带雨林的生态环境影响，许多动物在生理结构上发生一定变化，以适应森林环境。首先是个体变大。热带森林气温高而且变化不大，特别适合于昆虫和其他无脊椎动物生长。动物体内的新陈代谢率高，促使动物体型增大。如蝴蝶、飞蛾、竹节虫、蠡斯虫、蜻蜓、蜘蛛、蜈蚣等都比产于温带地区的同属品种大得多。许多昆虫一年内可繁殖几代。还有大青蛙、大蟾蜍、巨蛇和大蜥蜴等冷血动物。

其次，用特殊的鸣声求偶。许多蛙类在密林中由于视物困难，都用特有的鸣声求偶配对，如叶蛙鼓起气球似的喉囊向异性呼唤。

第三，眼睛位置前移。如东印度长鼻树蛇有个狭长的吻，眼睛生长于吻部，因此两眼视野重叠，产生两眼视觉效果，可有效正确判断树枝距离，提高捕获率。

第四，具滑翔能力。如飞蜥，这种身长 8 寸的动物，在林间展开它们的滑翔膜，能对准方向滑翔 20 多米。黑蹼树蛙，具有长的足趾和宽阔的趾蹼，活动时伸直足趾，张开趾蹼，能跃离树林，向下斜着滑翔约 15 米左右。飞壁虎长着有蹼的脚，身体四周有可折叠的皮肤，以帮助它滑翔，它的利爪和趾垫使它能在降落时随时抓住物体。

叶蛙的指端及趾端都生有吸垫，能牢固地附着在树叶的光滑叶面上。绿冠树蜥受惊时能在几秒内以惊人速度改变体色，变成深褐色，来迷惑敌人。有些两栖类能在森林地面潮湿的泥土上产卵而不是在水中产卵。

若干种蛇长着能缠树卷木的尾巴，能把树枝紧紧缠住，探身向前，去找另外一个附着点。绿皮蛇和竹叶青具很好的青绿色或条斑保护色，隐没在绿叶之中，袭击其他动物，用毒液很快杀死猎物。

森林中有些毒蛇毒性相当强，如泰国蝰，它的毒液就比韦氏竹叶青厉害得多，使人丧命。非洲树林里的加彭巨蝰毒牙长达一寸半，体形大，最毒。它身上的花纹在林中地面上草丛中能隐蔽伪装得很好，可静待伏击猎物。这种蛇卵胎生，一次能产出 50 多条小蛇，繁殖力很强。另外一些无毒的蟒蛇可吞食大猎物。

现在谈谈热带雨林中的鸟类。由于热带雨林中的植物构成不同的层次，生活在森林中的鸟类也分占不同的层次。在林冠顶上主要是几种飞得很快的猛禽。如常见的小隼，飞行速度快，凶猛，吃大型昆虫和小鸟。林鹫以蝙蝠、蜥蜴和鼠类为食。食猴鹫，主要捕食猴子，在树顶之上振翅高飞时一旦发现树上的猴子，即迅速捕杀。飞行迅速的雨燕，以林冠上的昆虫为食。小雨燕集大群在洞穴里营巢。这种鸟和蝙蝠一样，天生有一种回声定位系统，飞翔、转变、进洞穴都靠定位系统操纵。

犀鸟是林冠上层最大的禽鸟之一，用有力的长喙，可以啄食树枝上的果实和小动物。别看它的喙很大，似很重，实际它是由轻质的蜂巢状多孔纤维组成的，很轻，但坚固而有力。犀鸟的营巢繁殖方式很特殊，一旦产卵于树洞，雌鸟就留在洞内孵化，巢的洞口用泥土封住，雌鸟只留一个头和嘴在洞口外，由雄鸟捕食喂养它。待到幼鸟出壳能活动，封口的泥土破裂，雌鸟和幼鸟才出巢。这种营巢方式能有效防止猴或蛇类捕食其幼鸟或蛋。

另外有一奇特现象，树林中往往有十多种不同食虫鸟类 40 只左右，集群在树林里飞翔，保持一定高度，各自捕食自己喜欢吃的昆虫，组成所谓“鸟军队”。

森林中，地上禽鸟种类很多，主要有原鸡和各类雉，雄性原鸡生性好斗，地域性很强，每天都要在自己领地昂首阔步巡视，看见外来者就会仰首啼叫，还会用有距的腿奋勇搏斗。还有各种雉鸡如环颈雉、白腹锦鸡、白鹇等。而最有名的是孔雀，雄性孔雀求偶表示会开屏，即展示华丽的尾羽。但孔雀是胆小的鸟类，遇有危险就逃走躲藏。

南美洲的热带森林中有一些独特的鸟类如蜂鸟，能展开双翼悬空逗留。蜂鸟的翅膀能每秒拍打 80 多次。飞行快速的蜂鸟，甚至可以倒退飞行。最稀奇的是爪羽鸡，幼鸟的翅上生有小爪，能在树丛中攀援，这也证明鸟是由爬行类动物演化而来。

在澳洲和新几内亚有美丽的极乐鸟，求偶时会在树上表现夸耀自己美丽的羽毛。雄园丁鸟会收集金属材料装饰自己的巢，来吸引雌鸟。

（陈　彬）

潮湿炎热环境中的植物

热带森林没有明显的季节变化。全年气候炎热、潮湿、多雨。任何时候植物都能生长、开花、结实。在那茂密的森林中长着一些特殊的植物，如有的植物生有“气根”，有的树干开花，一种植物生长在另一种植物之上等，这些都是很普遍的现象。这里有攀缘植物、缠绞植物、寄生植物、气生植物等等，呈现可谓千姿百态。

我们首先介绍一下具有“气根”的红树林。所谓红树林，并不是指某一个树种，而是热带海岸边泥泞的潮间带的一种常绿阔叶林，它的成员都是红树科的植物。全世界的红树林共 23 科 81 种，我国有 16 科 29 种，主要是红海榄、木榄、海莲、白骨埌等品种。热带地区常见的棕榈科、使君子科、海桑科、紫金牛科、梧桐科等植物伴生其间。

生长在秘鲁沙漠中的一种凤梨科植物能从海岸的浓雾中摄取和保存水分

在世界范围内，红树林生长在热带海湾滩涂上，分布中心在赤道附近，并延伸到亚洲地区，我国的广东、广西、台湾、海南岛、福建及浙江沿海地带都有生长。红树林显示出惊人的适应能力，能在极为恶劣的环境中生存下来。在潮湿的淤泥中生长的根是不能吸取氧气的，但它有许多地上根即“气根”，能从空气中吸取氧气。这些气根有粗大的皮孔，便于通气，而且再生能力很强。地上根和地下根系可以互相交换气体，使植株不会因陷于污泥中缺氧而窒息。这是生物在自然界里生存竞争中适应环境的又一表现。

红树林的植株相对比较矮小，大多为灌木林和小乔木，根生得深而且分布广，可增强抗风力。红树林的叶片有排盐线，具有脱盐生理功能，从海水中吸收营养物质时能排出多余的盐分，保持植物体内水分的平衡。所以它有“植物海水淡化器”之称。

红树林还有一个令人惊讶的本能，那就是它们的种子是“胎生”的。由于长期受潮水的冲洗和台风的袭击，种子难得有稳定的萌芽环境，于是它的繁殖方式也发生了独特的变化。它们的种子在尚未脱离母体时，便在果实中萌芽，生长成约13～30厘米的绿色胚轴，这些小棒状的胚轴挂在树上。发育到一定程度，瓜熟蒂落，胚轴便借助自身的重力作用，插入淤泥之中，几个小时后就可稳固住，下次潮水来时就冲不走了；也能确保种子萌生幼苗时能透过大量的根系茁壮成长。如果种子落在潮水中，由于胚轴中有气道，种子比海水轻，就可以随水漂流，到远处的岸滩上扎根。

热带雨林中有许多攀缘植物，如名为猴绳的藤本植物，形成一个个大环，挂在树冠之间。在林中空旷地和河边，藤本植物很茂盛，若有阳光，生长得更繁茂。

缠绞植物的种子落在大树桠叉发芽生长。这种植物向下生根入土，根缠住宿主树枝干，迟早会把宿主树缠死。宿主树腐烂后，剩下的缠绞植物就像一棵空心树。如缠绞榕是非洲、南亚和澳洲最常见的缠绞植物，靠别的植物扶持生长，最后把宿主树弄死，变成自立的树，可能长得比当初的宿主树还要大。

雨林中有两类寄生植物，一种是在地面生长的根寄生植物，另一种是生长在树上的半寄生植物。根寄生植物中最壮观的，是马来西亚的大花草，长出的花朵又大又艳丽。这种植物穿进藤本植物的根中吸取液汁维生。半寄生植物属于桑寄生科，只从宿主树吸收部分养分，其余靠光合作用自行制造养分。

气生植物需要较多阳光，取得阳光的方法是附生在高树上，从裂隙里的腐殖质中吸收养分。气生植物演化出许多种储存水分的方法。如有些气生植物的根部有海绵组织；鹿角蕨则在叶上积聚保存水分的腐殖质。还有些气生植物有悬垂根，从潮湿的空气中吸收水分。气生植物为藻类、地衣、苔藓及蚂蚁、水生小昆虫提供了栖息与生长场所。

雨林中有些植物的花朵盛开在粗大的树干上，如马来亚的番荔枝，是一种茎生花类植物。它的花朵从粗枝和树干上开出来。

马来亚的番荔枝的花朵从粗干和树枝上开出

许多种树的根在树干基部，形成三角形的扩基组织，把那些很高但往往很瘦的树干牢牢固定在大地上。这种树向上直冲百多尺，完全不生旁枝，直至近树冠处才长出枝叶，树干又圆又滑，似一件完美的工艺品。

热带雨林是人类的宝库，保护森林刻不容缓。

（陈　彬）

落叶阔林生物群

温带夏绿阔叶林生物群，又称落叶阔林生物群。主要分布在北美洲东部大西洋沿岸；西欧和中欧海洋性气候区；亚洲东部，包括中国、朝鲜和日本。南半球夏绿林生物群很少，只见于南美洲巴塔哥尼亚地区。气候四季分明，夏热多雨、冬寒干燥。最热月平均温度 13 ℃～23 ℃，最冷月平均温度零下 6 ℃，降水量约 500～1 000 毫米。而且全年分布均匀。冬季较短，但寒冷程度依然足以影响植物的生长及生理过程。树木落叶休眠过冬。落叶腐烂沉积，形成腐植质丰富的土壤，使不少植物得以生长茂盛。

植物群组成以落叶乔木为主，其中有大叶片的，如山毛榉属、栲属，小叶片的如桦属、杨属、赤杨属、柳属等。这些树叶质地较薄，非革质硬叶，通常无茸毛、鲜绿色，但叶子构造脆弱，易受冰霜和干燥的寒风摧残。树干和树枝有较厚的皮层保护，芽具坚实的芽鳞，并常受树脂保护。秋天到了，树叶便落下来。树木生长几乎完全停止，全靠贮藏在根、干和枝里的养料维持生存。植物群落结构简单清晰，通长乔木 1～2 层，由一种或几种树组成，树冠高度基本相同。乔木层下有灌木层和 1～3 个草本层。林中藤本植物不发达，附生植物以苔藓和地衣为主。

雄赤鹿发出警告的鸣声

生物群的季相变化非常明显，春季树木发芽出叶、林下喜湿植物迅速抽叶开花，昆虫苏醒，鸟类活跃，动物种类，数量逐渐增加。夏季树木一片鲜绿，动物大都进入繁殖时期。秋季树木开始落叶，草本植物逐渐枯萎，结束了一年的生活期，但真菌从潮湿地面或树干上长出子实体，供应大大小小许多动物各种丰富的食物。真菌的孢子和地下细丝，是泥土中无脊椎动物的食物。在秋天里，动物种类，数量

番茄树上的天蛾幼虫

逐渐减少，鸟类大都南迁，昆虫和某些兽类准备冬眠，或贮藏食物以备越冬之用。冬季树木全部落叶，草本植物地上部分枯萎，多以根茎、鳞茎、块茎的形式隐藏于土壤中，动物活动减少，大部分进入冬眠状态。

落叶阔叶林中的动物群种类比较丰富，树栖食虫鸟类，尤其是夏候鸟较多。如燕子、柳莺、鹟、鸫、树莺。经年栖居在森林的鸟类，春、夏、秋吃昆虫，到了冬季改吃植物种子。另外有些食肉性的鸟类如燕隼，捕杀小型鸟类和昆虫，灰林鸮在夜间寂然无声捕杀啮齿动物和鱼、蛙和昆虫。

在落叶阔林中有许多大大小小食草和食肉的哺乳动物如赤鹿、梅花鹿、狍子、欧洲野牛、白尾鹿等食草动物，赤鹿几乎吃所有的落叶树的叶子，地上的青草、苔草、真菌也吃。狍以吃树叶为生。白尾鹿是北美洲数量最多的，分布在林区最广的一种鹿。梅花鹿住在森林深处，曾一度遍布远东各地，但现在只产于中国东北、朝鲜和日本。野生种群越来越少，人工驯养的较多。欧洲野牛是躯体庞大的食草动物，现在波兰和前苏联边界的毕亚罗维查森林中有残存半野生种群，幸免于灭绝。它吃橡树、榆树、柳树及其他树木的叶子，很少吃草。冬天吃橡实、石南等灌木。还有主要吃素的野猪。

食肉的兽类有林猫、狸、赤狐，獾等。赤狐是分布最广的小型哺乳类动物，住在冻原、针叶树林、落叶树林、干草原及山区、农地等处。赤狐夜间潜行猎食，几乎什么东西都吃。它们吃田鼠和鼷鼠为主，也吃大昆虫、腐尸、鱼类、青草、浆果等，夏天吃禽鸟和鸟蛋。欧林猫酷似巨大的家猫，皮毛黄灰有黑纹。昼伏夜出、猎食小哺乳动物、鸟类、青蛙、鱼等。美洲野猫喜欢独来独往，夜间猎食，以家兔和野兔为主。北美洲的浣熊日常吃果实、坚果、种子、昆虫及蛋，亦擅长用爪在水中捕食淡水小龙虾及别的水生动物，是杂食性兽类。欧亚大陆的獾，是一种结实的鼬鼠科动物，外貌像小熊，能够用强健的前足把青蛙、蟾蜍、蜗牛、鼷鼠等猎物踩死，也会用足捣烂蜂巢，翻土觅食各种幼虫和蠕虫，挖掘洞穴和地道，行洞穴生活，并性喜清洁，经常替换穴中垫草。

（陈　彬）

寒冷林地的生物群

唯有耐寒的针叶树和几种阔叶树，才可以在北方林地那种经常天寒地冻的气候恶劣环境中生存。这个地带被称为寒温带针叶林生物群，又称泰加林生物群，主要分布在北半球亚欧大陆北部和北美洲北部。气候夏季温凉，冬季严寒。最热月平均温度 10 ℃～19 ℃，最冷月平均温度零下 10 至零下 20 ℃，年降水量 300～600 毫米。生长期很短，在雪被不厚的地方常有很厚的冻土层。

我国的寒温带针叶林带主要分布在最北部，包括东北北部(大兴安岭和小兴安岭北部)及新疆最北部(阿尔泰山区)。均属于横贯欧亚大陆寒温带的南部边缘地带，森林茂密，是我国的著名林区。

泰加林主要由耐寒的针叶乔木组成，适应寒冷、干燥或潮湿的气候。根据群落特征分为明针叶林和暗针叶林两大类。明针叶林主要由松和落叶松组成，树种喜阳，林木稀疏，林内明亮，树冠近圆形。暗针叶林主要由云杉和冷杉组成，树种喜阴，林木郁闭，林内阴暗潮湿，树冠呈圆锥形或尖塔形。群落结构简单，乔木层常由 1～2 个树种组成，林下有灌木层、草本层和苔藓层。我国大兴安岭森林以兴安落叶松为主，常与多种桦树、山杨和蒙古栎、某落叶树及樟子松混生，林下灌木丛以杜鹃最多。小兴安岭北部是以红松为主的针阔混交林。

北方树林之夏

针叶林中动物种类贫乏，以耐寒性和广适应性种类占优势。主要集中在地面层和树冠层。森林中，掩蔽条件良好，但食料比较单纯，阔叶树的枝叶、林下草本和地衣、真菌等低等植物为动物的主要食料。针叶树适应干燥而又寒冷的环境。针叶树不像落叶的阔叶树那样在秋季把叶落光，整个冬季都保留本身的针叶，使珍贵的养料不会随落叶丧失，到初春时又可以立刻开始生长。针状叶的表皮很厚，所以在结霜或天旱时，能尽量减少因蒸发而丧失的水分。针叶树所产的树脂，也助长生机。如果树枝因冰雪压力太大而折断，就流出树脂封住断面，使致病的细菌或真菌不能乘虚而入。如西伯利亚是针叶树林地带中最寒冷的地区之一，而且区内的风既干燥又易使水分蒸发。这里生长的树木，以落叶松为主。这种树能在极端恶劣的环境中，落叶休眠，以保生机。

针叶林的动物，大型的有蹄类以驼鹿、马鹿、麝、狍和野猪最为普通。其中驼鹿是在大小兴安岭北部的优势种，多栖息于混有杨、桦等阔叶树的林缘和林间，主要以杨、榆等嫩枝叶为食，结群生活。有蹄类在针叶林的觅食和休息场所，随季节而变化。冬日的不冻泉和夏季的盐咸沼泽是它们饮水和舐盐的聚集中心。

小型兽啮齿类中的优势种或常见种，首推树栖的松鼠、半树栖的花鼠和地栖的大林姬鼠及小飞鼠等。松鼠是针叶林带中最大宗的毛皮兽，它的数量每 2～3 年繁盛一次，恰好与松子的大熟相适应，但亦会因缺粮而大量迁徙。

食肉类中的黄鼬、香鼬、艾鼬、狐、狼、棕熊、水獭、狗獾等均甚普遍，以黄鼬占优势。近年来紫貂的数量也有所增加。猞猁和熊貂是针叶林带典型的中型猛兽，捕食啮齿类动物。

针叶林的鸟类，以榛鸡、细嘴松鸡和黑琴鸡等为典型。冬季均能适应寒冷的雪野生活。在雪中挖穴而匿或雪后集群活动。均为重要的狩猎对象。此外，松鸦、星鸦、黄眉、柳莺、普通鳾、三趾啄木鸟、黑啄木鸟、小斑啄木鸟和松雀鹰，均为林中常见的种类。水域中有绿翅鸭、赤麻鸭、灰雁、翘鼻麻鸭等，均在此繁殖。

爬行类中，胎生蜥蜴及棕黑锦蛇是比较典型的种类。蝮蛇和红点锦蛇分布较广。

两栖类较少，主要有铃蟾、雨蛙、林蛙等。

许多以树木为食的昆虫，如大松象、甲虫专吃针叶树嫩枝的芽和树皮。

针叶林中针叶树的种子产量有周期性变化，受天气变化和从吃种子的鸟兽数量多少可看出松子果的产量变化。动物种群量的变化都依循相当固定的规律。如野兔种群量十年左右出现一个周期性变化，由多变少或相反。冬季食物缺少时，各种动物多半吃某一种食物，避免互相争食，如水獭靠吃早在秋天就贮藏起来的枯树皮；松鸡专吃针叶；鹿则主要在灌木丛中找食物，互不干扰。

（陈　彬）

寒带苔原生物群

寒带苔原生物群又称冻原生物群，广泛分布在北半球，占据亚欧大陆和北美洲的最北部及其邻近的岛屿。南半球苔原面积很小，仅分布在南美洲南端的马尔维纳斯群岛、南乔治亚群岛和南奥克尼群岛等地。气候冬季漫长而严寒，夏季短促而凉爽。7 月平均温度 10～14 ℃，冬季最低温度可达零下 55 ℃。年降水量 200～300 毫米，主要集中在夏季。植物生长期平均 2—3 个月。光照条件特殊，有永昼、永夜现象。土壤温度很低，通常有 40～200 厘米深的永冻层，常引起土壤沼泽化。

生物群一般特征：苔原是无林地带，植物群落由藓类、地衣、小灌木、矮灌木及多年生草本植物所组成。植物种数约 100～200 种，近南部地区可达 400～500 种。代表性的是杜鹃花科、杨柳科、莎草科、禾本科、毛茛科、十字花科、蔷薇科和菊科植物。

永久冻土对植物生长有几种重要的影响。表冰融化后的经流、灌溉植物。在某些地方，由于永久冻土阻水下渗，融水积成很大的沼泽。北极植物的根扎得不深，因为永久冻土阻挡，根无法向下生长。冻原土壤和植物吸收了太阳热以后，把部分热量散发到周围。因此，表土和生长中植物周围的空气，可能比离地面几尺的地方温暖 15 ℃左右。这种地平面微气候，使北极植物在气候依然寒冷的季节也能开始生长，如北极野罂粟花茎上长着保暖的纤毛。铺地石竹紧紧贴地生长，像个垫子。这些植物给北极之春平添秀色。极地植物只在白昼极长的情况下才能开花结实，在温带则不结种子。所有的植物都是多年生植物。如一年生植物，遇到严寒，种子不能萌芽，该植物就绝种了。有些植物不用种子繁殖，而用长匐茎或由风传播的小球茎进行繁殖。这里的植物生长速度非常缓慢。高度只有几寸，茎只有一寸的灌木，年龄可能已高达百年了。

植物群落结构简单、层次少而不明显，通常可分 1～2 层，即小灌木、矮灌木层和苔藓地衣层。多年生常绿植物如矮桧、越桔、喇叭花、岩高兰等；匍匐型和垫状植物有极柳、弯桦和高山葶苈等。耐寒性强，如北极辣根菜的花和幼小果实，如冬季被冻，到春季解冻后可继续发育。驯鹿苔藓是驯鹿的主食，在地衣中最突出。

冻土苔原地区的动物有哺乳类旅鼠、雪兔、北极狐、驯鹿、麝牛、白鼬、狼等。

阿拉斯加的夏景

狼不冬眠，也绝少贮藏植物。它们所以能在极地生存，全靠有良好的群居组织。一年到头，狼不停寻找驯鹿和麝牛，拣其中老弱病残者扑杀果腹。麝牛魁梧有力，生有一对弯角，当者披靡，不畏任何天敌。一旦遭狼击，牛群围成一个圆阵、垂下双角，保护圆中幼牛，双角钩住狼后，把狼举起抛向后方，由牛群踏死。北极狐猎物少时，就吃腐肉。冬季毛色变白。旅鼠的种群数量有周期性变化，每三至四年重复一次。所谓旅鼠集体自杀，原是由于数量剧增，食物短缺，为找食物大量迁移过程中，结成成千上万只大群，争先恐后，遇到江河，也勇往直前，不幸大批投江而死，仅余少数在新地定居。雪兔和北极兔的毛色冬季变白，并挖洞在雪下过冬，免遭天敌捕食。驯鹿当冬天来临，食物缺少时，就大批集群迁移到针叶林带觅食过冬。

最能适应北极区环境的两种鸟是柳雷鸟和岩雷鸟。这两种鸟的脚和趾都长有羽毛，更能防寒，岩雷鸟的羽毛，随季节换毛三次，是有力的保护色。雪鸮除捕食雷鸟外，还捕食旅鼠。许多小鸟，如云雀、黄胸鹀、麦鹟等在北极区营巢繁殖，冬季南迁。春天来临，大地复苏生趣盎然引来许多水鸟，特别是雁、鸭类，天鹅等在此营巢繁殖，这些鸟都能游泳，体羽绒毛保暖性强，在冻原上无数的大小池沼中觅食。黑喉潜鸟、白嘴潜鸟都在湖边繁殖，可潜水一分钟之久，在水下捕食鱼、蛙、软体动物、甲壳类和水生昆虫。许多种涉禽和金鸻、杓鹬等，在岸边或浅水中走来走去，啄食泥中的昆虫、鱼、虾。这种生气勃勃的景象，在北极地区短暂的开花季节时出现。到湖水再结冰，冬季来临时，禽鸟又南飞了。

总的来说，苔原动物耐寒力很强，皮下脂肪厚，体毛绒密而长，许多种类在冬季毛色变白，和环境雪地一致如雷鸟、兔、北极狐等。动物群季节变化比较明显。动物无冬眠和贮粮现象。夏季昼长，日强烈，招引许多夏候鸟来此营巢繁殖，如雁鸭类和鹬鸻类。苔原地区无爬行类和两栖类，昆虫种类也很少，但特有的双翅目昆虫，数量十分惊人。

（陈　彬）

高山生物群

高山生物群分布于高山带，界于雪线与山地森林上限之间。由耐寒、耐旱及适应冰雪的种类组成各种植被类型。主要有高山苔原、亚高山草甸和高山草甸、亚高山灌丛和高山灌丛、高山座垫植被、高山草原、高山荒漠、高山稀疏植丛及高山沼泽等基本类型。

在树木生长线以上，大都是先有灌木及矮树地带，那些矮树是当地树木的小型品种，上面布满苔藓。再上去是高山式草原，兼有冻原植被。紧接雪线之下，就是没有永久积雪的植被地带，有一些耐寒的开花植物生长，而岩石上则覆盖一层层的地衣。在喜马拉雅山脉树木生长线以上，除有这三个植被地带外，还有一个风成地带。在这里，有机岩层由风从下面的平原送上来，维持微小植物及吃腐肉的昆虫成长。大多数高山植物很矮小，属多年生植物，可是每年只有很短的季节适合生长。植物逐年渐渐长大，到完全长成后，还要有足够的能源及养料，才可以繁殖。并且山上植物的品种，有的不能进行种子的有性繁殖，利用其他方法繁殖如垂头虎耳草，在茎与叶的节间长出小芽，这些珠芽掉在地上，冬天时藏在雪下，到来年的春天长出新植物。一些品种不用受精也能产生种子，如山毛茛。其他植物的种子，在仍然附着母体植物时也能萌芽，如高原早熟禾等。

有些高山植物受本身丰富的细胞液保护，不怕冻坏。细胞液有防冻作用，把植物冻死的临界点降低。有的植物靠保存热能来维生，如无茎麦瓶草生在一团浓密的草茎包围中，成团的草茎形成一个微气候，那里的气温可能比周围的环境高出 10 ℃多度。有的植物本身可把碳水化合物变成热能，从芽向外散发而化雪。

牦牛是耐寒的动物

高山动物种类贫乏，仅有一些特别适应寒冷与大风等严酷条件的动物。如善于攀登陡崖的岩羊、盘羊和生活于冰碛物中的鼠

兔以及适应高山生活的雪豹。在高山上生活的大型哺乳动物，多半是吃素的。由于猎物少，所以真正的食肉兽只有少数几种，如美洲狮、狼、雪豹和肯亚山上的豹。熊很少见，并且它是杂食性的，浆果、苔藓、蚂蚁、鱼等均吃。牦毛是山上唯一的牛科动物，擅长攀山。在亚洲及非洲高山生活的动物有几种鹿和羚羊；在安第斯山中，有骆驼科的代表骆马、原驼，以及被驯养的美洲驼和羊驼。雪豹是唯一真正的高山猫科动物，产于喜马拉雅山脉和蒙古的阿尔泰山脉，海拔二万米高处也有它们的足迹，发育健壮。白天走出洞穴，在广阔区域内捕猎幼牦牛、绵羊、山羊及小哺乳动物。它靠潜近猎物后才动手。牦牛皮毛浓密蓬松，使它在零下四十度左右的严寒中仍能生存，以植物为食，缺食时就以苔藓和地衣维生，并吃雪取水。牦牛外表笨重，但攀山时动作敏捷、脚步稳健。遇到天敌狼、雪豹时，牦牛群就围成一个圆圈，牛角向外，勇敢斗敌，保护圈内的幼牦牛。另外有脚步极其矫健，在悬崖岩石之间跳跃自如的盘羊，山羊，它们身披浓毛，厚皮和数层脂肪，足以抵抗山间严寒。石山羊又粗又短的腿和细小的蹄，在看来似乎走不通的山崖上也能择路而行。这些动物居住之处，大多数天敌无法到达。

小型哺乳动物如啮齿动物在高山上相对比较多一些。如土拨鼠和黄鼠遍布北美洲和欧亚大陆的高山地带，欧洲的雪田鼠和沼地鼠，都可以在肯亚山树木生长线以上见到。它们有钻洞，贮存食物过冬的习性或冬眠。另外一些动物如鹿、绵羊等在冬季迁移到较低地方过冬。

高山上的鸟类必须应付狂烈的风。食肉鸟类一般体型较大，有足够气力在强风中飞行。有些栖木鸟则绝少飞行，尽量接近地面避过风力。它们的双足能抓紧岩面。髯兀鹫是最善飞翔的食肉鸟之一，能飞三万多尺高空。在非洲的山上，靠吃腐肉维生。产于欧亚和北美的金鹫常从岩突的栖息地飞到远方捕食小型兽类。山上的树栖鸟类有黄嘴山鸦、红翅旋壁雀、岩鹨等。分布在欧亚和北非的高山上。山鸦以二、三十只成群活动，捕食蠕虫和昆虫。它们会把多余的食物贮在岩隙间以备日后之用。西藏雪鸡于夏季可分布在海拔 6 000 米左右白阳冰川间的小片草地上。一种冰蚯蚓生活在冰川冰隙中。由蜘蛛和小昆虫组成的特殊小动物群，生活在雪地或岩屑中，它们以风吹来的有机残体作为营养源。如有泥土的高山之处，就会有一个复杂的动物群落，内有螨、蛄和其他甲虫，以跃尾虫为食。住在泥土中的昆虫都会钻洞。

高山昆虫积极摄取养料的时间，只限于六至八周的短暂夏季里。有些品种的全部进食时间，全年只有几个钟头而已。海拔越高，食物供应越少，动物品种也越少。

（陈　彬）

水生生物群的生态

生物起源于水中，水是生物体的主要成份，是进行一切生命活动过程的生理要素，也是一切水生生物的生活环境，没有水就没有生命。植物体都含有60～80%的水分，多者达90%以上。动物体含水量一般也在75%以上。

水是一种溶剂，生物体内一切生物化学过程必须在水中进行。植物有关营养物质的吸收、运输、光合，呼吸作用的进行和细胞内一系列的生化过程都必须有水参加。水是动物、植物生活所必需的无机盐类的载体。水生生物的整个生命过程大都在水中进行，因而水体的理化性质对水生生物具有极其重要的意义。

水生生物分布非常广泛。海水里有，淡水里也有，并且在广大的水域中种类非常相似。比如，许多原生动物、淡水软体动物、枝角类和水生昆虫等，都是世界性分布；植物中的许多种类，如眼子菜、芦苇、泽泻、香蒲、浮萍、金鱼藻以及许多细菌、真菌和浮游藻类等，也都出现在淡水环境中。但是，由于各种水体以及同一水体内各个部分、理化条件、光照条件并不完全一致，因而出现了多种多样的生活环境，水生生物与此相适应，则形成不同的生态类群。

漂浮生物：生活在水面上生物的总称。在淡水中常见的漂浮植物有浮萍、槐叶萍、满江红、凤眼莲等，它们是自养生物，能进行光合作用。淡水中典型的漂浮动物是黾蝽，海洋中是僧帽水母，帆水母等。

浮游生物：生活在水体表层，大多数体形微小、肉眼看不见。常借助水流、波浪或水的环流在水中游动。种类复杂、分布广泛，海洋、河流、湖泊、池塘到处都有。浮游植物常见的有硅藻、甲藻、金藻、黄藻、绿藻和芸藻等，它们属自养生物，是水生生物中最重要的初级生产者。浮游动物是异养生物，常见的有原生动物轮虫、枝角类、桡足类、水母和箭虫等，它们是鱼类、贝类、虾类的主要食物。

自游生物：主要指在水中能够游泳的动物，它们都具有发达的运动器官和很强的游泳能力。种类很多，淡水中主要有鱼类、虾类，海洋中除了鱼类、虾类以外，还有软体动物乌贼、章鱼，以及脊椎动物中的鲸类、海豚、海牛、海龟、海蛇等。它们是水生生态系统中的主要消费者，多系食物链的上部环节，是重要的水产资源。

底栖生物：指栖息在水底，但又不能长时间在水中游动的生物。底栖

潜水的小食肉动物

植物主要是水生高等植物和附生藻类，多分布于湖泊与沼泽中。底栖动物种类很多，包括各门动物的代表，如原生动物、海绵动物、腔肠动物、扁形动物、环节动物、节肢动物、软体动物、棘皮动物和脊索动物。它们生活方式多种多样，有的在水中匍匐爬行，如鲛鳙、海星；有的固着在水底岩石上，如藤壶、牡蛎；有的埋进水底泥沙中，如沙蚕、蛤蛏、泥蚶、文昌鱼等；还有的钻进水底岩石或木材中生活，如海笋、凿穴蛤、钻蚀海胆、船蛆等。

如果我们单从水生植物的生态类群来讨论，那些植物体或多或少沉浸于水中，根据沉水程度可分为沉水植物，即植物体完全沉没在水中，有些仅在花期把花伸出水面。如眼子菜、苔草、狐尾藻、金鱼藻等。如果植物体浮在水面上，其中一些根着生在水底泥土中，如萍蓬草；有一些完全漂浮，如萍草、满江红等称为浮水植物。有些植物体下部沉没于水中，上部露出在水面上，如睡莲、香蒲、芦苇等，称为挺水植物。

水域中各类生物往往是重要的水产资源，具有重大的经济价值。动物如无脊椎动物中的腔肠动物、软体动物(河蚌、乌贼、贝类)、节肢动物的虾、蟹、棘皮动物海参；脊椎动物的鱼纲中各类鱼、两栖纲中蛙、鲵、爬行纲中龟、鳖、鳄、哺乳纲中鲸、海豚、海豹等都是重要的资源，是供应人类蛋白质的重要来源之一。

世界水产资源十分丰富，仅鱼类就达 11 000 余种。我国水产资源极为丰富，几个大海域大陆架广阔、饵料充足，是多种水生动植物的良好繁殖生长场所，仅鱼类就有 200 多种；我国内陆水面约 4 亿亩左右，生长着 2 000多种鱼类，经济鱼类有四五十种，其中青、草、鲢、鳙是四种特产经济鱼类。所以水产资源的开发具有很大的潜力。

(陈　彬)

内陆水域生物群

内陆水域包括河流、溪泉等流水水体和湖泊、池塘、水库、沼泽等静水水体。

河流中的生物群：河流是流水的水体，上下游差异很大。河流上游及类似上游的溪间，底部由大小岩块和砾石组成，水流清澈，泥沙和有机物质较少，溶解氧含量高，流速大。很少有永久着根的水生植物，只有刚毛藻、丝藻等固着在岩石上，硅藻数量很多。动物多生活在岩石或砾石间空隙中，水生昆虫、蚋的幼虫数量很多，其次是蜻蜓、蜉蝣等幼虫，鱼类多属小型冷水鱼或善于游泳如河鳟。别的鱼靠着腹下的吸盘，附着石上或沿着石面缓慢移动。有些鱼在河床上挖个凹处产卵，或像河鳟那样把卵产在砾石堆里埋起来。还有些鱼产下有粘性的卵，粘在石上就不会被水流冲走。

急流中的无脊椎动物，长着有力的爪和吸盘，体型是扁平的。有些幼虫在化蛹时就吐丝，还用沙粒或小石压稳卵，免被水流冲走。山溪间的动物吃两岸掉下来的有机物，或捕食别的动物维生。有些动物结网来捕取食物。

山溪汇成河后，虽然已有泥沙沉积，但是水流仍然很急。有泥沙淤积之处，漂浮毛莨、黑三棱等植物就长起来。江河上游的水温比山溪急流中的水高，但含氧仍很充足。这里就有一些适应水温较高的鱼类。环境条件改善，使动物多起来。增加了蜻蜓若虫、腹足类软体动物、贻贝等。无脊椎动物的增多，加上更多的植物物质，使这里生长的鱼类有更多的食料吃。河流下游河床宽、水深、比降小、水流平缓，水中有机物质含量

欧洲林蛙产的卵布满池塘

多、河水浑浊,光线透入浅,河底粉沙或淤泥较多,水温比上游高。在岸边、河滩、湖汊、池沼多或水流分支杂乱处,着根水生植物较多。如眼子菜、藨草、水葱、芦苇等。水中浮游生物量较多。底栖动物有穴居的蠕虫和蚊类的幼虫、有时还有甲壳类、螺类和其他软体动物。自游生物主要是鱼类,其中鲤、鲫、鲶、狗鱼较多。在北美洲各河流里,主要的鱼类有亚口鱼、鲶、园鳍雅罗鱼等。吃肉的鱼类如狼鲈、河鲈、鳗鲡等,也很普遍。在河流的边缘生长着沉水植物和浮水植物,供给鱼类产卵地,同时也使鱼苗栖身和取食。

江河到了平坦的低地通常宽阔了,两岸有茂密的植物,使动物有更多的食料可吃。河流往往有很多大湾,河水因含有机物而呈污浊。水温升高,水流缓慢,使浮游生物也能生长。在河水流入大海的河湾,河水含有盐分。出现了咸淡水都能生活的鱼类,例如刺鱼。

湖泊中的生物群:湖泊是静水水体,通常分为沿岸带和深水区,其中的生物相应地表现出水平分带和垂直分层的特征。

水平分带:沿岸带不同的水区,由于水深、光照等条件的不同,形成有不同的生物群。由湖岸向深水区分为挺水植物带、浮水植物带和沉水植物带。挺水植物带湖水较浅,植物体下部沉没于水中,上部露出水面,如睡莲、香蒲、芦苇等。浮游藻类和自游动物很丰富。浮水植物带水深增大,出现萍蓬草、浮萍、满江红、浮叶眼子菜等植物,它们的根着生在水底或在水中漂浮,而叶、茎、花浮在水面上。沉水植物区湖水较深,出现苦草、眼子菜、狐尾藻、金鱼藻等。植物体完全沉没在水中,根扎在底部,少数种类将花露出水面。在浮水植物带和沉水植物带中,生活着浮游植物、浮游动物和某些鱼类。

湖泊的岸边是生物繁殖的区域,有根的植物给许多的扁虫、环节虫、软体动物、甲壳动物、昆虫及其幼虫提供栖息场所和食料。湖水越深、植物食料越少,动物也就少了。湖底的软泥和植物残骸中,多半住有昆虫的幼虫、若干腹足类软体动物、许多环节虫等。

在开阔水面漂浮的微细动植物,叫做浮游生物,浮游植物以藻类为主,如硅藻、兰藻。湖中食料的循环也有一定的规则,植物依靠水中养料而生长,动物吃了植物,把植物组织变成动物自身组织。食肉动物吃掉食草动物,而这些食肉动物本身死亡后,细菌把它们的尸体分解,又变成简单的无机化合物和有机化合物,再供植物吸收。

(陈　彬)

海洋生物群

海洋生物十分丰富,特别是动物,从简单的原生动物到复杂的哺乳动物,几乎所有的门类,在海洋里都有其代表。植物主要是浮游植物和藻类。海洋里有丰富的生物资源和巨大的物质潜力,但目前人类从海洋里取得的食物还不到我们需要的2%。海洋环境通常分为三个生态带:沿岸带、大洋带和深海带。

沿岸带,又称浅海带,包括从海岸线开始到水深200米左右的大陆架及其上面的水域。光线充足,海水温度与盐度变化较大,水的运动显著,有波浪和潮汐的影响,具有基底,生物种类最丰富。浮游植物主要是硅藻,水底植物主要是石莼、海带、紫菜和石花菜等。浮游动物以涡鞭毛虫类为最普遍,主要分布于亚热带,热带及赤道水域中,其次有桡足类、水母等,自游动物种类不少,主要是各种虾类和鱼类。底栖动物十分丰富,根据基质特点,分硬质底栖动物和软质底栖动物。硬质底栖动物以营固着生活方式的动物为主,如海绵动物,腔肠动物海葵、珊瑚,软体动物牡蛎和贻贝,节肢动物藤壶,棘皮动物海胆、海百合和脊索动物海鞘等。此外,还有营钻蚀生活方式的动物,如某些软体动物、甲壳类、蠕虫、海胆等。软质底栖动物主要是一些穴居生活的种类,如软体动物蛤蜊、蛏,甲壳类虾、蟹,棘皮动物海胆、海参、蛇尾以及腔肠动物海葵等。还有一些短距离游泳和爬行的动物,某些蛇类、鱼类、海星、虾、蟹、以及蛤、蛏等。

生活在沿岸带的动植物要有适应潮水涨退所引起的温度和化学成分的急剧变化,在潮涨的时候,它们要抵受得住波浪的冲击,而在退潮的时候,又要经得起风吹日晒,和不同光度、热度和盐度。一则增强生理的抵抗力,或迅速避过恶劣的环境如潮退后,避到黑暗潮湿的石缝里便是一个例子。如鳚就藏在岩缝里,水草下或阴影里,使身体和鳃保持湿润。为抢住一个岩岸掩护较佳的地方,竞争非常剧烈。住在一个岩隙里的动物群,可能有海绵、海葵、水螅虫、海胆、星鱼、贻贝、蛾、牡蛎、石鳖、蝦、龙蝦、藤壶、海毛虫、鳚等。最能适应岩岸的动物是藤壶。它有可以保留水分的外壳,和壳孔盖,这样就不怕海浪冲击,潮涨时,壳孔盖打开,伸出六对蔓脚,拨动海水,捕食微细的浮游动物。

大洋带:又称开阔外海带,包括沿岸常范围以外的大洋全部上层水域,其下限以阳光透入的最大深度为界,一般为200～400米。大洋的生

章鱼

态条件比沿岸带单一，光线充足，水温较高，盐分高而变化小，营养成分不太丰富，缺乏基底和隐蔽条件。植物全属藻类，以硅藻为最多，分布在水面下几十米处。动物主要是浮游动物和自游动物，如原生动物有孔虫和放射虫、甲壳类磷虾及软体动物乌贼，脊椎动物箭鱼、金枪鱼、飞鱼、鲨、鲐、鲅、鲑、鲴和海龟、海蛇及鲸类等。

生活在海洋里的生物都有一套自卫和保护的色彩，如在开阔海面游来游去的鱼类，像金枪鱼、鲭等背部都有深绿或深蓝条纹，从上望下去难以发现，而腹下则颜色浅淡，从下望上去也难于发觉。游动缓慢的鱼，身上可能披着刺或硬鳞。有的鱼可钻入沙里藏身及鳍和鳃盖上有毒刺。箱鲀身上的鳞片增厚成骨质的覆盖物，能安然免受袭击。而箭鱼和旗鱼是大型食肉鱼。这些鱼都有长长的上颌，在箭鱼身上形成扁扁的剑状武器；在旗鱼身上形成长圆锥型的矛。它们就用这些武器，向较小的鱼群反复劈刺，击晕或刺伤猎物，然后从容吃掉。

（陈　彬）

陆地植物区系

地球上几乎到处都生长着植物，而且种类繁多，形体各异。据统计，地球上有 40 多万种植物，其中低等植物有 10 万多种。

大约 30 亿年前，地球上已出现了植物。最初的植物，结构极为简单，种类也很贫乏，并且都生活在水域中；经过数亿年的漫长岁月，有些植物从水中转移到陆上生活。由于陆上环境复杂，变化很大，受气候变化，造山运动，冰川运动，火山爆发，海水侵入等影响，真是沧海桑田，变化万端。促使植物在形态结构，生态生理上起了变化，出现了适应构造的根、茎和叶的出现，最后出现了花、果实和种子。

由于某些地理因素的阻碍，如大海和高山、沙漠等使许多生物不能自由地从一个地区向另一个地区迁移，隔离使生物出现了形态、生理、生态上的差异，形成新的种类，加上自然杂交和人类的培育，产生了许多新类型和新品种。在南北极、温带、热带、荒漠、寒冷的高山等不同环境中，出现不同的植物。根据植物区系成分、性质、形成和发展历史的相似性，将世界陆地植物区系划分为六个区：

泛北植物区：简称全北区。指北回归线以北的广大地区，包括欧洲、亚洲大部分、非洲北半部和全北美洲，是世界陆地最大的植物区。从地质史上看，该植物区系起源于第三纪时期分化的三个植物区系带。本区以亚热带常绿阔叶林、温带夏绿阔叶林和寒温带针叶林区系为主。有银杏科、珙桐科、粗榧科、水青树科、连香树科、牡丹科、岩梅科、五福花科和锁阳科等 30 多个特有科。均为单属种或少属种的较古老的科，多数为东亚特有。木兰科、樟科、毛莨科、小蘖科、壳斗科、桦木科、胡桃科、石竹科、十字花科、蔷薇科、菊科、龙胆科、杜鹃花科、禾本科、莎草科、兰科、松科、柏科等在本区有丰富的代表。

古热带植物区：简称古热带区。位于北回归线以南，包括撒哈拉大沙漠以南的非洲地区、马达加斯加岛、阿拉伯半岛、印度半岛、中南半岛、中国南部、印度尼西亚诸岛以及澳大利亚东北部和太平洋岛屿，为第二大植物区。本区终年炎热多雨、季节变化不明显，植物全年生长。气候条件在很长的地质时期内几乎无多大变化，植物种类十分丰富，约 45 000 种以上。植物区系特有科、属较多，组成本区热带雨林、季雨林和稀树草原的 40 多个特有科中最著名的有苏铁科、猪笼草科、芭蕉科、鞭藤科、露兜树科、龙脑香科、大花草科、姜科等。植物种类除泛热带和古热带成分之外，在北部高山还嵌入泛北极成分，南部具有好望角、泛南极和澳大利亚成分。

亚高山的植物

新热带植物区：简称新热带区。包括佛罗里达最南部、中美洲、南美洲大部分及附近热带岛屿。植物区系特有科、属、种均很丰富。如膜蕨科、红木科、仙人掌科、美人蕉科、旱金莲科等 25 个特有科。植物种类十分丰富，仅巴西就有 4 万多种。与古热带区系有共同起源，具有许多共有科、属，如番荔枝科、樟科、莲叶桐科等。热带美洲与亚洲热带区系有密切联系。该区是许多热带作物的发源地。

澳大利亚植物区：又称澳洲植物区。是澳大利亚大陆和塔斯马尼亚岛构成的独立植物区。植物区系特有科、属、种十分丰富。如山龙眼科、桃金娘科、木麻黄科等 13 个特有科。在 12 049 种维管束植物中，有 9 036 种为特有种，约占总植物种类的 75%。种类丰富的属也很多，如金合欢属有 486 种，桉属有 342 种。这种高度的特有现象，是由于中生代白垩纪以来，在地理上澳大利亚大陆一直处于被海洋包围的孤立状态，妨碍了它与相邻大陆植物区系的混合与渗透。

好望角植物区：又称开普植物区，简称好望角区。位于非洲西南端沿海一狭窄地区，北界沿奥兰治河延伸，东以德拉肯斯堡山脉为界，长约 800 公里，宽约 80 公里，是世界上最小的植物区。气候与地中海沿岸相似，植被以常绿硬叶灌木占优势，植物区系种类和特有成分十分丰富，有 Grubbiaceae、Roridulaceae 等 7 个特有科，210 个特有属及 3 000 个特有种。最典型的有牻牛儿苗科的天竺葵、酢浆草科的酢浆草，肉质植物有松叶牡丹属，木本植物山龙眼科有 262 属，杜鹃花科石楠属有 460 种。

泛南极植物区：简称南极区。包括南美洲大陆南纬 40°以南的地区和大洋岛屿，南极大陆及其周围的岛。大部分为开阔海洋和南极冰川，陆地部分只是南美洲南部、新西兰及众多岛屿，面积较小。植物区系种类贫乏，特有现象显著。有 hactoridaceae、Gomortegaceae 等 10 个特有科，Notothlaspi 等 40 个特有属及南美杉等 1 200 多个特有种。

（陈　彬）

特殊生物构成的海岸

您去过海边吗？当您站在海岸上观望大海，蓝蓝的海水一望无际，使人心胸开阔。低头看看海岸，沙滩怪石一片。当潮水来临时，海浪拍岸，浪花飞溅，别有一番情趣。所谓海岸，是指陆地与海洋相互交界相互作用的地带。包括沿岸陆上部分及沿海浅水部分。其上界是激浪作用的上界(陡峻的岩石海岸，上界为海蚀崖的顶部；平缓的沙质海岸，上界位于海滩顶部长草处)，下界位于相当于当地波长的1/3～1/2的水深处。由此而论，海岸的上、下界间陆上和水下部分是海岸的整体，宽度大着呢！

地球上有一种特殊的海岸，它的陆上和水下部分组成的海岸，不是陆地而是有生命的生物构成的，主要由珊瑚礁海岸和红树林海岸两种类型，统称为生物海岸。

生长在热带和亚热带海区的珊瑚，体内的石灰质含量很高，珊瑚不断死亡堆积在岸边便可形成礁石，即珊瑚礁，礁体坚硬抗蚀。根据礁体与岸线的关系，通常分岸礁、堡礁和环礁三种类型。岸礁是指紧贴海岸陆地发育的珊瑚礁，也称裙礁；堡礁分布在距岸边有一定距离的堤状珊瑚礁体，堡礁与海岸之间可成为泻湖；环礁位于海岸外围，是海面上呈环状或马蹄状分布的珊瑚体，被环礁包围的海域也可成为泻湖，环礁一般认为是包围岛屿的珊瑚礁，随着岛屿沉没入海而珊瑚继续在原来的位置向上生长，以后又露出海面而成。珊瑚最宜生长在水温18 ℃～30 ℃、盐度27‰～40‰的海中。在不适于珊瑚生长的海区出现的珊瑚礁，如在温带海区出现的珊瑚礁，一般

珊瑚礁海岸(海南西沙岛礁)

说明那里的区域气候曾有过明显变化，或由于地壳的水平运动，珊瑚礁由原来适于生长的海区移动到了现今不适于生长的海区。我国南海地处亚热带气候，在南海诸岛包括东沙、中沙、西沙、南沙四大群岛和黄岩岛等均为珊瑚岛。其中仅南沙群岛就有230多座珊瑚岛、珊瑚礁和珊瑚滩，成为中国珊瑚岛礁数量最多，散列范围最广的岛群。我国珊瑚岛面积占全国岛屿总面积(约8万平方千米)的4.8%。

到过海南岛的人，在海边都见过宽度不一的绿油油的红树林沿海岸茁壮成长，形成一条望不到头的绿色长城。红树属乔木或灌木，生长在热带或亚热带的海岸，要求海水温度在25 ℃～28 ℃之间。它生长速度和扩展速度很快，因为它的根系特别发达，根系中分为主柱根和呼吸根两种，盘根错节交织在一起，形成密不可分的支撑体系。涨潮时，下部根系被海水淹没，仅露出绿色树冠在水面上；退潮时，成片的红树林出露在淤泥滩上，构成海岸的绿色屏障。随着海滩淤泥的不断沉积延伸，红树林也不断繁殖扩展，一条壮观的红树林由此形成。红树林的生长与气候密切相关，同属热带和亚热带气候条件情况下，地区性气候变化差异很大，一年四季的气温变化也不尽一致，从而影响红树林的生长，如海南岛东岸文昌一带的红树，在温热的海水中轻而易举地撑起15米高的树冠；可是到了广西山口一带的红树，只能长到5米；到了福建泉州湾，红树仅为人体高度；再往北到了福鼎沙埕港，在凉爽的海水中红树萎缩得仅有几十厘米高了！从杭州湾以北的漫长淤泥质海岸，就见不到一棵红树了，只有低矮的水草在海滩上随风飘动。

珊瑚礁海岸和红树林海岸构成的生物海岸，是世界海岸中的一道独特风景线。生物海岸柔性好，对海浪起到缓冲作用，逐步消耗海浪的能量，其抵御海浪侵蚀的能力，远强于陆地海岸。所以生物海岸的坍塌和变线情况很少发生，是理想的海岸保护使者。

生物海岸还是海洋生物的觅食场所和海鸟的栖息地。珊瑚礁海岸是浮游生物常来常往的地方，也是软体动物和贝壳类海洋生物的聚居之地。红树林则是海鸟出没的场所，尤其是退潮时，成群结队的各种海鸟，穿梭于红树林的根部淤泥质海滩上，觅食小鱼、小虾、小虫。有些海鸟专门在海潮漫不着的红树冠中，筑巢生儿育女，传宗接代呢。

（甘德福）

生物的寄生现象

“冬虫夏草”是一种名贵的中药材。有人说它冬天是虫，夏天变成了草，其实并非如此。实际上这是一种真菌寄生现象。寄生是生物生存的一种方式，生物界的寄生是多种多样的，概括起来约分如下几类：

动物寄生在动物体上，如虱、蚤、臭虫、疥癣虫等，都是体外寄生虫；蛔虫、钩虫、绦虫等都属于体内寄生虫。寄生虫以寄主的毛发、羽毛、皮屑为食，鸟虱、臭虫等吸寄主血、蛆，吃寄主活组织。体内寄生虫分别在寄主肠壁、循环系统或在淋巴系统，给寄主造成各种疾病，如胆道蛔虫症、血吸虫病、血丝虫病等。

植物寄生在植物体上，如麦锈病、黑穗病、黑腐病等囊子菌寄生在农作物的叶、茎、穗、根等部位，吸取寄主的营养而引起的疾病，给农业生产造成损失。有些植物不含叶绿素，不能进行光合作用以自制有机物，所以必须寄生在其他的生物或它们的遗体上，吸取现成的有机物养分以维持生命。如野菰寄生在芒或蘘荷等的根上，奴草寄生在苦槠属植物的根部，吸收水、糖和无机物，作为自己的营养。这些完全依赖寄主获取养分的植物，叫做全寄生植物。又如菟丝子是一种无根的蔓草，经常缠绕在河岸、河堤及路旁的树木或草上生长。菟丝子的本体是由铁丝般细长的茎构成，茎非常细，呈鳞片状。无毛的茎呈淡黄色或带紫褐色。菟丝子的种子约有三毫米长，在秋天结实，到明年春天始发芽，它会一边生长，一边进行不规则的回旋

菟丝子花

运动。如果在附近发现不到寄主，籽苗就会枯死。幸运地碰到寄主的菟丝子，会很快地旋卷在寄主的茎叶上，并将寄生根插入寄主。籽苗着生成功后，开始繁衍蔓生，急速地成长，茎总长度可达 1 600 米，可见繁殖力之强。菟丝子所需营养都依赖寄主供给。由于繁殖力特强，往往使寄主不胜负荷而枯死。当然，到那时菟丝子本身也会随之而死。

在寄生植物中，也有含叶绿素而且能自行光合作用者，诸如槲寄生。它们靠自己的光合作用制造的养分不够维生，因此必须过寄生生活，从寄主获得水或无机盐以补充养分。像这种能自行合成有机物，却另外又必须从寄主处补充养分者，叫做半寄生植物。

檀香树也是半寄生植物。它们终年常绿，但只在幼小树时阶段能独立生活，长大之后，如果在它的身旁不种上别的植物，它就生长不良，原因在于自生养分不够，一般长到 8—9 对叶片时，养料就用完了。这时，它自己根系上长出珠子状吸盘，紧紧地吸附在它身旁的植物根系上，吸取养分维生，这种半寄生植物对寄主植物是有选择性的，如常春花、栀子等。

动物寄生于植物者，如蚜虫、金龟子、猿叶虫、园虫以及鳞翅目的幼虫等，啮食植物的幼芽、叶，毁坏植物的根部，使植物受到很大的损害。五倍子虫是一种特殊的蚜虫，寄生在漆树科盐膏树的叶柄或枝条上，植物组织受到刺伤，产生虫瘿(五倍子)。五倍子可以作染料或药用。

植物寄生于动物身上，“冬虫夏草”就是实例。冬季，虫体蛰伏在土中，真菌植物的孢子侵入虫体，并且生长发育，使虫体内充满菌丝。一到夏天，菌丝常常由虫的头部长出，产生孢子。因为它的形状犹如枯草，故称“冬虫夏草”。在云南、西藏一带较多见。又如人们利用杀蝇需寄生在苍蝇体内，作为生物防治。

许多寄生物的寄主不止一个，在某个生活阶段寄生在一种寄主体内，另一阶段又寄生在别种寄主身上。如血吸虫病，就有河中钉螺和人体两个不同阶段的寄主。一般来说，寄生物需要具有某些生理上和构造上高度特化的机制和结构，以便从寄生植物或动物身上吸取养分。它们在演化过程中，形成了复杂的关系，使寄主不会立即死亡，不然寄生物也无法生存。这在自然界中是一个复杂而有趣的种间关系问题。

（陈　彬）

生物界的濒危与灭绝

20世纪是人类有史以来创建最多、破坏最大、损失最重的时期。全球淡水、能源和森林资源急剧减少；水土流失；沙漠化面积不断扩大；大气污染和生态环境日趋恶化；生物物种大量灭绝或濒于灭绝。

如果说地球以往还能从容庇护人类生存的话，那么现在已经显得力不从心，每年的洪涝、干旱、沙尘暴、酸雨、地震给人类带来了数不尽的灾难，大自然已经在报复人类了，并愈演愈烈。所以人类的家园——地球，不得不依赖人类的尽心保护了。如果说恐龙的灭绝是由于自然环境恶劣造成的，那么现今我们所看到的动植物将来也会灭绝，而人类可能是主要的罪魁祸首。

人类对自然界不知节制的贪婪索取和私心物欲的恶性膨胀，导致大量生物资源特别是野生动植物资源以惊人的速度锐减，有的相继灭绝。就植物而言，每年被砍伐的热带雨林面积高达1 130万公顷，即每分钟，地球上便有20公顷的热带森林被毁。如此发展下去，几十年后，许多发展中国家的森林便会消失，而森林内所有物种也将同归于尽。在经济发达的欧洲，一个世纪以来已有1/10的植物种类消失了。动物的灭绝速度更是惊人。1 600年以来，90多种鸟类消失，20世纪90年代初期，世界上9 000多种鸟类中，至少已有1 000余种生存正受到威胁。20世纪末，现存物种已减少15%～20%，这种人为的物种灭绝速度比其自然的灭绝速度快1 000倍，如不加以制止，物种灭绝速度将从现在的每天灭绝一种发展到每小时灭绝一种。人类将丧失优质木材、宝贵的药材和珍稀动物，得到的将是大自然灾难性报复。

经人类之手遭受灭顶之灾的物种很多。曾经栖息在非洲马达加斯加岛上的度度鸟，身长有1米，体重可达20千克，是失去了飞翔能力的一种鸟类。度度鸟的肉成为人类餐桌上的佳肴。在不到200年的时间里，这种鸟被人类消灭得干干净净。北美洲的旅鸽也经历了同样的命运，只不过灭绝的速度更快。当年，在美国和墨西哥之间大约有90亿只北美旅鸽在自由翱翔，不绝的枪声响彻天空，不但人吃，还用来喂猪。到1914年，这种鸟类只剩下一只标本陈列在博物馆。另外如美国的野狼、美洲野牛、北美麝香牛、澳洲的有袋类和单孔类动物等都处于濒临灭绝的边缘。近来，有人统计过，由于人类的活动，危及到脊椎动物生存的约有505种，其中爬行类10种，如马来亚蜥、中国扬子鳄等；鸟类289种，如朱鹭、黑颈鹤、台湾长尾帝雉；哺乳类206种，如老虎、非洲沙地猞猁、牙买加热带海豹、北太平洋海象等。

帝雉

我国地域广阔，由于气候、地形变化的多样性，动物种类丰富。在全国范围内有脊椎动物4 400多种，占世界总数的10%左右，其中兽类450种、鸟类1 244种、爬行类320多种、两栖类210多种、鱼类2 200多种。其中许多是珍稀特有物种，如大熊猫、白鳍豚、金丝猴、黑颈鹤、扬子鳄等100多种主要产于中国。

然而，在长期的封建社会中，对野生动物资源的盲目滥用造成严重破坏。加之自然界的变化和人为活动，如战争、资源开发、人口增长及农村城市化等造成环境的破坏和污染，使原产于中国的野马、高鼻羚羊、麋鹿等10余种动物在野外已经绝迹，而大熊猫、长臂猿、野象、白鳍豚、朱鹮等几十种野生动物正面临灭绝的危险。一些地区的乱捕滥猎，使许多野生动物的数量、分布范围正在日益缩小。值得一提的是白鳍豚，它是世界上仅有的两种淡水豚之一，生活在长江里，是我国特产一级保护动物，有“水中熊猫”之美称，身体呈纺锤形，雌性体长253厘米，重237千克；雄性长216厘米，重125千克，喜欢5～6只集群，在水质条件好的沙洲、河湾处活动，两年繁殖一次，每胎1仔。现在虽严禁捕猎，但由于河道交通繁忙，经常会被轮船的螺旋桨打伤致死或被鱼钩、鱼网误捕，估计野生白鳍豚数量已不足百头。由于它在水中生活，即使用克隆技术，难度也较大，白鳍豚预计在近30年内灭绝。设法挽救这一物种已刻不容缓。

生存、变异和灭绝是物种演化的三个原动力。如果地球上曾经出现的物种都不会灭绝，那么这个世界必将非常拥挤和混乱，而且也不会有多余的空间来接纳新生命。所以从七亿年前到今天，地球像一座永不落幕的生命舞台，许多生物诞生之后，活跃了或长或短的一段时间便灭绝了；有少部分适应力较强的，就存活下来，或是继续演化，繁衍出更多的种类。我们提出保护野生动物和植物资源，是为延长它们的生存时间，更好地为人类服务。至于人类很可能也终将灭绝，成为将来其他生物所研究的化石标本。

（陈　彬）

自然界的色彩

自然界的光是由红、橙、黄、绿、青、蓝、紫等七种色光混合组成的，这些光都来自太阳。太阳不断以光的形式放射出能量，不仅给地球带来光明、色彩，也带来了温暖和万物生长所需的能量。

光是一种电磁波，它的速度每秒三十万千米，是波长在二万五千分之一厘米到一万五千分之一厘米之间的电磁波。我们的眼睛能以颜色的形态识别的这一部分电磁波称为“可见光”，也就是日常所说的光，它正是色彩的来源。

通常我们看到物体的颜色，是光线照射到物体之后，一部分被物体表面吸收，其余部分反射出来，进入我们的眼睛，由视网膜接收，将讯息传送到大脑而感知的。所以一个物体所呈现的颜色由三个条件形成：光、物体的特性以及人的视觉。不同的物体对于不同波长的光具有吸收、反射和透射等不同反应，因而显现出物体不同的颜色与透明度，同时物体的后面也形成了光彩与阴影。因此，蓝天、绿树、黑发、红衣，都是此时此地物体与太阳光相互作用的表象。

吸引色

动植物的颜色虽然千变万化，多彩多姿，但这种颜色几乎都是由几种天然色素在生物体体内调配以及和其他化学物质反应的结果。天然色素不仅是动植物颜色的来源，更是许多重要的生物机能所不可缺少的物质。最重要的天然色素有：

叶绿素：是植物体含量最多，也是最重要的一种色素，多存在于植物体的叶片和嫩枝内。它是植物体内光合作用,吸收太阳能以生产生物所需的食物,并使树叶呈绿色。

类胡萝卜素:是一群红、橙和黄色的色素,分成胡萝卜素和叶黄素两大类。类胡萝卜素普遍存在于植物的根、茎、叶及花果中,使植物呈现鲜艳多变的色素。当动物食用含类胡萝卜素的植物后,有些会水解成维生素甲以维持健康,有些会集中在有机体中累积而成叶黄素如鸡蛋黄。类胡萝卜素使花呈现橙色、黄色。

黑色素:是动物最重要的色素,存在于动物体的皮肤、毛发,也存在于部分人类眼睛的虹膜上,是形成人类肤色、发色以及眼球颜色的最重要色素,某些人或动物缺少黑色素时,全身呈现白颜色,我们称之为“白化”。白化病是一种先天性的遗传病,是缺少促进色素合成的酶,即酪氨酸酶,不能使酪氨酸变成黑色素而引起的。

花青素:有些叶子变成红色,是叶子在凋落前产生大量的红色花青素的结果。花青素使花呈现红色、蓝色及紫色素。高山植物所受紫外线特别强烈,使大量产生类胡萝卜素和花青素,所以花朵特别鲜艳。

血红素:是血液的一种成分,是人和多数动物的携氧色素,它使血液呈现红颜色,如人嘴唇呈红颜色来源于血红素。

自然界中许多动、植物求得生存、觅食、休息、避敌,都必须有适合的生存环境,动物除以其身体结构、行为动作等来保护自己外,许多动物会利用其身体的颜色来伪装、躲避和吓退敌人。所以动物的体色有多种功能,如隐蔽、警戒、拟态和吸引。

隐蔽色:如竹林中的竹叶青蛇,体色呈青色,挂在竹子上,其他动物很难发现它。由于它隐蔽得好,反而很容易攻击敌人,捕获猎物。

警戒色:那些有毒的蛇和蝴蝶或具臭味的动物,反而用鲜艳的高对比的颜色来警告敌人不要来侵犯,以吓退敌人。

拟态:如竹节虫的体态和颜色与栖息的枯竹子或树干完全一样,使鸟类等食虫动物不易发现而生存下来。

变色:动物体本身的羽毛或皮毛随着季节的变化和环境的变化而发生变色,如北极地区的雪兔和东北的雪鸟,当冬季来临,体色由褐色变成白色,便于在雪地生存。变色龙随环境而随时改变体色来适应环境。

引诱色彩:如雄性孔雀开屏时,其尾上复羽特别艳鲜,这是春季发情期用美丽的羽色来吸引雌孔雀,起到求偶的作用。许多一雄多雌制鸟类中雄鸟毛色均比较多彩,为了争斗或吸引雌性。

(陈　彬)

征服天空的生物

过去有人想给自己装上翅膀，希望能腾空起飞，当然以失败而告终。因为人的身体结构根本不适合飞行，人只能制造出各种简单到复杂的飞行器，飞越大洋，遨游太空。但在自然界中，有许多生物，经历了千百万年的演变，身体结构已适合于飞行。早在恐龙时代的翼龙成功地翱翔于两亿年前的天空。翼龙的翼和蝙蝠的翼类似，是由皮膜连接上肢爪而形成的，但翼面只由一根超长的指骨张成，因此显得比较脆弱，没有龙骨，缺少强大的飞行肌，所以它只能滑翔。

昆虫的飞翔历史比鸟类早一亿五千万年。昆虫体型小，有外骨骼，强大的生殖力，适应生活环境的身体结构等使其在自然竞争中具有优势，重要的是，多数昆虫有翅膀，具有飞行的特殊天赋，因而容易觅食和避敌。

蝙蝠是惟一真正能飞的哺乳动物，它的翅膀是由细长的四指张开的薄膜构成，上有皮毛，有的蝙蝠的飞行能力可与鸟类媲美。蝙蝠在夜间活动，靠超声波定位飞行觅食，白天倒挂在树干或洞壁上休息。

始祖鸟

而真正称霸天空的应属于鸟类。关于鸟类的起源，学术界对始祖鸟是认可的。鸟类的祖先是爬行类，但鸟类要向空中发展，它的身体结构必须先经过改变。

我们以鸽子为例来说明鸟类对飞翔生活的适应。首先鸟类具有高而恒定的体温（37 ℃～44.6 ℃），减少了对环境的依赖性，恒温是产热和散热过程的动态平衡，扩大了鸟类生活和分布的范围。其次鸟类的身体呈纺锤形,体外覆盖羽毛,具有流线型的轮廓,从而减少了飞行中的阻力。鸟类颈长而灵活,躯干紧密,坚实,尾退化,后肢强大,都与飞行密切相关。前肢变成翼,后肢具4趾,这是鸟类外形上与其他脊椎动物不同的显著标志。从皮肤看,鸟类皮肤的特点是薄、松且缺乏腺体,薄而松的皮肤,便于肌肉的剧烈运动。鸟类的皮肤外面具有表皮所衍生的角质物,如羽毛、角质喙、爪和鳞片等。羽毛生长在体表的一定区域内,称羽区和裸区。羽衣的主要功能是保持体温,保护皮肤不受损伤,使外廓更呈流线型,减少飞行时的阻力,有的羽色成为保护色。羽衣构成飞行器官的重要部分——飞羽和尾羽。羽毛的功能和构造如下:正羽是披覆在体外的大型羽片,翅膀及尾部均有一系列强大的正羽。正羽由羽轴和羽片构成。羽轴下段为羽根,插入皮肤内。羽片由许多细长的羽枝所构成,羽枝两侧又密生有成排的羽小枝,羽小枝上着生钩突,使相邻的羽小枝互相钩结起来,构成坚实而具弹性的羽片,以扇动空气和保护身体。

从骨骼看,鸟类适于飞翔生活,骨骼系统方面有显著特征。骨骼轻而坚固,大骨腔内具有充满气体的腔隙,头骨和骨盘均愈合,头骨薄而轻,蜂窝状小孔,解决了坚实和轻便的矛盾。前肢异化成翼,手部骨骼(腕骨、掌骨和指骨)的愈合和消失使翼的骨构成一个整体,扇翅有力。鸟类手部生一列飞羽(初级飞羽),是飞翔的重要羽毛。

鸟类胸肌发达,占体重的1/5,附着在胸骨上,通过特殊的联结方式而使翼扇动有力而持久。鸟类呼吸系统特别,有非常发达的气囊系统与肺气管相连通。气囊广布于内脏、骨骼和某些运动肌肉之间。气囊使鸟类具有双重呼吸,即在吸气与呼气时肺内均可进行气体交换,使飞行时有充足的氧气消耗。因鸟飞行时比休息时耗氧高21倍之多。气囊还可减轻身体的比重,减少肌肉与内脏间的摩擦。

根据柏努利原理,鸟类的翅膀上凸下平,飞行时翅膀下方气压高于上面的气压,有个把鸟翼向上的推力,这个力大于鸟本身重量,即能克服地心引力。不论昆虫、鸟类和飞机,都必须有一个比本身重量大的升力,以抵消引力,才能被推上空中。鸟类的小翼羽必要时形成风孔,使气流保持平衡,维持升力。

昆虫、蝙蝠、鸟类身体具有特殊的构造,有膜、翅膀,加上骨骼轻而紧密、气囊等适应飞翔生活,使这些生物能够征服天空,自由翱翔。

(陈 彬)

恐龙时代

恐龙是由中生代三叠纪(二亿四千万年前到二亿年前)的槽齿类爬虫演化而来的。根据骨盘的结构,将恐龙分为两大类。①龙盘目:骨盘结构和蜥蜴的骨盘类似。其耻骨前伸,与坐骨分开呈一个角度。②鸟盘目:骨盘结构与鸟类的骨盘类似,其耻骨后伸,与坐骨平行。但现今的鸟类与鸟盘目没有亲缘关系,而是由龙盘目恐龙的一支演化出来的。

由于恐龙在六千五百万年前就已全部灭绝,研究恐龙须从化石着手,在考古挖掘的工作中,从各个方面采得有用的线索。骨骼化石可用来拼凑恐龙实体的骨架。完整的尸骸印痕,有助于直接提供恐龙的体型、外貌及结构比例。牙齿的形状及其磨损情形,有助于判断恐龙的食性。肌肉与表皮碎片,可供判断它的外貌,因死去的恐龙在干旱的环境下脱水,其肌肉和表皮有可能像木乃伊一样保留下来。足迹印痕可以透露它的脚部结构、行走姿势及体重方面的信息。恐龙所产的卵和排泄物,可判断它的生殖方式、食性与居住习性。此外,和恐龙化石一起出现的其他动、植物化石也很重要,有助于了解当时生态环境。据目前化石出土的记录,恐龙的足迹几乎遍及全球陆地各个角落。热带、寒带、沼泽、沙漠,均有恐龙分布。当然现在化石出土的地方的气候和恐龙时代的气候并不相同。中国也是恐龙的家乡。恐龙时代同样有弱肉强食的生存斗争。

大型的肉食性恐龙多半活跃于八千万年前到六千五百万年前之间。它们的前肢退化,以强壮的后肢直立奔走,牙齿尖利,长于撕咬。如生活在北美洲大陆的暴龙则是食肉性恐龙的代表,体型大,身长 14 米,站起来有 5 米多高,往往会攻击三角龙、鹅龙等食草恐龙,只要暴龙一出现,平静的森林就会变成屠场。又如肉食性的恐爪龙身长约 4 米,锐利的牙齿和血盆大口是它攻击敌人的利器,后腿上有一个特别长的爪子,能够攻击猎物。

长颈龙是二亿年前活跃于海边的蜥蜴类爬虫。当时欧洲大部分在浅海中,长颈龙以其钓竿一样的长颈,趴在岸边,把头伸到水中去捕食鱼类。

节龙身长有 15 米,性情凶猛,行动迅速,除吃鱼之外,也吃其他的爬虫类。

蜥鸟龙在八千万年前活动于蒙古地区,身长 2 米,灵活轻巧,强有力的后腿善于奔跑。它有大而圆的眼睛,能适应昏暗,常在黄昏时出来猎食小型哺乳类。

蛇颈龙成为中生代海洋中的霸主,但像海龟一样,也上岸产卵,靠太阳热能孵化。

再说食草的恐龙。一亿四千万年前的北美洲，由于气候温暖潮湿，适合植物生长，蕨类植物茂密，为草食性恐龙提供了充足的食物，同时也使有些恐龙体型变大。如雷龙身长可达 21 米，重 30 吨，是巨型草食性恐龙的代表，巨大体型有助于维持体温，也可吓阻肉食性恐龙的攻击。

恐龙标本

剑龙是草食性大型恐龙，身长 7 米左右。它用尾巴上的长刺挥击前来侵犯的敌人，背上的骨板则用来吸收太阳的热量，以迅速温暖身体。

三角龙外形像犀牛一样，生活在七千万年前的北美洲，体长 9 米左右。三角龙嘴部前端有角质喙，可以截断树枝和草茎，再用颊齿磨碎吞食。它用犄角自卫，额上向后突出的骨板则用来保护颈部。

刺甲龙体长 6 米左右，约一亿年前生活于蒙古地区，是性情温驯、行动缓慢的草食性动物。但它的两颊、头部、颈部及背上的表皮鳞片已经硬化成厚甲，有些突起如锥状，用以吓退敌人。尾部有两个圆肿大硬瘤，在大力挥扫之下，像流星锤一样痛击敌人，是有力的武器。

高栉龙只有 2.5 米左右，牙齿平短、嘴巴很小，没有足以攻击和自卫的武器。最大的特点是以强壮的后肢奔跑，时速可高达每小时 80 千米，能有效地逃避敌人。

盔龙属于鸭嘴龙科，约七千五百万年前生活于加拿大一带。个体达 10 米长，头上有一个盔状头冠，内有复杂的呼吸管道贯穿鼻孔与口部之间。用无齿的喙咬断茎枝，利用颊齿来嚼碎植物，没有攻击利爪，靠敏锐的视觉和嗅觉来侦察敌人，并用头冠发出鸣声，呼唤同类逃走。

恐龙的种类很多，这里只能简要介绍几种食肉性和食草性代表动物。恐龙的体型大小也相差悬殊，最大型的像腕龙，体长 25 米，直立时高达 18 米左右，重量约四五十吨；最小的细颚龙只有 70 厘米长，几千克重。

恐龙的分布区域广泛，陆地上，海水中，并且生态环境也多样化，还有在空中飞翔的翼龙类是会飞的爬虫类动物。

（陈　彬）

跳出动物圈的人类

人是从自然界演变而来,今天又成为自然界的主人。

人类与现代的类人猿(长臂猿、猩猩、大猩猩、黑猩猩)都是由共同的祖先——一种古猿演变发展而来。这种古猿在新生代第三纪大约距今6 000多万年的时候,成群地生活在气候温湿地区的茂密树林中。以后,造山运动发生,气候变干燥,森林变稀疏。古猿中的一部分迁移至条件合适的新森林区去生活,逐渐进化为现代的类人猿即猩猩等。古猿中的另一部分仍留在原地生活,没有迁移。随着气候日益干燥,森林减少,这些留居的古猿不得不从树栖转到地面上来求生存,于是逐渐发展成为人类。有关人类进化的历程,根据形态比较和物质文化水平可分为早期猿人、晚期猿人阶段(猿人阶段),早期智人(古人阶段)、晚期智人阶段(新人阶段)。

第一期:早期猿人阶段。1924 年在南非的更新世早期地层中,首先发现了南猿的化石,其中进步类型,称为"能人"。大约生活在距今 300 万年到 150 万年前,他们体长不高,约有 150 厘米左右,有较大的脑容量(约现今人类的一半)。"能人"敲击砾石边缘,制成非常简单的粗糙工具。可宰割兽皮,用树枝作掘土工具,找地下根茎食物。他们以小团体群居一处,白天在草原上寻觅食物,晚上隐蔽在树林中,以果实、种子为食,偶尔捕食小动物和兽尸,与族人分享食物。分食的行为在人类社会中是一件重要的事。令人兴奋的是 1975 年,美国考古学家约翰森在非洲衣索匹亚发现了一副成年女性人猿的骸骨,定名为"露西",经鉴定,认为她是生活在三百万年前的一种阿法南猿,身高约 1 米,从足迹化石佐证她是以两脚直立行走的,很可能是人类的直接祖先。

露西的复原标本

第二期:晚期猿人阶段(猿人阶段)。距今大约一百五十万年到三四十万年前,相当于旧石器时代的初期。化

石出土于坦桑尼亚、阿尔及利亚、摩洛哥、德国、印度尼西亚、爪哇以及我国周口店(北京猿人)和蓝田等地。他们和以前的人种最大不同是能够两脚挺直站立,故学术界把这一时期的猿人化石称为"直立猿人"。直立人的身高、体型和现代人差不多,但头颅仍比较像猿类,脑容量大概只有现代人的一半左右,但已相当聪明机智。他们已经能够从事技术性的狩猎,出现了一种新的石器文化,称为阿歇尔文化。学者推论,直立人很早趁着冰期气候较暖和的年代,从非洲向北迁徙,再分别向欧洲及亚洲移居,途中采集植物果实及狩猎。这时期的"北京人"属于直立人,大约50万年前居住在中国北方,和非洲的直立人相比,脑容量较大,头颅既高且圆,眉上脊较小。石器加工已经达到相当程度,并且懂得用火,有利于从素食转向肉食。

第三期:早期智人阶段(古人阶段)。包括更新世中期之末和更新世晚期之前的人类。在德国发现的尼安德特人(简称尼人),我国广东发现的马坎人、湖北发现的长阳人、山西发现的丁村人,均属于本阶段的人类化石。"尼人"距今约二三十万年到五万年前,体型短小精悍、头骨比现代人长、额较平,上、下颚明显地突出,脑容量比现代人略小一些。"尼人"过集体生活,住洞穴或用兽皮在树枝上做成帐幕。一部分人外出狩猎,另一部分人守营地制作工具,用牙嚼揉兽皮和以牙齿处理皮革,与闻名的爱斯基摩人的牙齿磨损方式相似。他们开始有葬礼的行为,并会用菊科植物和麻黄等治病,可能已经开始懂得编织渔网来打鱼。

第四期:晚期智人阶段(新人阶段)。包括更新世晚期之末直到现在的人类。在德国发现的克罗农马人(简称克人);我国广西发现的柳江人,内蒙发现的河套人,北京周口店发现的山顶洞人,四川发现的资阳人,都是本阶段的人类化石。他们身上的古猿形态已基本消失,已和现代人区别不大。体型较为粗犷,脑容量和现代人大致相等,不过在骨骼构造上略有差异,现代人种族间的差异似乎在那个时代已经存在了。"克人"住在西欧的洞穴中深处,在岩壁上留下精彩的动物画像。这些壁画可能具有祈求猎获动物的巫术意义,说明人类早已在艺术上有所发展。从尼安德特人到克罗农马人,人类最大变化是从狩猎采集的迁移式生活,转而定居在一个地方,以耕种,养家畜为生,这个转变使人类的社会结构、物质条件、工具文明和艺术表现有了全面的进步。

从猿到人是一个漫长的过程。从树栖转到地面,学会了直立行走,这是决定意义的一步。再从手、足分工,到用手创造劳动工具,在劳动中脑逐步发达。手、脑、语言等都是劳动的产物,劳动创造了人类本身,劳动创造了人类光辉的文化。所以说,劳动使人类跳出了动物的范畴。

(陈 彬)

开展观鸟旅游

旅游业正在迅速发展,但人们大多游览名胜古迹、风景点,或去城市观光。其实,不妨去一些鸟类自然保护区观鸟,在林区边缘早晚听听各种鸟类的鸣声,在湖滩上观看数以千计的鹤觅食、跳舞,白鹳捕鱼,以及数万只大雁起飞时遮天蔽日的壮观景象。这里介绍几个华东地区比较著名的鸟类风景点。

第一个景点是江苏盐城新洋港地区,即丹顶鹤越冬地。

丹顶鹤是我国一类保护动物,春季在东北黑龙江扎龙等地繁殖,冬季一部分飞到日本越冬,而另外一大部分来苏北盐城地区越冬,主要分布在沿海一带的滩涂,如响水、灌云、射阳、大丰、东台等地;少数鹤在内地湖荡沼泽地带越冬。在新洋港滩涂上,丹顶鹤越冬群数量相对较大,约有数百只,活动比较集中。在这些滩涂上长着芦苇、茭草、香蒲、野荸荠、莲等水生植物,浅水中还有许多鱼、虾、螺、蚌等,为鸟类越冬提供了丰富的食物。每年从十月下旬开始,丹顶鹤和灰鹤来此越冬。

越冬的丹顶鹤以家属群为单位,3～4只一群,在滩涂上活动,每天早晨7时左右开始觅食,吃幼嫩的草根或地下茎及螺、蚌等无脊椎动物。早晚是它们的觅食高峰时期。你可看到个体略小,体羽白中沾灰褐,初级飞羽黑中显灰的当年幼鹤。4只小群中,尾随其后一只往往是二龄的亚成体。在觅食活动中,成鸟还会给幼鸟喂食,当然幼鸟主要是自己找食吃。在觅食活动中,丹顶鹤的警惕性很高,不时抬头瞭望,受惊就会鼓翼起飞。在草滩上还有大鸨、雁、野鸭、天鹅、鸻等鸟类在此越冬,它们分别在不同生态位觅食,互不干扰,有时还能看到哺乳动物鹿科獐在草滩上奔跑。

第二个景点是浙江舟山群岛的东极岛等地。人们欢喜去普陀朝拜佛祖,游寺庙,或在沙滩游泳等,很少有人去海岛上观鸟。在定海本岛外一些无人居住的面积较小的荒岛上,有大量海鸟繁衍生息。大批黑尾鸥和白鹭每年3～8月份在此繁殖,在东极岛外某个小岛上,有成千上万只东方小燕鸥和褐翅燕鸥在草丛中营巢产卵。鸥类的巢很简陋,就在草丛或凹陷的泥沙地,或石缝之间筑巢。黑尾鸥的蛋有鸭蛋大,青石灰色,具不规则褐斑。白鹭把巢筑在低矮的灌木丛中,每年有很多渔民上岛拾鸟蛋,导致鸟资源损失很大。在海岛上观鸟,鸟近在咫尺,人可接近到20米左右,因巢的密度很大,游客可直接摸到鸟蛋和幼鸟。

爱鸟协会
组织观鸟旅游

第三个景点是浙江西天目山。天目山本身就是个旅游风景点，人们来此往往只是休闲避暑，爬山观景，很少注意到这里是许多留鸟和夏候鸟的繁殖地。在林区和农田交界的边缘地带，每年春夏之际，你可听到杜鹃昼夜不停的鸣叫，灰卷尾的鸣声，早晚有斑鸠啼鸣、喜鹊的欢叫。如果在天目山停留2～3天，你可观察到30种以上的鸟类，另外还可观察到许多两栖爬行动物和无数的昆虫，有兴趣收集一些昆虫标本，亦是一种乐趣。

第四个景点是江西鄱阳湖候鸟保护区。鄱阳湖位于长江中游的南岸，是我国最大的淡水湖，它汇集赣江、抚河、信江、饶河和修水五大河流，北入长江，形状如葫芦，河流每年夹带大量的泥沙，淤积在水流平缓处，形成许多滩地和水深约30厘米的浅水区。湖区气候温和，雨量充沛，冬季平均温度在4.7℃左右，湖滩水草茂盛，鱼、虾、螺、蚌丰富，为水鸟越冬提供了充足的食料。

据调查，鄱阳湖地区的鸟类有150种之多，当然其中许多是分散的雀形目鸟类、夏候鸟和留鸟，但去鄱阳湖主要是观察越冬大型涉禽和水禽。这里有数以千计的白鹤、白枕鹤、白头鹤、灰鹤、及白鹳、黑鹳、大鸨、小天鹅和数万只鸿雁、小白额雁、斑嘴鸭、绿头鸭、针尾鸭、黄鸭、罗纹鸭等。这些鸟类大多属于国家1～2级保护动物，有的还属于濒危物种，如黑鹳。这些越冬鸟类主要分布在大湖池、蚌湖、大汊湖、梅西湖等几个自然湖泊及草滩上。

白鹤又称黑袖鹤，体形略小于丹顶鹤，全身雪白，嘴和脚红色。白鹤是鹤类中最美丽的一种，是世界濒危物种，国家一级保护动物，在西伯利亚繁殖，冬季90%以上来鄱阳湖越冬。在1981年冬季只观察到148只，经多年保护，现越冬种群已超过2 000只以上。它们早晨7:30～10:30在湖区觅食，中午休息，以蚌、螺、植物嫩根为食。白鹤以家族群活动，大多只有一个子女。

鄱阳湖是名副其实的越冬鸟类的天堂。每年的11月至翌年3月是观鸟的好时光。鄱阳湖候鸟区属国家级保护区。

（陈　彬）

生物钟的奥秘

20 世纪 40～50 年代，那时一般农民家庭是没有钟表的，但有一个特别的方法，那就是听雄鸡的啼鸣。五更天，雄鸡第一声叫，人们就知道天快亮了。太阳正当头时，雄鸡第二次叫，此时是中午 12:00 左右，太阳下山后公鸡再次鸣叫，是下午 6:30 左右，这时散放的鸡都会主动回栅舍。这就是人们常说的生物钟在鸟体内所起的作用。

实际上在生物界有形形色色的生物钟。有句谚语“西风响，蟹脚痒”，意思是当十月下旬，寒潮来临，刮起西北风时，成熟的大闸蟹开始从河、湖淡水中向海水中回游，此时如在水闸处张网，可捕获肥壮的大闸蟹。这实际上是气温、季节变化，促使蟹活动。

生物钟有“日钟”、“月钟”、“年钟”等。夜鹭白天在栖息地的树枝上休息，傍晚 6:00～7:00 左右向外飞出，在水稻田或河、沼泽地觅食，第二天清晨 6:00～7:30 左右开始陆续返回营地。同样夜莺和猫头鹰等白天伏在林中树干上休息，闭目养神，而夜间则频繁活动，捕捉蚊子和老鼠。在江西鄱阳湖考察越冬鸟类生态时，发现各种鸟类一日内和整个冬季活动相当准时有规律，大雁每天早晨 7:00～8:00 分批以 6～8 只家族群从宿营地向草滩飞去觅食。白鹤和白枕鹤约在上午 6:30 左右开始飞来湖边沼泽地觅食。而冰冻湖面上的小天鹅相对迟一点开始吃食，8:00 之前，它们把头颈藏在翼下，在湖面上休息，等太阳升高，相对暖和时才开始头颈向水下，脚朝上，寻觅水草。珠颈斑鸠在清晨 6:30 左右啼鸣，这说明鸟类一天觅食活动都有自己的时间表，随着光照长短和温度变化，体内生物钟调节着活动时间。这可以

岩雷鸟每年三易毛色

说是“日钟”的表现。据观察,越冬鸟类从 12 月至翌年 2 月份活动比较稳定,但到 3 月中旬开始,又活动频繁,大批开始集群,特别是雁鸭类,成千上万只集中在一起,在 3 月下旬明月当空的某个晚上会分批起飞,向北迁飞,去繁殖地。海洋中有些生物会随着月亮的变化如新月、满月、上弦、下弦而表现出月周期。在太平洋珊瑚礁里,大沙蚕的繁殖过程和月亮的周期变化相呼应。加利福尼亚沿海的棘鳍鱼,都在月圆后的第一次大潮中开始繁殖活动,它们乘着海潮的浪头来到海滩上产卵、排精,到两周后的下一次大潮时,小鱼从卵中孵出,再随海水回到大海。又如大马哈鱼从黑龙江上游产卵,双亲产后死去,幼鱼随流而下回到海里,待几年后,幼鱼长大成熟,又拼命逆流来黑龙江产卵,这就是鱼类生物体内的“年钟”。

就生物本身来说,有饥饿、体温、移栖、换羽、冬眠、生殖等时钟。作为生物类群的人,同样有生物钟表现,当然人体内的生物钟比一般生物体内的生物钟复杂得多。我观察到一个只有十个月左右的婴儿,他的两种行为非常准时,一是上午 9:00 左右,不管他原来是在吃东西或玩玩具,每当这时他一定会吵闹不休,手指向门口,此时大人抱着他去户外活动一下,过半小时再回家,小孩就非常安定了。再有一个行为即每晚 8:00 左右,不管房间里有电视音响、灯光、说话声之类干扰,这孩子一定会准时入睡。原来,大人在喂养过程中有意识定时去户外活动和按时熄灯,保持室内安静,在短短几个月中,使孩子形成到时间要出去活动和按时要睡觉的习惯,这应该说是后天培养所形成的生物钟。

雪枭觅食不分昼夜

生物钟的“发条”在什么地方?不同的生物各不相同。如草履虫细胞核的周期变化是受脱氧核糖核酸控制的。蚕的生物钟,“发条”就是 26 个神经细胞。鸟类和哺乳动物的生物钟,是由脑下垂体分泌的激素控制的,而脑下垂体恰好又长在靠近视神经的地方。所以和眼睛接受的光线有密切关系。生物钟是受激素影响的，而激素又受神经系统所控制。

生物钟是怎样形成的？应该是由遗传因素决定的，主要受生物体内部因素控制，如鸟类的迁徙，当年生的小鸟也会按时迁飞，越冬过后返回繁殖地时，小鸟会比老鸟率先回来。这说明一种鸟的迁飞习性生来就具有，是物种形成时基因决定的。外部因素也有一定的影响，如光照、温度、地磁场等。另外也有由长期生活习惯所养成的某个特定的生物钟时间，如人会定时进行某一行为。这是后天形成的。研究生物钟，可以提供控制生物生长发育的机制。

（陈　彬）

生物钟

生物钟又称生理钟。它是生物体内的一种无形的“时钟”，实际上是生物体生命活动的内在节律性，它是由生物体内的时间结构序所决定。生物钟的存在有极重要的生物学意义，它能使生物与周期性的环境变化相适应，特别是一些对生存和繁殖关系重大的事件，如迁徙、觅食、交配、生育等，以至作出提前安排。生物钟五花八门，多种多样：有和昼夜相适应的日钟，有和潮汐相适应的潮汐钟，还有和地球公转、季节变化相适应的年钟。

植物的净化、指示与监测

当你离开高楼林立、车水马龙的大城市，来到乡村和名山大川，就会感到心旷神怡。因为这些地方不仅风景秀丽，更重要的是空气新鲜。那么什么样的空气才是纯洁清净的呢？

空气是多种气体的混合物，通常由恒定的、可变的和不定的三部分组成。大气中氮占 78%、氧占 21%、氩占 0.93%，三者占大气总体积的 99.93%。它们和微量的氖、氦、氪、氙、氡等稀有气体组成了空气中的恒定部分，这一比例在地球表面各处相似。

可变的部分指空气中的二氧化碳和水蒸气。在通常情况下，二氧化碳的含量为 0.02%～0.04%，水蒸气的含量为 4%以下，它的含量随季节和气象条件及人类活动的影响而变化。

大气中不定部分来自自然界的灾难性污染，如火山爆发时喷出的灰尘，污染全球。另外是人类的交通、工业生产所造成的空气污染。

在海滨、林区、山村，除上述空气比例正常，属清净空气，另外空气中含有大量的负离子，对人体有特殊功能，被称为“空气维生素”。

空气是维持人类生存的重要环境因素，一个成年人每天呼吸量很大，达 15～20 立方米，约为每天所需食物和饮水量的 10 倍。因此，大气污染对人体危害极大，它常常引发肺气肿、哮喘、支气管炎、肺癌等疾病。

红树林

由于城市交通和工业生产，煤、石油和森林大火或火山爆发等已经给大气环境带来了严重的污染。那么怎样来净化、监测大气污染的程度？当然现今科技发达，可以用仪器来测定。但在自然界许多植物对环境有明显地净化和监测作用，也可成为环境污染种类和严重程度的指示性植物。

银桦是山龙眼科的常绿大乔木，它树姿优美，叶呈银灰色，是20世纪20年代从澳大利亚引进的树种，现已成为南方城市的行道树和工厂区主要的绿化树种。银桦对城市里烟尘和厂区的有害气体有较强的吸收和抵抗能力，虽受煤烟污染，但树叶未见病状。据测定，银桦对氟化氢和氯化氢抵抗性较强，有较高的吸收能力，每公顷银桦林能吸收氟化氢11.8千克，每一克银桦树叶能吸收氯化氢13.7毫克。银桦对二氧化硫抵抗性也较强，在污染源下风处，其他树种很难存活，而银桦照常生长，盆栽在硫酸车间，仍能新发枝叶。它甚至能抵抗有毒的氯气，在氯气排污口20米范围内，盆栽20天后的银桦苗木仍能保持绿色树冠，受害叶脱落较少。可以说银桦是"净化空气的能手"，是城镇和工业区良好的绿化树种。

甘蔗是禾本科植物，是人们爱吃的植物，又是制糖的重要工业原料。甘蔗除了吸收土壤中的一些矿物质外，还能大量吸收空气中的二氧化碳，利用率高，夏季能吸入浓度高达几千ppm的二氧化碳。生长发育过程中吸入二氧化碳，释放氧气。甘蔗对于一些有害人体的气体，如氟化氢、氯气和氯化氢，也有较强的抵抗性。它还能以造纸厂的废水为肥料，从而减少这些废水造成的环境污染，保护环境。所以甘蔗也对空气有很好的净化作用。另外许多植物对不同的化学毒气有一定的抵抗作用。如大叶黄杨、皂角、海桐花等植物能抗大气中的氟。

许多植物对各种化学元素有不同的敏感性。如曲芒发草对钙敏感，紫花苜蓿、茉莉对硫敏感，早熟禾、唐菖蒲对氟敏感，柑橘、油松对氯气敏感，甜菜、紫罗兰对溴敏感，黄瓜、洋葱、豌豆对砷敏感，菠菜、南瓜对铜敏感。许多植物对污染的反应，比人敏感得多。例如，当二氧化硫的浓度达到1～5 ppm时，人才嗅到气味，达到10～20 ppm时，才会引起流泪、咳嗽。但是，苜蓿等敏感植物，只要二氧化硫的浓度在0.44 ppm以下，就会出现受害症状。这就可以预报空气中二氧化硫的污染程度。

由于许多植物对化学物质中毒反应敏感性不同，可以监测周围环境中的污染源或污染程度如何。如水杉、悬铃木易发生氟中毒，大叶女贞、耳叶相思易硫中毒，尖叶杜英、苦楝会氯中毒，大麦等会吸铁中毒。利用植物上述特性，人们就可以监测是何种化学物质污染了空气。人们曾利用指示植物桉树耐铀的特性，在高罗拉高原找到了5个铀矿。

那么植物是怎样来监测环境污染的泥？空气中的有害气体，是从叶片上的气孔渗入植物体内的。所以，一旦遇到有害气体，叶片便最先出现各种伤斑。不同的污染气体对植物的伤害不一样，引起的伤斑也不同。

如二氧化硫引起的伤斑出现在叶脉间，呈点状或块状；而氟气引起的伤斑，大多集中在叶子的尖端和叶片边缘，呈环状或带状。其他有害气体引起的症状也都不一样。由此可见，植物不仅能告诉我们大气是否被污染，而且大致反映出是哪一种污染。并且植物监测灵敏度是相当高的，如紫花苜蓿对空气中的二氧化硫浓度仅为千万分之三时，就显病态。剑兰的叶子在空气中的氟气浓度仅有亿万分之四十时，即在三小时内就会出现伤斑，可见其敏感度之高。

自然界中不仅植物能监测污染，某些动物也能担任这种任务。如利用蜜蜂和它们带回来的物质，测定各种污染物的分布和数量。某些鱼类能监测水污染，如被煤油污染的水源，在此生活的鱼和水鸟体内含有酸，无法食用。以往在化学实验室，最简单的方法养一只金丝雀或黄雀之类小鸟，一旦笼中鸟精神不振或死亡，说明实验室空气已经受到污染，人必须马上离开，虽然当时污染浓度人的感官尚未反应出来，但鸟类比较敏感。

（陈　彬）

能够净化空气的植物

虎尾兰是天然的清道夫，可以清除空气中的有害物质。

芦荟可以美容，净化空气，常绿芦荟有一定的吸收异味作用，作用时间较长。

滴水观音有清除空气灰尘的功效。

米兰是天然的清道夫，可以清除空气中的有害物质。淡淡的清香，雅气十足。

龟背竹是天然的清道夫，可以清除空气中的有害物质。

绿萝是生物中的“高效空气净化器”原产为墨西哥高原。由于它能同时净化空气中的苯、三氯乙烯和甲醛，因此非常适合摆放在新装修好的居室中。

绿叶吊兰不择土壤，对光线要求不严。有极强的吸收有毒气体的功能有“绿色净化器”之美称。

桂花可以清除空气中的有害物质。产生的挥发性油类具有显著的杀菌作用。

世界人口

给人下一个科学定义至今仍是世界难题，而对人口下个科学定义相对容易。所谓人口(population)是指生活在特定社会形态下(一定地域，一定数量和素质)的人的群体。可见，人口有地域、数量和素质特征。作为社会生活主体，人在一定时间与空间内，实现自身的生存和再生产。其自然属性表明他是社会生物群众，有自然生长过程、遗传、变异以及生理机能。其社会属性表明他在一定社会中是社会关系的综合体现者。他既是生产者又是消费者。

世界人口在公元1000年时仅为2.8亿，1650年人口已达5亿，1850年上升到10亿，1940年人口达20亿，1975年上升到40亿，1987年7月11日为世界人口达50亿的日子。1991年世界人口已达53.84亿，2003年世界人口为56亿。从以上所列年份的人口数可以看出，世界人口增长速度逐年加快。

人口增长主要表现在发展中国家。发展中国家占世界总人口的比重是：1950年为67%，1990年为77%，2000年达到79.5%，2025年将增至86.3%。与之相反，世界财富却为占世界人口少数的发达国家所占有。如1975年世界经济总产值4.1万亿美元，发达国家却拥有84.1%(人口仅占世界的27.5%)。人口剧增给广大发展中国家带来的经济差异日益扩大、贫困地区人口迅速增加、粮食状况进一步恶化、城市人口日益集中、

人口增长促使城市向空间发展，图为美国芝加哥

社会经济问题日益尖锐等一系列严重社会问题。

世界人口正在迅猛地增长，人们不禁要问地球到底能养活多少人？这是社会科学家一直关注的研究课题。他们把世界各国各地区人口的负载能力称之为“人口容量”。人口容量取决于：1. 地域食物生产量，这与土地面积有直接关系；2. 一切可能利用资源的蕴藏数量，消费量与生产量；3. 物质的、文化的、精神的蕴藏力。从这三个方面来衡量人口的合理容量。德国学者彭克根据单位面积平均粮食产量、陆地面积、每人平均粮食需要单一性地计测，世界最大人口容量为 159.04 亿人，理想的人口容量为 76.89 亿人。对世界人口合理容量的研究，各国学者的研究目的各不相同，所以得出的数据千差万别，要回答地球能养活多少人的问题为时尚早。

世界人口的快速增长，给人类自身带来的压力不断增加。人类为了生存和发展，需要食物和居所，以至破坏了大片森林或草原。地球上现有森林面积约 28 亿公顷，仅占世界陆地面积的 1/5，而在几百年前，地球上森林面积至少有 72 亿公顷。砍伐林木建造居所，开垦土地栽培植物，其结果是植被被毁，水土流失，栖息森林里的动物种群受到危害。人类为了生存和发展，大量开采自然资源的同时，把大量的生活和生产的废水、废气、废物抛向地球，严重地污染了人类生存的环境。此外，人口的增长还带来就业、教育等一系列社会问题。

对人口增长有绝对意义的是人口的自然增长，即出生人口数减去死亡人口数，就是人口自然增长数，世界上统一以千分率来表示。在各国各地区，不同时期的人口自然增长情况是不同的。如灾荒、战争、文化教育落后、政治动荡、国家有计划控制人口增长贯彻严格等等，都会减少人口的自然增长。如果经济迅速发展而人民生活水平日益提高，又不控制人口增长时，人口的自然增长率就高，例如，前苏联从 1926 年到 1939 年，人口总计增加 16‰。德国从 1891 年到 1900 年的经济增长期内，人口增加 14‰。法国的经济发展期在 1821～1830 年，人口增加 6‰。而经济衰落期的法国(1930～1939 年)人口自然增长率为零，英国同时期为 3‰，德国为 6‰，与这些国家经济上升期相比相差很大。

随着科学技术的进步，市场经济的发展，竞争的激烈，文化教育的提高，人们对生儿育女意义的认识也在不断提高，加上许多国家实行有计划控制人口增长的国策，世界人口自然增长率正在得到有效的控制。

（甘德福）

人类将重新穴居

当今世界已进入信息社会。人类已从登月发展到登上宇宙中的其他星球,庞大的宇宙开发正在开始。人类在上天的同时,常听说地球上的人类将重新回到洞穴中去生活。这不是天方夜谭,而是事实。

随着生产的发展,文明的进步,人类早已告别了过去赖以生活的天然洞穴,聚居于原始村落。接着,他们又告别了包围于绿色世界中的村落,在地上造起了一座座城镇,开始了新的文明生活。随着工业化步伐的加快,人类的生活发生了翻天覆地的变化:城市的规模在膨胀,工厂林立,摩天大楼拔地而起,高架道路纵横交错……

与此同时,绿色世界正在迅速地缩小,农村正在迅速城市化,有限的土地资源正在迅速减少。人们栖身于蜂窝式的大楼里,擦肩于水泄不通的街道。车辆阻塞、二氧化碳等气体布满了整个生活空间。碧绿清澈的河流,变成了黑不见底、鱼虾绝迹的臭水沟。花儿变了色,鸟儿绝了迹。人们开始醒悟过来:原以为文明标志的大城市,其实是很不文明的,必须寻找新的出路。

出路何在?回到大自然中已不可能,因为大自然已经变小,人类活动的空间已越来越窄。于是,人类在接受大自然惩罚之后,总结人类历史,向空间发展,向地下进军,回到人类当初生活的摇篮——“洞穴”中去。

北京西南周口店龙骨山岩洞,是我国已发现的人类最早的穴居场所,距今已有45万年。古人类选择穴居洞穴尚有讲究:近水、洞口高而背寒风,洞内较为干燥,而且居住和活动使用均接近洞口,以便通风采光。

古人类在与大自然搏斗中,不断积累经验,也学会了使用工具,他们为了改善居住条件和贮藏多余食物,着手选择合适的地方,人工开拓洞穴,进而对洞内外作一些简易装饰。

法国克罗马努人居住的洞穴

人类进入阶级社会之后,在洞穴的开发和利用方面,也出现了进

展:在公元前 25 世纪至公元 13 世纪期间,工程巨大的地下庙宇和墓室的建造,如埃及的金字塔和中国历代帝王的陵寝(地下宫殿)、黄土地区民居窑洞的出现等。公元前 1000 年左右,耶路撒冷城的给水隧道建成。公元前 605～502 年间,巴比伦国王尼布甲尼撒从他的皇宫通向太阳神庙所建的一条地下通道,乃是世界上第一条交通性质的隧道。

到 12 世纪以来,德、匈、英、挪威等国的开矿业大发展,从而出现了大量的坑道、隧道和排水巷渠等地下工程。在隧道衬砌技术方面,已有很大的进步。

从 19 世纪至 20 世纪 40 年代,人类开发利用地下空间,主要是在交通隧道、地下工厂、地下油、气贮存等方面。如法国的阿丹令运河隧道;英国泰晤士河下的公路隧道;1826～1830 年间英国在利物浦—曼彻斯特之间,打通涵岩,建成了世界上第一条铁路隧道。1803 年,英国伦敦建成世界上第一条地下铁道。1910 年,瑞典修建了世界上第一个地下水电站。1914 年,日本出于军事目的,在佐世保港的川之谷,建造了一个 6 000 立方米复土式钢筋混凝土圆形贮存库。1915 年,加拿大第一次地下贮存天然气试验获得成功。诸如此类的地下贮存库的试验成功,标志着人类在地下空间的开发和利用方面,又跃入了一个新的高度。

在第二次世界大战中,地面设施在狂轰滥炸之下,都变成了一堆废墟,而隐伏在地下的设施却安然无恙。为此,人们进一步认识到地下空间的优越性。所以,二次大战以后,世界各国掀起了开发利用地下空间的新高潮。

从二次大战后至 20 世纪 60 年代末,人类在开发利用地下空间方面的主要目的是修建为军事服务的地下防护工程。同时结合平战两用和城市建设,修建地下铁道、地下车库等地下交通工程。我国全民总动员的“深挖洞,广积粮”之举,也正值这个时期。北京的地下铁道建成通车、上海的第一条越江隧道交付使用,标志着我国在开发利用地下空间方面,也迈出了可喜的一步。

工业的发达、现代科技的进步、城市人口的高度密集,带来了交通拥挤,环境污染,城市用地紧张,能源严重短缺,城市热岛、风岛、雨岛效应等种种城市病。人类在积极向城市空间发展的过程中,深刻领会到必须向城市地下进军,走古人穴居之路,才是摆脱城市病的“灵丹妙药”。自 20 世纪 70 年代以来,吹响了人类向地下进军的号角!

人类的欲望是无止境的,向地下百米深处进军!海滨城市正在向海底进军,建造海底城市,又成为工业发达国家的新追求!人类重新穴居的时代正在到来!

(甘德福)

国际大城市的标准

上海是世界上公认的国际大城市。为什么上海一直在努力把自己建设成为一个国际大城市呢？真正算得上国际大城市要符合许多标准。

所谓城市，这是相对于农村而言的。城市最早出现在奴隶社会。由于时代不同、国家不同，对城市的定义也不尽一致。一般来说，确定城市的标准有四条：第一，城市是人口和房屋高度集中的地域；第二，城市以工业、矿业、运输业、服务业、公务等为产业；第三，城市在政治、经济、运输、社会、文化、信息等方面，都起着周边地区的中心地和结节点的作用；第四，城市动态性强，如人口流动、职业变化、通讯交通等都很活跃，居民的职业和性质也多样化，城市内部的地域分化也显著。

城市的分类方法很多，是地理学家和社会学者致力研究的课题。第一种是根据城市的分布、职能、发展、形态等来划分的。第二种是根据气候与地理位置分为热带城市、温带城市和寒带城市。第三种是根据地形位置分为平地(三角形、扇形)城市、高地城市、谷口城市和瀑布线城市等。第四种是根据城市规模分为田园城市、小城市、中等城市、大城市和特大城市等。第五种是根据城市形态分为格子状城市、放射状城市和混合城市等。第六种是根据城市发展分为奴隶社会的城市、封建社会的城市、资本主义社会的城市和社会主义社会的城市等。第七种是根据城市的自身发展分为幼年期城市、青年期城市、壮年期城市和老年期城市等。在众多的城市分类法中，研究最多的分类法是按城市职能分类。最早研究城市职能分类法的奥劳索将城市分为行政、军事、文化、生产——集散、市场、分配、保健等职能。美国人哈里斯第一个参照各产业的全国平均值来定量城市的职能分类。日本学者小笠原义胜以各产业人口比重的全国平均值为标准，对日本城市进行分类：工业城市(工业从业人口占全职业人口59%以上)；商业城市(商业从业人口占20%以上)；矿山城市(矿山从业人口占10%以上)；水产业城市(水产从业人口占10%以上)；公务自由业城市(公务自由业从业人口占23%以上)等等。

对城市规模(即城市大小)的认识比较一致，各国都以城市人口数量来划分。我国按人口规模划分城市等级：100万人口以上为特大城市；50～100万人为大城市；30～50万人为中等城市；10～30万人为小城市；10万人以下为中小城镇。凡步入大城市尤其是特大型城市，都要有一个完

自由女神像是美国纽约的标志

整的城市总体规划。总体规划的主要内容包括11个方面：1. 确定城市性质和发展方向，测算城市人口发展规模，选定城市总体规划的各项指标；2. 选择城市用地，确定规划区范围，划分城市功能分区，综合、整体地安排各种设施和建筑；3. 布置城市道路系统和车站、港口、码头、机场等交通运输设施的区位；4. 提出大型公共建筑的位置；5. 确定主要广场位置，交叉口形式，主次干道断面，主要控制点的坐标和标高；6. 提出各种管线工程规划；7. 提出人防、抗灾和环境保护规划；8. 制定城市旧区改造规划；9. 制定郊区规划；10. 安排近期建设用地，提出近期建设的主要项目；11. 估算城市近期建设总造价。总体规划近期为5年，远景为10～20年。近期规划要具体，远景规划可以宏观制定方针与规划设想。城市总体规划的好坏，直接影响城市的生存和发展。

要成为国际大城市，城市总体规划水平要求很高。1959年在柏林召开的世界城市讨论会上就规定了国际性城市的标准：第一，不仅以人口规模100万作为决定数目，还要集中多民族或国民的活动；第二，为国际、国内交通通讯的中心；第三，要具有大城市的综合职能，创建出个性的城市地域；第四，腹地广阔，通常涉及两个大洲以上，若是一个大洲的话，其吸引圈要特别大；第五，拥有大城市的职能，要成为高级的经济中枢，政治、文化职能也具有特别的意义。用当时的这五条标准来衡量今日中国的大城市，够格的仅是上海和北京。柏林会议至今已有近半个世纪，如今要衡量一个国际大城市，标准要高得多，如城市的环境质量、绿化面积、市民科学文化素质和道德修养等。上海要成为国际大城市，硬件建设基本达标；城市职能已经满足要求；上海正在与长三角联动。上海所欠缺的是软件建设，尤其是在提高市民科学文化素质和道德修养等方面，还要花大力气。

（甘德福）

世界三大粮食作物

联合国在统计世界粮食作物时，统称小麦、稻谷、玉米、大麦、高粱、燕麦、黑麦和粟等 8 种粮食作物为谷物。在我国，谷物除上述 8 种之外，还加上薯类和大豆，变成 10 种粮食作物。联合国从全球粮食作物的播种面积、粮食产量和人们主要食用谷物的种类统计，认为小麦、稻谷和玉米是世界三大粮食作物。据 1990 年统计，全世界播种小麦、稻谷和玉米的面积为 5.06 亿公顷，约占世界粮食总播种面积的 72.4%；三者产量合计 15.89 亿吨，约占世界粮食总产量的 83.2%。

小麦是世界播种面积最大、产量最多和分布最广的粮食作物。根据联合国统计，小麦占世界粮食播种面积的 1/3 多。小麦产量占世界粮食总产量的 1/3。世界上 1/2 的人口以小麦为主食，世界粮食总贸易量中，小麦占 1/2 以上，所以小麦成为世界性三大粮食作物之首。

小麦是温凉作物，年均气温在 10 ℃～18 ℃，年降水量在 750 毫米，受地形的限制又小，平原、台地、高原皆可种植。其分布除南极洲外，遍布世界各地。主要播种地带集中在北纬 20°～55°和南纬 25°～40°的温带地区，北半球多于南半球，形成 5 个小麦带：1. 自西欧平原经中欧平原、东欧平原南部到西伯利亚平原南部。2. 北起中国东北平原、华北平原、黄土高原到长江中下游平原。3. 西起地中海沿岸，东经土耳其、伊朗到印度河、恒河平原。4. 北美洲中部大平原，包括加拿大中南部和美国中部。以上四个地区占世界小麦总产量的 90%以上，特别是亚欧大陆小麦产量占世界总产量的 3/4。5. 南半球从南非向东经澳大利亚南部、新西兰坎

稻在水田里生长成熟

特伯里平原到南美洲阿根廷的潘帕斯平原，是一个不连贯的小麦带。

中国、美国、印度和俄罗斯是世界主要小麦生产国，四国的小麦产量共占世界小麦总产量的1/5。美国、加拿大、法国、澳大利亚、阿根廷是世界小麦五大出口国。世界每年粮食贸易量约2亿吨，其中1亿吨为小麦，而五个主要小麦出口国共占世界小麦贸易量的85%。

水稻是世界最重要的粮食作物之一。据联合国1990年统计，全世界水稻播种面积为14 580公顷，约占世界粮食播种面积的20%以上。亚洲的绝大部分居民以稻米为主食，故稻米有“亚洲粮食”之称。随着水稻品种的改良，尤其是我国杂交水稻品种的普遍推广，加上耕作技术的不断改进，水稻的产量逐年稳步增加。

水稻喜高温多雨，年降水量在1 000毫米以上，多分布在地势低平的冲积平原区域。世界水稻多集中在温带季风、热带季风和热带雨林地区，以亚洲的东亚、东南亚和南亚地区最为集中，亚洲的稻谷产量占世界92.3%(1990年)。中国和印度是世界两大稻谷生产国，产量占世界的1/2以上。印度尼西亚、孟加拉、中南半岛各国、日本、朝鲜、韩国等都是重要的稻谷生产国。此外，近年来在地中海沿岸、美国和巴西等国也有少量种植。

稻谷占世界粮食贸易市场上的商品率较低，每年进入世界粮食市场的稻谷仅1 200万吨左右，在2亿吨的交易量中，仅占5%～6%。稻谷的主要出口国有泰国、美国、越南、中国、巴基斯坦、缅甸等，主要输往西亚石油输出口和俄罗斯等国家。

玉米被视为“杂粮”或“粗粮”，它既是人们的食粮，又是饲料。玉米在世界粮食作物总播种面积中，约占18.5%(1990年)，仅次于小麦和水稻。近些年来杂交玉米的成功，单位面积产量迅速提高，每公顷平均产量在3.6吨，南欧国家最高达每公顷7吨，被称为“高产作物”。随着世界畜牧业的迅速发展，玉米的播种面积正在不断扩大，产量逐年增加。

玉米原产于中美洲，是一种喜温作物。玉米生长的适应性很强，世界上分布十分普遍。主要集中在以下四个地区：1. 美国。玉米产量约占世界总产量的40%。2. 中国(华北、东北、关中平原和四川盆地)，产量占世界总产量的19.5%。3. 欧洲南部平原地带。4. 拉丁美洲的墨西哥、巴西和阿根廷等。

玉米在世界粮食市场上占据着半壁江山，每年进入世界粮食市场的玉米在8 000万吨到1亿吨。美国、阿根廷、法国和中国是世界玉米主要输出国，其中美国占据着世界玉米交易市场70%以上的份额。玉米的主要输入国有日本、俄罗斯和韩国等国家。

(甘德福)

世界三大饮料作物

人体所需水分的来源，一靠食物，因为食物中含大量的水；二靠饮水，一个人每天需2.5升的水才能保持体内水分的平衡。为了改善饮用水的质量、营养(增加常量和微量元素)和口感，人们需要在饮用水中加入茶叶、咖啡和可可等饮料，这些饮料都属热带经济作物。随着世界饮料市场的发展，世界三大饮料作物——茶、咖啡和可可产量也逐年攀升。

茶已成为我国人民日常生活的必需品。开门七件事，柴、米、油、盐、酱、醋、茶，可见茶在中国人民心目中的地位之高。我国的海南、福建等地居民都有喝早茶的习惯，故有“宁可三日无粮，不可一日无茶”的说法。

茶原产于中国的东南部，中国人的饮茶历史可追溯到西周以前的原始社会时期，距今已有3 000多年的历史。

据联合国1991年统计，世界茶树栽培面积为270多万公顷，年产茶叶257.6万吨。茶树喜高温多雨，年平均气温12 ℃～20 ℃，降水量1 400毫米以上，排水良好的丘陵地带最为适宜。收获茶叶至今还是以人工采摘为主，所以需要大量劳动力。世界茶叶产量的92%集中在发展中国家，这与劳动力优势有很大关系。亚洲是世界著名的茶叶产区，其产量占世界总产量的80%，主要分布在东亚、东南亚和南亚的热带和亚热带地区。其中印度和中国合占世界茶叶总产量的1/2以上。斯里兰卡、印度尼西亚、土耳其和日本等都是茶叶的主要生产国。其次是非洲的肯尼亚等国也有茶叶生产。

在世界茶叶市场上，每年有120多万吨可供交易，斯里兰卡、中国、印度是世界茶叶的三大出口国，合占世界总出口量的60%。主要输往西欧、俄罗斯、美国和西亚石油输出国。

茶园

咖啡是经济发达国家人民所喜爱的饮料。我国改革开放以来，经济持续高速增

长，国强民富，西方人的咖啡饮料在我国年轻人中也逐渐时兴起来，“味道好极了”的咖啡饮料广告语深入人心，咖啡销量也逐年在增加。

据联合国1991年统计，世界咖啡栽培面积为1 130万公顷，年产量608.8多万吨，是世界第二的饮料作物。咖啡原产于非洲的埃塞俄比亚，18世纪初移植拉丁美洲，以后又陆续推进到亚洲。咖啡在生长期喜高温多雨，收获期宜高温少雨，年降水量1 300～2 300毫米，排水良好的丘陵地带最宜种植。所以热带雨林区咖啡树分布最密集。世界咖啡栽培面积的99.9%和产量的99.4%集中在发展中国家。拉丁美洲居首位，占世界总栽培面积的一半和总产量的2/3，其中以巴西产量为最高，年产144多万吨(占世界的1/4)，故有“咖啡王国”之称。非洲次之，约占世界总栽培面积的1/3和总产量的1/5。科特迪瓦、埃塞俄比亚和乌干达也是主要咖啡生产国。在亚洲仅印度尼西亚和印度有咖啡栽培。

玛旺茶植株

世界上咖啡产量的70%进入国际市场，巴西、哥伦比亚、印度尼西亚、科特迪瓦、墨西哥、危地马拉是主要咖啡输出国，消费主要集中在经济发达国家，以美国、西欧各国和日本为多。

“巧克力”是人人喜爱的食品。“巧克力”主要由可可、牛奶和砂糖炼制而成。可可在世界上总栽培面积为560多万公顷(1991年)，年总产量245.5多万吨。可可原产于南美洲，19世纪后期被移植到非洲几内亚湾一带。可可喜高温多雨，降水量2 000毫米以上，以干湿季和微风气候为最佳。可可集中分布在南北半球等温线20 ℃以内的地区。非洲占世界总栽培面积的70%和产量的1/2以上，是世界最大的可可生产国和出口国。加纳被誉为“可可王国”，年产25万吨，几乎全部出口。尼日利亚、喀麦隆等国也是重要咖啡出口国。拉丁美洲次之，巴西年产可可34万吨，居世界第二位，出口量则为世界第5位。近些年来移种可可成功的马来西亚和印度尼西亚的产量增长较快，已分别跃居世界第4位和第5位，成为主要生产国和出口国。可可全部生产在发展中国家，消费却以西欧和美国等发达国家为主。可可除了炼制巧克力之外，还是许多饮料不可缺少的原料，可可的市场前景十分被看好。

(甘德福)

世界四大农业地域

国际上根据农牧业结构、栽培或饲养方法、农业收入、技术水平、商品率、专业化程度等，将全世界划分为四大农业地域。

第一，自给传统农业地域。指的是游牧型、绿洲农业型、迁移农业型、亚洲传统农业型和旱田农业型等五种类型。

游牧型是以天然牧场为主要饲料基地，以饲养绵羊、山羊、牛为主，还有马、骆驼、驴等。以放牧为中心，逐水草而居，随季节更换牧场。粗放经营，产量低而不稳定。投入少，商品率低，属自给自足牧业，居无定所。游牧型主要分布在三个地带：1. 干燥半干燥草原地带，包括蒙古高原、中亚、西亚和非洲撒哈拉沙漠以南的草原区。2. 高山、高原地带，如中国青藏高原、南美洲的安第斯山区等；3. 北极寒冷地带，如爱斯基摩人的狩猎、采集、渔业属之。

印度尼西亚山区梯田中稻穗一片金黄

绿洲农业型多以种植业为主，小麦、杂粮、棉花、果蔬（如枣椰）等为主要作物。利用泉水或地下水灌溉农业，以坎儿井为典型代表。主要分布在干燥和半干燥地区的绿洲地带，如西亚的两河流域，中国的新疆与甘肃的西北部，伊朗高原，尼罗河流域，印度河的上、中游，撒哈拉沙漠地区等。

迁移农业型（亦称“补丁农业”）是以放火烧山灰作肥，辟为旱田种杂粮为主。刀耕火种，原始经营。

待土地肥力耗尽,迁移他处,再来烧林施肥,刀耕火种。这种原始迁移农业型,主要分布在赤道附近的热带地区、东南亚各国的山区、非洲中部和拉丁美洲的部分地区。

亚洲传统农业型在亚洲分为水田农业与旱田农业两种类型。水田农业是亚洲农业最典型的代表。以种植水稻为主,轮作较少,属水稻专业化生产,以小农个体经营为主。从发展水平分为:1.集约型。精耕细作,物力和劳力投入多,现代水平高,一年两熟,多则三熟,产量高达每公顷6～7吨。主要国家为中国、日本、朝鲜和韩国。2.粗放型。主要指东南亚和南亚各国,现代化水平低,粗放经营,产量每公顷仅2～3吨。

旱田农业型以种植粮食作物为主,有玉米、小麦、高粱、粟等,经济作物有棉花、麻类、烟草、甘蔗、花生和大豆等。旱田农业型大都分布在水田区的边缘或外围地区,有中国的华北、东北地区,印度的德干高原、恒河中上游及日本的北海道地区等。

第二,商品化农业地域。可分为:混合农业型、酪农型(或称产奶区)、地中海式农业型和园艺农业型等四种类型。

混合农业型的特点是种植业和畜牧业并重,广泛实行轮作,农业投入多,集约化经营,单位规模大,商品率高,主要分布在西欧、北美洲的温带、寒温带地区。西欧、南欧(意大利波河流域)和北美洲的现代化水平较高。巴尔干半岛各国的现代化水平相对要低一些。

酪农型即为乳用畜牧业区。以种植饲料和养奶牛为主,现代化、专业化、规模化、集约化程度高,商品率较高。主要分布在温带湿润地区。以北欧丹麦,西欧的荷兰、瑞士,北美洲五大湖沿岸,澳大利亚东南部,新西兰北岛最为集中。

地中海式农业型以栽培橘柑、葡萄、油橄榄、柠檬等地中海水果驰名。集中分布在地中海沿岸地区,以南欧最发达,法国、意大利、西班牙为其中代表。

园艺农业型以种植蔬菜、水果和花卉观赏植物为主。精耕细作,规模不大,属多劳、多设施、多投入、多收益农业。主要分布在世界各大城市与近郊区,以及运输便捷的远郊地区。

第三,企业化大农业地域。同样可分为:企业谷物农业型、企业畜牧业型和种植园农业型三种类型。

企业谷物农业型以种植谷物为主,冬、春小麦为中心,与玉米或其他麦类轮作。规模大(耕地100公顷以上),现代化水平、专业化程度、商品率、劳动生产率、收益都高。这种大农场主要分布在中纬度的湿润地区,以北美洲(西经100°以西)的中西部地区,阿根廷的潘帕斯草原区、澳大利

中国山区的梯田

亚的东南部地区。

企业畜牧业型以饲养肉牛与绵羊为主，少量种植麦类与牧草。经营规模大，草场放牧，饲料育肥，商品率高，效益也高。主要分布在北美洲西部，拉丁美洲的巴西高原东部，阿根廷的潘帕斯和巴塔尼亚地区，澳大利亚的内陆地区、新西兰，以及南非等半干燥地区。

种植园农业型以种植热带经济作物为主，生产天然橡胶、甘蔗、咖啡、可可、椰子、油粽、茶、香蕉、棉花、烟草、西撒尔麻等。多为单一经营，以大农场主经营为主。主要分布在热带雨林区，以东南亚、南亚、中美洲和西非洲最为集中。

第四，合作化（集团化）农业地域。这是社会主义国家独有的形式。土地为国家所有，大的农业基础设施由国家投资建设，小的由集体或个人备置。建有国营农场和各种形式的合作单位。改革开放以来，发展了农业生产承包制度，农民的积极性提高，产量提高，收益增加。

（甘德福）

世界五大油料作物

油料作物种类繁多，有大豆、花生、芝麻、向日葵和油菜五种，称之为世界五大油料作物。

大豆居世界五大油料作物之首，又是中国的重要粮食作物。大豆浑身都是宝，它兼有食用、油料和工业原料等多种用途，其豆茬有利恢复土壤肥力。我国的大豆、豆油和豆饼粕在世界油籽、油和油饼粕贸易中都居首位。

第二次世界大战后，世界上大豆的播种面积和产量逐年迅速增长，种植面积已达 5 300 万公顷(1990 年)，年产量超过 1 亿吨（1990 年 1.08 亿吨），比战前增长近 8 倍。大豆原产于中国，历史悠久。1938 年中国大豆种植面积达 907 万公顷，总产量 1 210 万吨，占当时世界大豆总产量的 93%。近半个多世纪以来世界大豆的生产地域发生了重大变化。美国、巴西和阿根廷等国家迅速发展。目前世界大豆总产量中：美国占 48.5%；巴西占 18.5%；中国和阿根廷并列第三位。另外，印度、意大利、巴拉圭、印度尼西亚、墨西

油菜栽培

华杂良种

蓉油良种

秦油良种

蜀杂良种

哥、加拿大和泰国的大豆播种面积和产量也在逐年增加。

世界大豆市场平均年交易量在 2 600～2 700 万吨。主要大豆出口国的排名:美国为第一(占 60%),巴西为第二(占 15.6%),阿根廷为第三(占 12.3%),中国和巴拉圭居第四位。主要大豆进口国有日本、西欧各国和韩国等。

花生是世界第二大油料作物。印度是世界上花生播种面积最大(占世界总面积 34.7%)、产量最多(占世界总产量的 31.2%)的国家。中国年产花生 650 万吨,产量和播种面积居世界第二位,但出口最多,位居世界第一。美国、尼日利亚、印度尼西亚、塞内加尔、缅甸、扎伊尔等都是重要花生生产国。花生的输入国主要是西欧发达国家。

芝麻的世界总播种面积 660 万公顷,是花生播种面积(2 000 万公顷)的 1/3。总产量 220 万吨(1990 年),是花生总产量(2 310 多万吨)的 1/10。芝麻种植都在发展中国家,占世界总产量的 99%。其中亚洲占 64%,非洲占 27.5%。印度和中国是两大芝麻生产国,其次是苏丹、缅甸和墨西哥等国。

向日葵是世界重要油料作物。向日葵属温凉作物,种植广泛,世界总播种面积达 1 500 万公顷,年产量高达 2 000 万吨。向日葵既是油料作物,又是观赏植物,管理方便,生长快,所以在发达国家广泛种植。其种植面积占世界总面积的 2/3 以上。尤以欧洲最为集中,占世界总播种面积的 1/2 以上,产量占世界总产量的 60%以上。其次是亚洲和拉丁美洲。向日葵的主要种植国在西欧有法国和西班牙;亚洲有中国和土耳其。拉丁美洲有阿根廷,俄罗斯和美国也是重要的向日葵籽生产国。

油菜籽是世界第二大油的来源,年总产量 2 450 万吨,仅次于大豆。油菜的生长适应性较强,种植较普遍,产量也高。世界上油菜播种面积 1 500 万公顷,比花生少 500 万公顷,但它的产量比花生多 140 万吨。油菜籽在发达国家的产量略多于发展中国家。以亚欧大陆最为集中(占 70%),次为北美洲。中国的油菜籽产量居各国之首,占世界总产量的 28.3%,与印度和加拿大一起成为世界上三大油菜籽生产国,三国的油菜籽产量占世界总产量的 60%。次之为法国、德国、波兰和英国。

世界上粮油贸易始终兴旺。植物油的用途不断在扩展,需求量也在不断增加。有些发达国家虽是植物油生产大国,却每年要进口大量植物油,作为食品工业和化学工业的原料,转而再把食品和化工品出口,获取大量利润。发展中国家都是油料作物的播种地和植物油的出口国。

(甘德福)

世界的森林资源

森林不仅向人类提供木材、能源及多种林木副产品,是经济发展不可缺少的自然资源,又是整个自然生态系统中的中心环节,被誉为“地球之肺”,对保障人类良好的生存环境和农牧业的高产稳产起着重要作用。

全球现有森林和林地面积 40 多亿公顷,约占世界陆地面积的 31%,其中森林面积约 28 亿公顷,覆盖率为 22%。世界林木蓄积量为 3 100 亿立方米,针叶林占森林面积的 1/3,阔叶林占 2/3。温带林大多分布在北半球的北美洲、北欧、中欧、北亚和东北亚等。湿热带森林主要分布在亚非拉的热带地区:1. 亚洲的马来半岛和马来群岛;2. 南美洲的亚马逊河流域,加勒比海沿岸;3. 非洲的刚果河流域,西非的几内亚湾沿岸。

森林资源的地理分布很不均衡。森林覆盖率以拉丁美洲为最高,达 50%;北美洲 32%;欧洲 31.5%;亚洲 21%;大洋洲 21.9%;非洲 20.1%。从人均占有森林面积来看,大洋洲居首,亚洲则是最少的。世界有些干旱沙漠国家,如阿拉伯联合酋长国、科威特等,森林覆盖率不足 1%。世界上森林面积和林木积蓄量多的国家有俄罗斯、巴西、加拿大、美国、中国、印度尼西亚和扎伊尔等。

据历史记载,世界森林覆盖率曾高达 60%,森林面积 76 亿公顷。随着农牧业的发展,特别是现代工业的发展,战争、自然灾害以及人们盲目地过度砍伐等原因,导致世界森林资源不断减少。自第二次世界大战后至今,世界森林面积已减少了一半,尤其是中美洲(减少 66%)、中非(减少 52%)和东南亚最为严重。在当今世界上发达国家的森林资源基本维持稳定平衡状态,而发展中国家一般都是采伐大于培育。

中国的森林资源主要分布在东北和西南山地。西北山地和南方热带、亚热带丘陵山地也有小面积分布。森林类型丰富多样,树种约有 8 000 多种,其中乔木树种 2 800 多种(同纬度的美国只有乔木 800 多种),其中 50 多种乔木为我国所独有,如金钱松、水松、水杉、台湾杉、银杉、杜仲、珙桐、香果树等。而水杉、银杉、银杏等属珍贵树种。我国的竹子数量居世界第一位,品种达 300 多种(全世界竹子品种共 1 000 种)。我国还有油茶、油桐、漆树、橡胶、椰子、油粽等,它们都属生产油料和工业原料的经济林木。

森林火灾

我国古代曾是森林密布的国家，经几千年的采伐和天灾人祸，森林遭到严重摧残，到新中国成立时，森林面积只占领土面积的8%，分布又极不均衡。解放后开展植树造林，建设防沙林带的造林活动，森林面积逐渐增加。在大跃进年代大炼钢铁运动中，砍伐了不少林木。到1990年统计时，我国森林总面积为11 525万公顷，森林覆盖率为12%，远低于世界平均森林覆盖率(31.2%)。2004年公布我国现有天然林16亿亩(1公顷=15亩)，占世界3%。我国木材年需求量为3.3～3.4亿立方米，每年缺口达1.5亿立方米，森林资源短缺非常严重。

世界林业生产包括造林、抚育、管护、采伐、集运、加工、制造等生产环节。林业生产是一个综合性很强的生产部门。原木、锯木、纸浆、纸张、胶合板、纤维板、刨花板和薪柴等都是林业生产的主要产品，就连一次性筷子、火柴梗等小东西也是其产品。世界上原木生产的排序是：美国(占15.4%)、俄罗斯(11%)、中国(7.9%)、印度(7.8%)、巴西(7.4%)、加拿大、印度尼西亚、尼日利亚等国，年产量都在1亿立方米以上。发达国家的原木生产量不到世界总产量的一半，却集中了世界木材加工量的80%以上。发展中国家大都缺乏现代化林业生产设施，所以都以原木出口。亚非拉各国原木出口量约占世界总出口量的一半。发达国家依仗其林业加工设备，一般情况下原木只进不出，但他们的林业产品却源源不断地向世界各国出口，获取了丰厚的利润。

保护扩大森林资源，是林业生产的根本和前提。有了充足的森林资源，才谈得上采伐、集运、加工和制造。规范的林业生产使采伐有规矩(选择性采伐)，采伐后要马上补植，决不可以滥采滥伐，更不可以只采伐不补植。只有这样才能使森林资源得到延续。

（甘德福）

世界种族的分类难题

种族属于人的自然范畴,主要指体质和形态上具有共同生物学和遗传学特征的人的群体,具有区域性特点。过去对种族的划分,一般以人的皮肤颜色为主要标志,同时也考虑生理特征,由此而分为:黄种人、白种人、黑种人和棕种人;现在人类学家则按皮肤颜色、头型、眼睑、脸盘、眼睛的颜色,以及眼、鼻、唇的结构大小及身高比例等外形特征进行划分。而后又增加了血型、指纹、掌纹、体毛、牙等来对人类种族进行分类,可分为:1.蒙古人种。皮肤呈黄白、黄褐色,面部扁平,颧骨较高,鼻梁的高度和宽度均属于中等,头部为黑色直发,眼睛的颜色较深。蒙古人种主要有两个分支,一支分布于亚洲大陆,是蒙古人种的主要部分;另一支是分布在北美洲和南美洲的印第安人。2.欧罗巴人种。皮肤颜色浅淡,头发柔软呈波状发或直发,眼色碧蓝或灰褐色,嘴唇薄、鼻梁高、鼻子大、鼻尖突出。主要分布在欧洲、西非和非洲北部。欧罗巴人种是世界上最大的种族。3.尼格罗人种。肤色黑或深棕色,发黑而卷曲,鼻宽而扁、唇厚。主要分布在非洲撒哈拉大沙漠以南地区。4.澳大利亚人种。与尼格罗人种相似,肤色黑、发黑,鼻宽唇阔。主要分布在大洋洲,是世界上最小的种族。

这两种种族分类法其实是一回事。黄色人种指的是蒙古人种,是亚洲的主体人种,人口量占亚洲总人口的60%。黄色人种分南北两支,北支主要分布在东南亚地区的中国、朝鲜、韩国、日本、蒙古、俄罗斯的西伯利亚、远东地区,中南半岛各国,南亚的尼泊尔、锡金、不丹,西亚的土耳其等国家。南支主要分布在马来西亚、新加坡、印度尼西亚、菲律宾、文莱和东帝汶等国家。白色人种指的是欧罗巴人种,主要分布在南亚次大陆和除土耳其之外的西亚各国。黑色人种指的是尼格罗人种;棕色人种指的

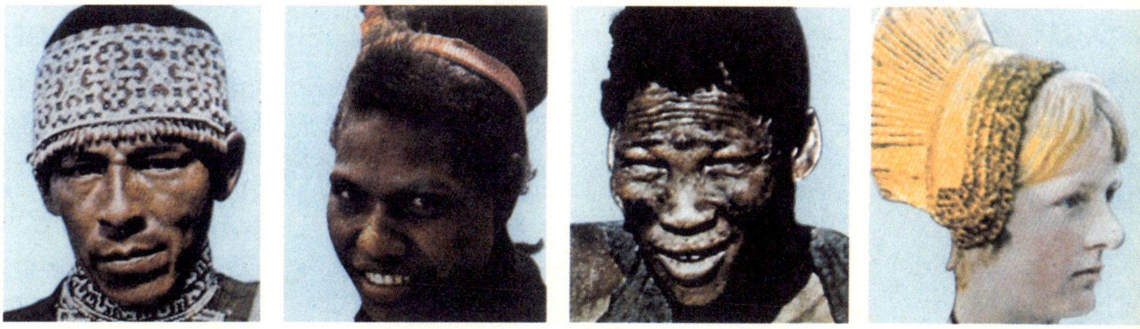

黄色人种、棕色人种、黑色人种和白色人种

是澳大利亚人种。随着科学技术的进步，对人类种族的分类会有新方法，如基因法等。但是，人类在长期进化过程中，种族这个群体也在发生变异，形成一些过渡或混合的类型和区域性的变种，势必对人类种族的分类带来新问题。世界上的种族十分复杂，以至到现在还没有一个被公认的分类系统。随着时间的推移，经济全球化的发展，带来世界人口的大流动，变种的种族群体壮大，世界种族的分类难题将越来越难克服。

同种族相比，民族的分类就比较容易。民族属于人的社会范畴，是人类社会长期历史发展的产物。民族的形成和发展受社会生产和社会制度所制约。各民族之间通过文化和经济上的交流，达到广泛的混合和融合，促进人类的进步。目前世界上大约有 2 000 多个民族和部族，其中最大民族是汉族，人口达 10 亿多。最小的民族人口不足千人，有的民族甚至只有几百人、几十人。

世界上民族的分布比较复杂，从各大洲来看，亚洲面积广、人口多，地理环境和历史进程差异较大，所以民族也多，大小民族共有 1 000 多个，占世界民族总数的半壁江山；欧洲范围小，地理环境有利于人群的交往和混合，因此民族数少，但各民族人口数量均已达到一定规模；非洲、美洲和大洋洲的民族数量大约各在 200～300 个之间。

从国家来看，有的民族分布集中，分布界线与国界大体吻合；有的民族虽然分布还算集中，但因历史原因被分割在不同的国家。

社会学家按民族结构的差异，把世界上的国家划分为三种类型：1. 单一民族国家。全部或基本上是由一个民族组成的，如朝鲜、日本、捷克和斯洛伐克等，国内虽有少数民族，但比重极小。2. 两大民族组成的国家。如比利时（主要有佛拉芒族和瓦隆族两个民族）；塞浦路斯（希腊族占 78%，土耳其族占 22%）；加拿大（英裔加拿大人占 44%，法裔加拿大人占 28%）等。3. 多民族国家。这类国家数量多，一般都有一个民族在人口上占绝对优势，中国为杰出代表，中国汉族人数占绝对优势，同时还有 55 个少数民族。世界上还有一个民族分布于许多国家的现象，如阿拉伯民族广泛分布于西亚和北非的许多国家。

种族与民族是自然与社会主要属性区别。一个种族中可以有许多民族，但一个民族中必定是属于一个种族。种族是世界性的，不受保护，所以变异的速度快、频率也高；民族是国家性的，受国家保护，所以变异的速度慢，频率低，稳定性相对要好。民族都有自己的传统、生活习惯和风土人情，自我保护意识也强。种族则在世界上漂游，会随时改变自己的习性，无自我保护意识。

（甘德福）

鼠害猖獗溯源

我们平时见到鼠类，一般称之为老鼠，从动物学的分类来讲，属于哺乳纲，啮齿目，鼠科。与人类关系密切的有小家鼠、黑线姬鼠、黄胸鼠、褐家鼠等。种类有15种以上，对我们人类危害大。它们的特点是分布广，如小家鼠、褐家鼠布遍全国；繁殖力强，数量多，一年可繁殖6～8胎，每胎4～6只，老鼠盗窃粮食，咬毁器物，危害农田作物稻谷、玉米、豆类等。它们的活动范围广，从室内到村落野外，从厕所到仓库，从阴沟到食品商店，从垃圾堆到厨房，到处都有它们活动的踪迹。老鼠在糟蹋粮食的同时，又是人畜疾病的传播者，其体外寄生虫有蚤、螨、蟑、虱等，体内寄生虫有原生动物、吸虫、绦虫、线虫等。还是许多细菌和病毒的贮藏宿主。所以老鼠对人畜的危害很大。

在自然界中，老鼠原本只是生态食物链中一个初级消费者，以鼠类为食的动物很多，在生态平衡的状况下，一般不至于发生严重鼠害，但事实上，鼠害确实相当严重。如曾有3 000万只老鼠侵袭墨西哥城，分布在市内各区公共市场、地铁和公园。哥伦比亚首都波哥大有500万只老鼠，与这个市的人口数目相当，每年糟蹋掉价值1 000万美元的食品，致使这些城市垃圾成堆。欧洲在14世纪时，发生过鼠疫，一次就夺去了2 500万人

灰仓鼠

的生命，占当时人口的1/4。1665年，伦敦再次发生鼠疫，又死去了68 000多人，原因是，英国政府为节约粮食而下令捕杀猫，猫少鼠多，鼠蚤增多，导致鼠疫流行。

鼠害在我国也很突出，西安、四川等地老鼠活动猖獗，损害农田作物，吃黄豆、蚕豆种子、咬食甘芋、萝卜，甚至导致颗粒无收，川东、川南一带老鼠传染的"出血热病"威胁着人类健康。

老鼠成灾的重要原因，是剧毒农药投放太多，在杀死少量老鼠同时也杀死了许多鼠类的天敌，老鼠的天敌很多，如乌鸦、猫头鹰、野猫、狐狸、黄鼠狼、蛇等。但在许多地方这些动物已经濒临灭绝，在城市里几乎见不到狐狸等动物，即使在农林，猫头鹰、黄鼠狼等也难得见到。要知道一只猫头鹰一天捕食老鼠4～5只，一年下来被消灭的老鼠就相当可观。黄鼠狼的食物中老鼠占80%左右。每只黄鼠狼一年可消灭300只以上老鼠。另外蛇也是捕鼠能手，蛇能自由地钻入鼠洞，捕杀老鼠。一条蛇一年可吃150只老鼠。但现在这些老鼠的天敌数量大减，在上海即使在郊区也很少见到乌鸦和喜鹊，黄鼠狼和猫头鹰已成为本地区的稀有动物。由于树木稀少，老坟堆、农田被平整，蛇的栖息地不复存在。但在街上小商贩的麻袋内装满了火赤链、黑眉锦蛇，几乎每家饭店都有大皇蛇、淑盐蛇等菜单。乌鸦和喜鹊及隼等动物在花鸟市场上被出售。与此同时，在马路上，垃圾堆旁、百货商店、饭店，新栽的草地绿化带常见老鼠出没，甚至人居住的公房里，常能见到老鼠足迹。虽有捕鼠的强粘胶版、老鼠笼、老鼠夹等工具，仅靠人的零星捕杀是远远抑制不了老鼠的危害的。特别是在农村，广阔农田使人们很难用老鼠夹来消灭老鼠。如果继续使用剧毒农药，老鼠还尚未被消灭，老鼠的天敌却先被消灭了。国外有人专门在仓库内养蛇来保护粮食，效果很好，所以必须保护树木，保护老鼠的天敌如乌鸦、黄鼠狼、狐狸等，严禁捕捉和出售蛇类产品。在城市里有必要开展爱国卫生运动，清理管理好垃圾，采用各种有效手段捕杀老鼠，特别是清除老鼠栖息地的繁殖窝。要改变人们的饮食习惯，禁止买卖和食用野生动物，大力开展植树活动，吸引猫头鹰，放生已捕到的蛇等。以保护生态平衡。这样才能有效控制鼠害。控制动物的危害只有采取控制该动物的数目，要彻底消灭某种虫害或老鼠是不可能的。因为某种动物消灭了，自然界食物链又失去了平衡，新的矛盾又会出现。比如说老鼠没有了，蛇和猫头鹰也会饿死。所以生态平衡至关重要。

（陈　彬）

柬埔寨吴哥寺广场

中国的第一号国情

在国际交往中,国家不论大小强弱,中国向来一视同仁、平等对待、互相尊重。我国领导人经常用“尊重贵国根据自己的情况发展经济,建设国家”来表示自己的真诚态度。这里的“自己的情况”就是指的“国情”。邓小平同志说的“建设有中国特色的社会主义”,就是告诫我们要从中国国情出发推进现代化建设事业。

所谓“国情”,可分为7个方面:1.自然环境和自然资源。包括国土面积、地质、地貌、地形、气候、矿产、生物、水、光、热资源等。2.科技教育状况。包括科技队伍、科研水平、教育的规模、结构、水平、体制等。3.经济发展状况。包括经济实力、经济体制、生产关系、生产力布局、对外经济关系等。4.政治状况。包括阶级和社会阶层的划分、政党和政治团体间的关系、政治体制、政治制度、民主和法制建设等。5.社会状况。人口、民族、家庭、婚姻、社会犯罪及其相应对策等。6.文化传统。包括价值取向、伦理道德观念、宗教信仰、艺术观念及民族传统和风俗习惯等。7.国际环境和国际关系。

我国共有56个民族

国情内容十分全面,但每个国家都有自己的主要国情。我国的主要国情是什么?温家宝总理说的“必须强化我国人口多、人均资源少和环境保护压力大的国情认识”,点出了中国的主要国情,并把人口问题作为中国的第一号国情。温家宝总理告诫说:“一个很小问题,乘以13亿,就会变成一个大问题;一个很大的总量,除以13亿,都会变成一个小数目。”

在历史上因天灾人祸和经济落后而致使人们生活贫困,医疗缺乏,孕妇生孩子视为过"鬼门关",所以长期以来,中国人口的发展缓慢,一直到清代康熙以后,中国人口发展出现较快趋势,1762年(乾隆27年)中国人口才刚突破2亿(2.004 7亿)。1840年(道光20年)达4.1亿,约占当时世界人口的1/4。到1949年新中国成立时,人口已达4.5亿。解放后,人民生活条件和医疗条件得到改善,再加上向前苏联学习"争当光荣妈妈",鼓励多生孩子的政府行为,中国人口迅速增长,至1983年底达10.2亿,34年净增人口4.8亿,年平均增长率高达20‰,增长速度为历史之最。之后国家花大力气狠抓计划生育控制人口,为此还专门成立了一个委员会。但由于人口基数过大,到1990年普查人口总数已达11.6亿,2003年已达到13亿。国家人口和计划生育委员会主任张维庆最近表示,到2043年,我国人口将达15.57亿。中国人口正在逼近目前科学发展状态下自然环境容量的极限。在未来几十年给资源和环境带来的压力和影响极为深远。

中华民族,历史悠久;伟大祖国,地大物博,向来是每个中国人引以为自豪的。在960万平方千米的国土上,隐藏的资源总量很大,矿产资源丰富而齐全,许多矿种储量居世界前列,关键资源如能源、水资源、土地资源等都占世界前列。但若以13亿人平均分摊,却只有世界平均水平的一半或一半以下。而且资源开发利用的效率低,综合利用差。以矿产资源开发过程中产生的尾矿来说:尾矿是采矿过程中洗选分出的残渣或极低品质的矿物。我们都知道矿产资源都是共生的,以一种矿产为主伴生着其他多种矿产。发达国家采矿技术高超,都是综合开采利用,实际被废弃的尾矿很少。我国大都是单一开采,从而产生大量尾矿。目前我国有2 000多座尾矿库,存有尾矿50亿吨。尾矿平均利用率仅8.2%。广西大厂矿山的5个尾矿库中,尾矿砂里的银、锡、锑的含量都超过了工业品位,全国2 000多座尾矿库中,有1 900座是煤矸石山,这可是灾害的元凶。重庆市万盛区发生的煤矸石山滑坡,造成屋毁人亡就是实例。我国森林现有16亿亩天然林,占世界3%,而我国人口却占世界人口的22%。我国已成为世界上无林可伐的国家。长期以来,我国对自然资源的开发利用都是粗放型的,消耗量大,产出效率低。在经济持续快速发展的情况下,资源短缺凸显出来。大量开发利用自然资源,又造成了严重污染环境的后果。人口、资源、环境是相互环扣的锁链。

人口的迅猛增加,还带来就业、教育、人口比例失调等一系列社会问题。党中央提出的科学发展观,包含了人口问题。计划生育控制人口的国策体现了科学发展观。我们在进行现代化建设过程中,应时时刻刻铭记我国有13亿人口,这是我国的第一号国情。

(甘德福)

国际人口迁移与中国人口流动

国际间的人口迁移是指国与国之间或洲与洲之间人口在空间位置上的移动,包括长期性(1 年以上)或永久性移民、难民、劳动力转移等。

在古代末期和中世纪初期,世界上曾有过一次人口大迁移的行动,对欧、亚许多民族的起源产生了巨大影响。15～16 世纪又掀起了人口迁移的高潮,大批移民从欧洲迁移到美洲。开始是西班牙人和葡萄牙人,随后是法国人、荷兰人、英国人。到 18 世纪后 50 年,来自欧洲的移民就达 100 万人。当时的殖民主义者为发展工业还把数百万黑人从非洲运往美洲,致使 18 世纪非洲人口的绝对数量明显下降。19 世纪和 20 世纪初,主要是从欧洲向美洲移民。20 世纪初到 1914 年,从欧洲迁出居民达 5 000 多万,大批移民主要迁往美国,其次为加拿大、阿根廷、巴西、澳大利亚和新西兰等地。在此期间,亚洲、非洲和美洲的人口迁移规模小得多,只涉及十几万人。

第一次世界大战造成欧洲人口大迁移。如从波兰回到德国的有 50 万人;从捷克斯洛伐克、罗马尼亚、南斯拉夫回到匈牙利的也有近 50 万人;当时的苏联国内战争期间,有近 200 万人从俄罗斯迁出。第一次世界大战结束后,欧洲向海外移民又活跃了起来。1918～1939 年,从欧洲迁出的移民将近 900 万人。其中约有一半迁往美国,另有近 30 万犹太人从欧洲各国迁往巴勒斯坦。

第二次世界大战后,由于几百万平民从军事行动区外逃和后撤,形成了新的人口迁移行动。其特点有三:一是政治性国际迁移。主要原因是:战后在占领区或被占领区的士兵和平民的遣返;战后国家之间边界调整引起居民和某些民族的人口迁移;建立一些新的国家,或一国分治造成大量人口迁移;亚、非、拉一些国家独立引起一些人口的国际迁移。二是外籍工人国际迁移。原因是战争使西欧一些国家经济遭到破坏,人口死亡率增加,出生率降低,在战后经济恢复和发展的高潮中,感到劳动力不足;在一些不发达国家,人口增长迅速,经济增长缓慢,工资低,劳动力剩余;战后需要大量原材料,促使一些石油和矿产业国家如中东、澳大利亚和南非等经济获得大发展,急需劳动力;在一些发达国家,人民生活水平的改善,需要从事笨重工种的劳工,同时又存在知识工人的失业大军;人口从早期高速增长转变为低速增长,有些国家人口老龄化问题日益突出,青壮年劳动力日渐缺乏；人口的城市化，需要补充从事工业、运输业、建筑业等的劳动力来源。三是战后国际人口迁移的流向发生了变化，如传统人口净迁出地区的欧洲变成净迁入地区。拉丁美洲由传统的净迁入变成净迁出地区。传统上大量接受移民的美国、加拿大、澳大利亚和新西兰等国战后变化并不大。

当今世界经济的全球化，一些发达国家经济衰退，而一些第三世界国家又迅速崛起，哪里有市场往哪里跑，从而引起新的国际人口迁移行动，出现了国际人口迁移的新特点。

中国人口迁移是指国民在地域空间上的移动、聚居和分散，也称人口的机械变动。具体分为国内迁移和国际迁移两种。

我国历史上在汉朝以前，人口主要聚居在黄河中下游的平原地区。后来因为社会、政治、军事、经济、历史和自然等原因，出现三次大的国内移动：一是在西晋末和南北朝时期；二是唐代的“安史之乱”时期；三是北宋末年至南宋时期。由于人口迁移，我国的长江流域和珠江流域得到了开发，成为今日我国经济发达和人口密集的地区。我国的经济重心也随之南移。1840 年以前，我国秦岭、淮河以南人口已占全国的 2/3 左右。鸦片战争后，我国人口迁移的重点方向略有变化，华南地区(广东、福建两省为主)广大破产农民继续向南，2 000 多万华侨移向东南亚地区；而华北的山东、河北、山西、河南一带人口则大量移向东北和西北。据统计，1771～1780 年，东北人口平均每年增加 16 020 人，1780～1910 年平均每年增加 122 700 人；1911 年东北三省(奉天、吉林、黑龙江)人口达 1 580 万。至民国 19 年(1928 年)则达 3 085 万。1944 年达到 4 445 万，并部分迁移到俄罗斯的远东地区和日本。而西北地区的甘肃、青海、新疆等地的移民，主要来自河南和陕西等省。新中国成立后，主要是国内省区之间的人口迁移，主要迁出地区有长江、黄河下游人口稠密省区，四川和湖南省。随着我国农业开发和工业布局变化，迁移方向主要向东北和西部地区。据统计，从 1949 年到 1980 年，净迁人口达 2 500～3 000 万人。改革开放初期，东部沿海地区经济发展迅猛，劳动力需求急增，人口迁移又呈倒流现象。同时出现了出国的热潮，大批学子出国求学，大批劳动力出国打工经商。

随着我国改革开放的深入，国民经济的持续高速发展，巨大的中国市场吸引了世界各国的商界巨头和洋打工者。近年来又出现了留洋学子返回祖国创业、台湾商人大举进入大陆、外国人来中国立业成家的人口迁移现象。

(甘德福)

中国三大自然地理区

我国幅员辽阔。从北到南纵越纬度 49 度多,约 5 500 千米,有寒温带、中温带、暖温带、亚热带、热带五个气候带。从西到东横跨经度 61 度多,约 5 200 千米,东西时差四个小时。陆上疆界绵延 22 800 千米,东部和南部环绕着浩瀚的大海,海岸线长达 18 000 千米。

根据自然条件的主要差异,可将全国划分为东部季风区、西北干旱区和青藏高寒区三大自然地理区。其界线的划分是:北起大兴安岭西坡,南沿内蒙古高原东南部和黄土高原西部的边缘,直至与青藏高原东缘相接。此线以东为东部季风区。然后再沿青藏高原北部边缘划分出西北干旱区和青藏高寒区。三大自然地理区,充分体现了我国自然条件的不均衡。

东部季风区是我国夏季风影响最明显的地区,湿润程度较高,雨热同季,但风向和降水随季节有明显更替,局部有旱涝和寒害威胁。又因海陆分布和距海远近的影响,东南部湿润程度高,向西北逐渐转变为亚湿润以至干旱地区。本区有大面积海拔在 500 米以下的低山丘陵和广大平原。自北而南依次出现寒温带、中温带、暖温带、亚热带、热带。由于空气湿润程度高,天然植被以森林为主。在寒温带为落叶针叶林,中温带为针阔叶混交林,暖温带为落叶阔叶林,亚热带为常绿阔叶林,热带为雨林、季雨林。暖温带和中温带,由于干湿状况自东向西变干,还出现森林草原和草甸草原。本区以森林土壤为主。秦岭淮河一线的南部土壤相当黏重且呈酸性,北部土壤富含石灰,多呈碱性,东北地区的土壤有机质含量丰富,东部多呈酸性,西部含有石灰,在北方一些低洼地区,土壤盐分累积明显,甚至形成盐土。本区河流湖泊众多,属于外流区。河流以雨水补给为主,水量丰富。本区集中了全国总径流量的 80%～90%。但由

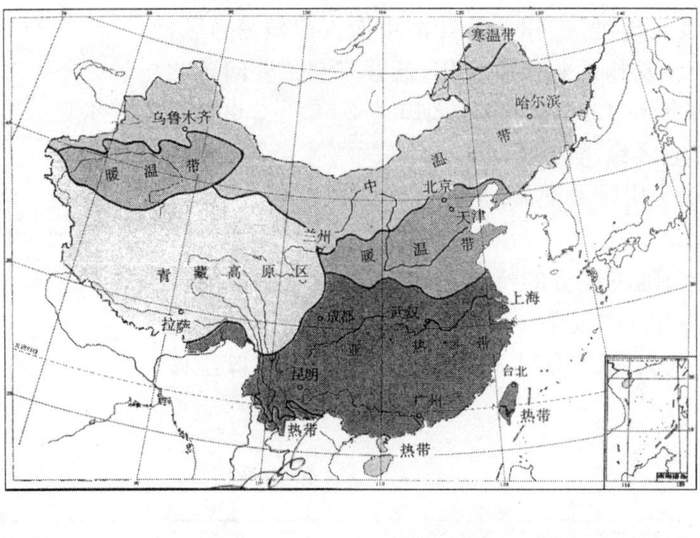

中国温度带分布图

于气候的影响，南北差异甚为明显。长江流域及其以南地区，占有全国径流总量的70%以上的水量，但其耕地面积只占全国的30%。华北平原及其以北地区的径流量仅占全国的10%左右，而耕地却占全国的50%以上。温度的南北差异成为本区地域分异的主导因素，并由此引起植被、土壤类型、耕作制度、变种指数、作物布局的地区差别。

西北干旱区深居内陆，距海遥远，周围又有高山、高原环绕，来自海洋的湿润气流很少能够到达，因此降水甚少，气候干旱。植被以荒漠、荒漠草原为主。土壤中含多量盐碱甚至形成盐壳和石膏壳，有机质含量低，以棕漠土、棕钙土、栗钙土为主，呈碱性到强碱性反映。水系极不发育，大部属内流区，河网稀疏，流程甚短，水量很小。湖泊多为咸水湖或盐湖。除银川和河套平原有地面水供给外，主要依靠高山冰雪融水进行灌溉，由此形成山前绿洲农业的景观。本区自然条件适宜发展畜牧业。可耕土地很多，光照、热量资源丰富，有利于栽培耐干喜温光照充足的植物，如棉花及葡萄、哈密瓜、苹果等瓜果。

青藏高寒区平均海拔4 000米以上。本区横亘着多条1 000～2 000千米以上的既长又大的山脉，有不少高峰超过6 000～8 000米，号称“世界屋脊”。高山上部分布着永久积雪和现代冰川。山脉之间镶嵌着一些海拔较低的宽谷和盆地，如雅鲁藏布江中游谷地、柴达木盆地。本区海拔高，大气透明，辐射强烈。气温低，平均气温大部分地区在0 ℃以下，藏北高原还是全国夏季气温最低地区。本区降水量东南部较多，约400毫米，西北部则在200毫米以下。青藏高原虽是许多大河的源头，但其内部水系很不发达，虽有众多湖泊分布，却多为咸水湖或结晶的盐湖。本区植被以高寒草原、高寒草甸和高寒荒漠为主，还有大面积沼泽分布。在高原东部和南部湿润的山地分布有森林。藏南谷地和湟水谷地上游是本区主要农业区。高原农业上限约达4 500米，是我国小麦、青稞的高产地区。本区有不少高原特有动物，如藏羚羊等，是我国重要的畜牧业基地。

（甘德福）

山地植被
垂直带谱

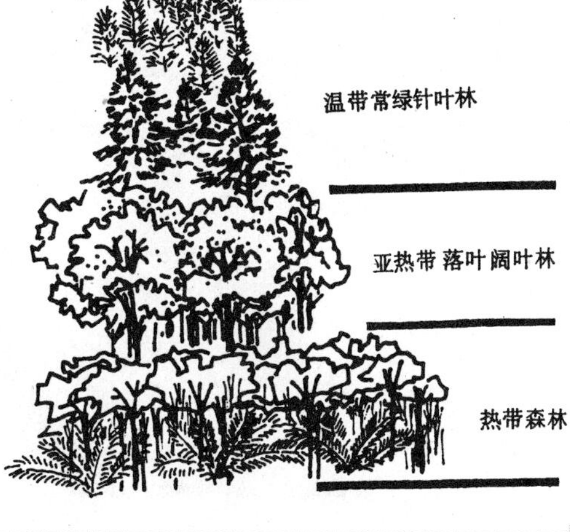

土地资源大国的忧虑

土地，是人类生命的根本所在；它又是农民最基本的生产资料和最可靠的生活保障。

我国国土辽阔，拥有960万平方千米的土地面积，占全球陆地面积的6.42%。就国土面积而言，位居世界第三，仅次于俄罗斯和加拿大。因此应该说我国有着丰富的土地资源，是土地资源的大国。尽管如此，我们仍不能自我陶醉，盲目乐观。恰恰相反，我们应该看到，我国的土地资源不仅存在某些先天条件的不足，还受到人口急速增长及后天生态变化的威胁。

先说先天不足。大家知道我国国土的特征是山地多、平地少；干旱、高寒区域占有相当大的面积。这使全国可耕地面积仅占陆地面积的10.5%，是世界可耕地的7%左右，比例很低。更令人忧虑的是，由于我国人口众多，按现有人口计算，每人只能分到1.5～2亩土地，而世界人均占有土地面积为5.5亩。显然，若人口再继续无限制地增长下去，这有限的土地资源将无法满足人们的需要。

更为严重的是，这有限的可耕地近年来由于受到气候变化和过度开垦的影响，正受到无情的侵蚀，荒漠化的威胁不断加剧。据调查，从1949～1960年，我国有11个省207个县约6万平方千米的土地变成沙漠，15.8万平方千米的土地正在沙漠化，还有0.59亿亩农田、0.74亿亩草场、

穿过塔克拉玛干沙漠的公路

风沙掩埋长城

2 000 千米铁路和公路正受着沙漠的威胁。沙漠约以每年 1 560 平方千米的速度在扩展。而最近中科院通过卫星调查发现，近些年来沙漠化的趋势不仅未得到遏制，反而在加剧。卫星调查表明，截至 2000 年底，有 40％的国土发生土壤被侵蚀的现象，全国受荒漠化影响的土地面积达 262 万平方千米，占国土总面积的 27.3％；而且每年仍有近 4 000 平方千米的土地在荒漠化，相当于每年有 2 个县的可耕地被荒漠所吞噬。甚至首都北京也在遭到沙漠步步紧逼的威胁。卫星显示以内蒙古多伦县沙区为沙源，以御道口牧场为顶点，形成 4 条沙带，移动沙丘 90 万亩，正以年均 26.4 米的速度向东南推进。目前在北京北面的丰宁县境已有大小流动沙丘 80 多处，距北京怀柔县界直线距离仅 30 千米，并且每年以 3.5 千米的速度向南移动。显然，如果这一趋势得不到遏制，不出 10 年北京郊区就会有沙丘分布。事实上，近年来频频肆虐北京和华北、西北各地的所谓“沙尘暴”，就是沙漠化的一种表现。

必须指出，荒漠化的威胁并不仅仅出现在相对干旱的我国北方地区，甚至素有植物王国美称的云南也未能幸免。据 1995 年的调查，该省也有 10 万多亩土地出现不同程度的荒漠化。

有人指出，造成土地荒漠化，固然有气候方面的原因——气候转暖，雨水偏少，大风吹扬，沙石沉积；但根本的原因则在于人为经济活动的不合理。有人认为，我国土地沙漠化，85％是滥垦滥牧的结果，还有 9.5％是因资源利用不当和采矿建设破坏的结果，只有 5.5％是自然因素。

滥垦滥牧必然引起森林和草地的毁灭，使土地暴露在阳光和大气之下，加速风化，于是水土流失加剧，土地便向荒漠转化。早在 19 世纪 80 年代恩格斯就曾指出：美索不达米亚、希腊、小亚细亚以及其他各地的居民，为了得到耕地，把森林都砍完了，但是他们没想到，这些地方今天竟因此成为荒芜不毛之地，因为他们使这些地方失去了森林，也失去了积聚和贮存水分的中心。今天，我们不是正在重复着恩格斯所指出的这种错误吗?!

云南东川则是采矿导致荒漠化的典型实例。这里本是绿树成荫、草木葱茏的亚热带山区。但自从这里发现丰富铜矿藏以后,人们不仅开山剥土采掘矿石,还大量砍树烧炭用于炼铜,致使植被受到严重破坏。缺少植被保护的裸露土地,极易遭到山区雨水的强烈冲刷,泥石流灾害频频发生,以致在各大小河谷的出口处形成了一个个大小不等的扇形荒石沙滩。山坡也因砂土被剥离而变成光秃秃的不毛之地。

值得注意的是,我国有限的耕地资源,不仅受到荒漠化的威胁,还受到一些以经济建设为借口的人的肆意侵占。如被称为我国“钢铁第一大案”的常州铁本事件。一些当事人未经任何合法的审批手续,便强行侵占大量土地,致使 4 000 余名农民因耕地被占而不得不背井离乡。类似的情况在其他省市也时有发生。国土资源部报告指出:近 7 年内,全国已因合法和非法占用耕地的总数在 1 亿亩以上,占全国耕地总数的 5%还多。若不加以限制,让其继续蚕食下去,必将带来更严重的后果。

总之,我国虽然有着辽阔的国土,但由于先天的原因,可耕地面积却相对有限,而且这有限的耕地还正遭到荒漠化和人为侵占的双重蚕食,如果这两种现象不能得到有效的控制,再加上人口增长对土地资源的需求,未来耕地资源紧张的程度将可想而知。

据《中国耕地质量网》报道:1997 年 6 月以来中科院与国家统计局合作,利用遥感和地理信息系统技术,对全国县级土地资源进行调查研究。并于 1998 年 12 月公布了调查结果。

调查表明,过去 15 年中,我国耕地面积总量变化不大。但东部地区优质耕地面积急剧减少,西北部大量的草地、湿地和荒地被开垦。这导致我国耕地中心向西北移动了 28.34 公里,并使我国耕地生态背景质量下降了 2.52%。由于生态环境背景质量的差别,新开垦耕地不仅在开垦和利用中需要很高的投入,更重要的是带来对区域生态环境的潜在威胁。

据此调查者建议:政府部门应采取切实可行的措施,加强对现有耕地,尤其是质量好的耕地的保护。又我国现有 2.52 亿亩耕地后备资源,其中质量较好的一、二等地为 1 897.99 万亩。它们应是今后优先开发利用的对象,但开发时必须充分考虑当地的客观条件,提高其利用率,避免因开发而带来的负面效应。

(张庆麟)

矿产资源大国的困惑

我国国土辽阔，矿产资源丰富。据国土资源部统计，截至2003年初，我国已发现的矿产资源种类有171种，也就是世界上已知的矿产资源种类中除极个别的种类外，在我国均有发现。其中已查明拥有一定储量的158种，包括能源矿产10种，金属矿产54种，非金属矿产91种，水气资源3种，已发现的矿床、矿点有20多万处，其中已查明储量的1.8万处。已查明的矿产资源总量大约占世界的12%左右，居世界第三位。其中探明储量占世界前5名的矿种有26种。如煤、钨、钼、锡、钛、稀土、石膏、膨润土、芒硝、菱镁矿、石墨等，它们各自的探明储量均位列世界第一或第二。但是当我们在庆贺我国矿产资源丰富的同时，也不能不忧虑地看到，我国的矿产资源也存在一些不足。主要表现在以下几个方面：

首先，我国矿产资源虽然十分丰富，总量巨大，但由于我国又是世界人口最多的国家，因此远不能说我国是资源丰富的国家，甚至可以说是相对贫乏的。已知的人均矿产资源占有量仅及世界平均水平的一半多一点(58%)，排名世界第53位。

其次，虽然世界上已知的各种矿种在我国均已有发现，但仍有少数几种矿种相对短缺，或者已探明的储量远远不能满足国家经济建设的需要。其中最突出的是铬、钾盐、金刚石、贵重宝石(如红宝石、祖母绿等)，以及油气资源等。另外还有些矿产虽然拥有一定储量，但却由于消耗过快，出现后备资源不足的隐忧。如铁、锰、铜等重点矿产均已在不同程度上出现这种情况。

新疆的哈图金矿

第三，我国的矿产资源还存在以下四个明显

新疆阿尔泰山的自然金

的结构性矛盾。一是贫矿资源比重大，难利用的多。如已发现的石油资源，大多属产量低的贫矿。铁矿的平均品位只有 33%，比世界铁矿石的平均品位要低 10%还多，其中，能直接入炉炼铁、炼钢的仅占铁矿石总量的 2.7%。锰矿的平均品位是 22%，还不到世界锰矿石平均品位 48%的一半。而且我国的锰矿还多属难以选炼的碳酸锰。硫矿，主要是不能直接利用的硫铁矿，而且一级品的富矿仅占硫矿石总量的 2.5%。其他如铝矿、铜矿、磷矿等也都存在类似的问题。二是我国的矿产资源还大多存在组分复杂、共生伴生矿多的现象。已知有 80 多种矿含有共生或伴生矿，其中尤以有色金属矿最为突出。如有些铅锌矿，同时含有其他可利用金属 50 多种。应该说含共生伴生矿多是好事，有利于充分利用资源，降低开采成本，提高矿石的含金量，满足人们对多种资源的需求。但缺点是它大大提高了对此类矿石的选矿和冶炼的难度。使许多本已十分成熟的用于选冶普通矿石的技术工艺变得无能为力，人们不得不绞尽脑汁去研究、设计一套适用于此类矿石的新工艺、新技术。有些就因为这些新工艺、新技术迟迟未能取得突破，不得不暂时搁置这类矿石的利用，使之变为“呆矿”。三是我国的矿产资源还以中小型矿和井下开采矿居多，缺少大型、超大型和适于露天开采的矿。如铁矿，迄今在我国境内尚未发现任何一个像巴西、美国、俄罗斯等地所发现的那样特大型富矿。又如铜矿，在国外储量超过 500 万吨的超大型铜矿有 60 座，其中有一半储量在 1 000 万吨以上，而我国迄今仅发现 2 座——江西德兴和西藏玉龙，储量在 500 万吨以上，目前还未发现有千万吨以上的特大型铜矿。又如金矿，我国迄今还未发现储量在 100 吨以上的大型金矿；储量在 60 吨以上的金矿也仅有 5 处，占全国已发现金矿产地的 0.54%；也就是在全国已发现的金矿中，超过 99%都是储量小于 60 吨的中小型矿。再如煤矿，虽是我国具有相当优势的矿种，无论在储量和质量上均位列世界前列，但却大多埋藏较深，不适合露天开采；埋藏浅、适于露天开采的仅占煤矿资源总量的 7%，而且主要还是煤化程度低、发热量低的褐煤。在其他重要矿产中，可露采的比例也都很低。如镍矿小于10%，硫铁矿小于15%，铜矿小于20%，铝土矿小于30%等等。四是我国矿产资源还存在分布不均、产区和加工消费区错位的现象。如已探明的煤矿资源90%集中在华北、西北和西南，而这些地区的工业产值仅占全国的30%还不到；而占全国工业产值70%以上的华东、中南和东北地区却仅有10%左右的煤矿资源。又如我国的磷矿资源70%集中在云、贵、川、鄂四省；铁矿资源则集中在辽、冀、川、晋等省。正由于这种分布上的局限，我国北煤南调、西煤东运，西电东送、南磷北调的格局将长期存在。

还要指出的是，我国矿产资源正遭到恣意糟蹋和浪费，从而加重了资源危机。在新疆，一般油井的采收率能达到40%，但在陕北，一些油井的采收率竟不到20%。这意味着每探明一吨油就将有800多千克注定会白白浪费掉。

当人们在为我国矿产资源相对短缺而忧心忡忡时，也不必过于悲观。我国国土辽阔，许多地方特别是西部、海域和地深部拥有发现新矿产的很大潜力。

鉴于我国矿产资源的现状，人们建议应采取以下8点对策：

1. 首先应确立十分珍惜、合理开发利用，有效保护矿产资源的指导思想。严厉打击滥采滥挖、采富弃贫、采易舍难的行为。

2. 国民经济发展要走资源节约型的道路，把提高资源利用率，杜绝浪费作为重中之重来予执行。

3. 要立足开发国内矿产资源为主，适度利用国外资源。

4. 要依靠科技进步，充分开发利用贫矿和共生伴生矿，走人造富矿的道路，和积极寻找其他可替代资源。

5. 要综合勘查，综合开发，综合利用矿产资源，做到一矿多用，尽量实现无尾矿生产。

6. 矿产勘查开发，要针对大中小矿的情况，统筹兼顾。既勘查开发大型特大型矿，也勘查开发中小型矿，力求不遗漏点滴资源。

7. 矿产开发的布局规划要作合理的安排，尽可能地改变产地和加工消费区严重错位现象。

8. 地质勘查必须超前先行，为矿业和国民经济的持续稳定，发展提高备好矿物原料基地。为此需加大对西部、近海和深部的勘查力度。

（张庆麟）

绿色中国的环保元素

资源的高消耗，利益的低效率，以破坏环境为代价换来的GDP增长，如果把各种环境污染造成的损失加起来，GDP增长未必是个正数。如1995年统计，我国仅酸雨造成的直接经济损失高达1 100多亿。为此新一届中央领导提出科学发展观，中国提出了绿色GDP的概念。

所谓绿色GDP概念，就是要人口、资源和环境得到全面、协调和可持续发展，更全面、更客观地评价经济、社会运行的质量和效果，真实体现国民经济增长的效益。只有把对环境破坏造成的损失进行评估研究，开展绿色核算，才能获得真实的国民经济增长值。党中央国务院已开始弱化我国现行的过强的GDP“指挥棒”作用，把环境的一些质量指标纳入干部政绩的考核里去。环保成为绿色GDP的重要元素。

我国的环境保护压力很大。国家环保总局发布《2003年中国环境质量状况》显示：对全国340个城市监测，达到国家环境空气质量二级标准（即居住区标准）的城市有142个，占47%；空气质量为三级的城市108个，占31.8%；劣于三级标准的城市91个，占26.5%。说明受监测城市中，一半以上达不到居住区标准。影响城市空气质量的主要污染物仍是颗粒物质，54.4%的城市颗粒物浓度超过二级标准；二氧化硫污染较重的城市主要分布在山西、河北、河南、湖南、内蒙古、陕西、甘肃、贵州、重庆和四川等地区。

噪声污染仍是城市居民反映最为强烈的环境问题之一。在全国受检测的352个城市中，仍有2个城市（陕西延安和辽宁铁岭）的区域环境噪音属于重度污染，9个城市属于中度污染，105个城市属轻度污染，其余一半以上城市区域环境质量较好。

2003年全国酸雨污染呈加重趋势，在监测的487个市、县中，降水年平均pH值小于或等于5.6的城市有182个，占37.4%。与上年相比上升了4.8个百分点。pH值小于4.5的城市比例增加了2.8个百分点。

我国人均占有淡水量本来就远远低于世界平均水平，水质污染更加剧了我国的用水紧张，特别是城市缺水严重。为了保护水资源，推动社会和公民节约用水，国家环保总局将用水价杠杆（每吨水价涨到5元）来制约，同时制订节水措施，加大污水处理厂建设，实现废水再利用。

机动车尾气污染是城市的元凶，为治理机动车尾气，北京2005年就要提前实施欧Ⅲ标准。国家对于生产排放达到欧Ⅲ标准车型的企业继续实行减税政策。国家环保总局年底要出台《机动车污染防治规划》,其中涉及新车、在用车和油品三方面问题。

2004 年 4 月 21 日召开的电子废物与生产者责任国际研讨会透露,全球 70%的电子废物流入中国。中国广东省潮阳市贵屿镇成为北美洲电子垃圾场,浙江省台州市也正在步贵屿的后尘,成为又一个电子垃圾场。废旧电脑、电视机、电冰箱、洗衣机、手机等电子垃圾在拆卸、熔焊、焚烧等过程中,产生大量二噁英、铅、铍、镉、汞等有毒气体和有毒物质,对环境污染和对人体伤害将是致命的。据汕头大学医学院调查贵屿镇从事电子垃圾处理的 418 人,88.1%健康状况明显不如从前,疾病症状主要是头痛头晕、咳嗽吐痰、返酸嗳气、胃炎、腹痛和关节酸痛等中毒症状。为治理电子垃圾,我国将颁布《电子信息产品污染防治管理办法》,采取“治理与预防”并举,治防结合,避免走“先污染,后治理”的老路,实施回收、处理、再利用的可持续发展之路。

我国环境治理任重道远,“排队”待解决问题很多,如森林保护、城市垃圾分类处理等等。

环境治理首先要提高我国公民的环保意识和行为,大力开展环保科普宣传,特别要在青少年中间进行环保教育,从小学开始设立环保课程,引导孩子们从身边的小事做起。环保是关系到子孙后代的大事,我们的希望应该在未来。

环保既是政府的事情,又是各行各业和全体公民的事情,应该大力发挥非政府环保组织的作用,以较低的成本和较高的效率去解决政府无暇顾及的问题。发挥社会团体的作用,进行全民科普活动,让每个公民认识到,我国的人均资源和环境容量从来没有像现在这样紧这样低,人口和经济发展又从来没有像现在这么快这么多。这是中国环境问题的根源。我国在实施绿色 GDP 过程中,每个公民都应该成为绿色中国的环保元素。

(甘德福)

人间天堂

人口与资源

近年来,“地球村”这个词已经普遍被接受。它意味着全世界人类,彼此都是邻居,“全球一体,休戚相关”。地球也的确像村落一样,变得越来越小了,科技超越时空,局部失调很快就会影响全球;人类寿命的延长和生育率的提高,使有限的生活空间和食物不够分配;废物无处排除,污染来不及净化……地球村落化之后所带来的种种问题,终将导致人类自取灭亡的悲剧!

地球由于具有空气、阳光供给的能量,水及森林等资源,孕育着各式各样的生命。从生物学角度来看,人类只是自然界的一员,和草木虫鱼的地位一样,都在努力求生,死亡之后也回归于自然。所不同的是我们具有发达的大脑,才能在数千年之内,创造出可观的文明。

文明的创造力固然可观,不过比起大自然生生不息的能力,则又太渺小了。相反,文明的破坏力却不容忽视,它足以扰乱大自然的平衡,使数百万年孕育而成的物种迅速灭绝,最后必然要威胁人类自己的生命。

文明的人类是大自然中最有智慧的造物。随着科技的发达,我们越来越有能力影响这个大环境。但是要继承这个地球,并且持续丰富它的生命,人类必须先了解大自然给我们的种种资源,以及它运作的原则,然

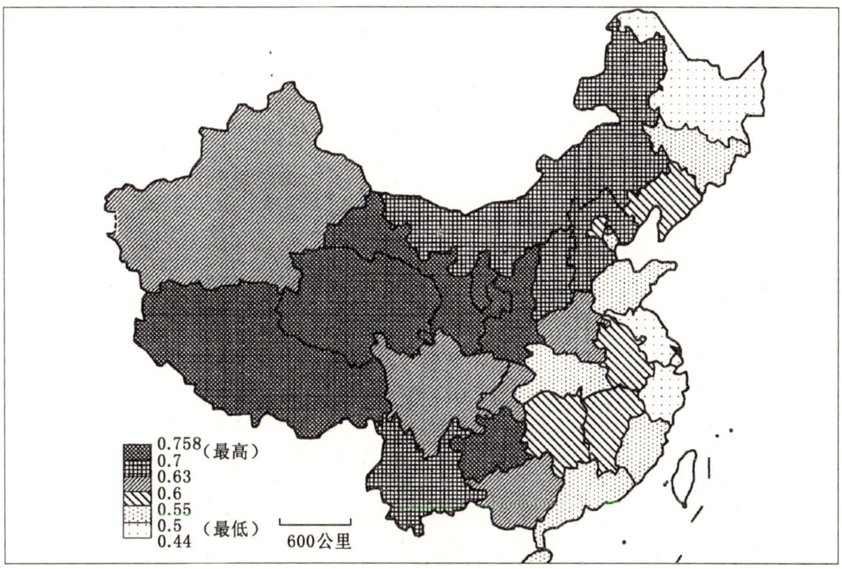

2000 年中国各省份的综合人口压力指数

后合理、持续利用资源。

现代的人类大约从 30 万年前开始算起，估计曾经在地球上生活过的总人口数大约是 470 亿。每个时代的全球总人口视战乱、饥荒、瘟疫及天灾的发生而有所改变，愈到近代，总人口数增长愈快。目前生活在地球上的人口，已经超过 50 亿之多。由于医药发达、粮食生产充足及战乱减少，促使人口高速繁殖。今天地球上人口繁殖的速度非常惊人，差不多每眨一下眼睛，就有一个新生儿来到这个世界上，当然在不同时代、不同地区，人口增长的速度也大不相同。照这样的趋势下去，到公元 2025 年，全世界人口将达 82 亿之多。到公元 2800 年，地球上每 40 平方厘米的陆地将有一个人，就像站在上下班高峰时间的公共汽车中，互相紧靠着一样。尤其令人担心的是，人口大幅增加的地区主要在非洲、印度、中国及亚洲、大洋洲，这些都是目前经济发展较落后的地方，其粮食生产不足，医疗条件简陋及教育水准低下的状况一时难以改善，这沉重的人口包袱将越来越重。特别是中国人口压力更为严重，在 1986 年总人口已经突破 10 亿大关，现在已有 13 亿人口，再过 30 年，可能会达到 20 亿左右，所以必须坚持计划生育，实现一胎化，这是有效控制人口增长的良策。

人口问题是当今世界上最重要的社会问题之一，是土地、粮食、自然资源、环境污染等重大问题的交织点。人口问题与全球性的生态不平衡有着密切的关系，往往形成恶性循环。

人口的迅速增加，使人群的空间分布土地问题尖锐化起来，在地球的总面积中，陆地只有 1/4，为 1.35 亿平方千米。可耕地面积只占 8%，牧场占 15%，森林和丘陵占 27%，其余的就是无法利用的冻土、沙漠和山地。所以现在城市住房用地相当紧张，农村已禁止用耕地造房。人们的衣食住行都需要一定空间，如果人口无节制增长，人类将无立锥之地。

人口迅速增长，淡水不足的问题就随之突出了。虽然水面积占地球表面积的 70%，但其中 97%是海水，淡水资源只占 2%，实际上可取用的淡水还不到十万分之三。目前地球上陆地面积的 60%已面临淡水不足的问题。我国北方城市很多已闹水荒，实施长江南水北调，以解决农田灌溉和城市用水问题。许多国家防止水荒的呼声日益高涨。而海水淡化目前成本太高。再加上河水污染严重，因水质污染而引起疾病也十分严重，目前约有 1/4 的病人的疾病是因水污染而引起的。

人口增加，工业发展，引起大气污染，大气中 CO_2 浓度增加，降雨减少，导致干旱，农作物歉收。20 世纪中期粮食生产虽增加了一倍，但粮食的生产和消费量，与人口的分布密度极不相称。发达地区人口 11 亿消费粮食一半，而不发达地区人口占 70%只能消费另一半。1/4 人口无法获得足够的粮食，富人的猫、狗比穷人吃得还好。

人口迅速增加，造成资源缺乏，能源紧张。必须要开垦土地，采伐森林，改变全球生态系统的结构和功能，森林大量砍伐，使水土流失、洪水为害，许多生物濒临灭绝、沙漠化加剧。如黄土高原，原来是茫茫的林海、草原，在那里曾生活着黄河古象和各种动物。由于人口密集，过度开发，现已严重沙化，人口也减少了。

充分利用耕地面积

由于人口急速增长，引起了粮食短缺，闹水荒，水源、空气污染严重，森林被砍伐、生态失去平衡，洪水、干旱连年不断，酸雨又使农作物受损，许多由污染等引起的疾病如癌症等已成为常见病。所以必须控制人口发展，实行计划生育，保持生态平衡，使自然资源持续发展，保护生物物种的多样性，促进人类健康生存和持续发展。地球只有一个，爱护和珍惜“地球村”的有限自然资源，是地球上每一个人的责任。

（陈　彬）

人口与资源

全球人口密度最高的城市

1. 印度的孟买；
2. 巴基斯坦的卡拉奇；
3. 印度的加尔各答；
4. 尼日利亚的拉各斯；
5. 中国的深圳；
6. 韩国的首尔；
7. 中国的台北；
8. 印度的金奈 ；
9. 哥伦比亚的波哥大；
10. 中国的上海。

保护地球任重道远

地球是我们人类的共同家园，为我们提供了休息养生的场所，也是我们丰富的衣食来源。没有地球，也就没有人类的存在。即使在人们已经能够跨出地球的今天，地球对人类来说仍是不可或缺的惟一家园。迄今在浩瀚的宇宙中，那恒河沙数般难以计算的天体之中，我们还找不到任何一个可以替代地球的天体。地球只有一个，保护地球，保护我们的生存环境，非常重要和紧迫。

那么怎样才能保护好地球呢？保护地球首要的是避免战争。大家知道，战争的破坏力是十分巨大的，且不说它会使许多生命死于非命，会使人们历年积累的经济建设、文化成果等毁于一旦，还会给地球环境带来严重的破坏，甚至是毁灭性的打击。以 1991 年的海湾战争为例。当时战败的伊拉克从科威特撤退时，放火烧毁 732 处油田，顷刻间乌黑的浓烟在海湾上空飘荡。据世界资源研究所的调查发现，远在 288 千米外的某个伊朗农庄，空气中也弥散着来自科威特浓烟的污染物；该地农田中甚至还沉积有飘来的未烧尽的石油，它们形成大块黑色胶泥，导致农田无法耕种。我国中科院的调查发现，远离科威特3 500 千米外的世界第一高峰珠穆朗玛峰的南坡和北坡，都受其影响下起了“黑雪”。环境的严重破坏也殃及许多无辜的动物。许多飞临科威特上空的候鸟因受有毒气体的熏烤，纷纷从空中坠落死亡。成千上万只海鸟由于羽毛沾满油污无法飞翔而死，以致其腐烂的尸体在海岸边积成厚厚一层。海中的鱼类也没有幸免，在海湾的海域中

保护地球

不时可以看到包括海豚在内的海洋动物的尸体……恶劣的环境还使几千名美国军人、普通伊拉克人和包括我国驻伊使馆的工作人员和记者患上了所谓的“海湾战争综合征”。

海湾战争还只是一个局部地区内的常规战争，就已造成如此严重的后果，因此完全可以想象到，如果发生世界范围内的核战争将会给地球带来什么样的灾难。许多人相信，如果真的发生核大战，世界文明很可能就此完全毁灭。地球将因被核爆炸所产生的尘埃云长期笼罩，而进入“核冬天”。植物即使没有毁于核爆炸，也会因长期得不到阳光而死亡，从而引起地球生物食物链的全部崩溃。所以大战后的地球将会是完全不同于今天的另一个可怕面貌。即使有人能在核大战中幸免于难，恐怕也很难在一个完全陌生的地球上继续生存下去。

避免战争是保护地球的最重要环节，但当然不是保护地球的全部。要保护好地球，我们还要注意在日常的生活和经济建设中走可持续发展的道路。

什么是“可持续发展”道路？1987 年由挪威前首相布伦特兰夫人领导的世界环境与发展委员会在《我们共同的未来》这份世界重要报告中提出的意见被广泛认同。该报告认为可持续发展是指“既满足当代人的需要，又不损害后代人满足需要的能力的发展”。即它有两个基本点：一是必须满足当代人的基本需求，特别是穷人的需求，否则他们就无法生存；二是当代人的发展应该是健康的、有节制的，不能损害后代人满足基本需求的能力。

其实自工业革命特别是 20 世纪以来，由于生产力的发展，人们的生活发生了巨大的变化，当人们在因生活的改善而自豪的同时，也感受到由于经济建设而带来的一系列环境问题。这不能不使人对未来的发展道路有所反思。对此出现了两种互相对立的观点。一种观点是一味追求发展。他们认为经济增长是社会发展的决定性标志，有了经济就有了一切，因此他们把眼光完全盯在国民生产总值上。为了国民生产总值的增长，他们完全不计后果，不惜牺牲环境，肆意掠夺地球资源，任意排放工农业废弃物。结果是虽然经济上了一个台阶，但环境却遭到严重破坏，河水变为黑臭的污流，蓝天变得灰蒙蒙，肥沃的土地变得贫瘠和荒漠化，害虫、怪病不断出现……所有这些使许多有识之士逐渐认识到，这是一条错误的发展道路，继续走下去，很可能会葬送人类前途。在反思这一模式时，也有悲观论者走向另一个极端，如 20 世纪 60 年代出现的“罗马俱乐部”学派。他们认为，当前出现的一系列环境生态问题，其祸害的根源都是经济建设，为了不再对环境产生破坏，他们主张应该在全世界范围内停止物质资料和人口的增长,回到“零增长”的道路上去;甚至主张一切回归自然。如果真的这样,世界文明就会停滞不前。一些已发展的富国将保持它们的既得利益,未发展的穷国将永远处于贫穷落后的状态。这当然不会被世界上广大的第三世界国家所接受。

正是在上述两种发展道路都被否定的情况下,走可持续发展道路这一新的模式逐渐成为人们的共识。人们还认识到走可持续发展道路,涉及可持续经济、可持续生态和可持续社会三方面的协调统一:

第一,在经济可持续发展方面,要鼓励经济增长,反对以环境保护为由取消经济增长。但在重视经济增长的数量同时,更重视经济增长的质量;坚决反对以“高投入、高消耗、高污染”为特征的生产模式和消费模式,实施清洁生产和文明消费,以此提高经济活动中的效益。

第二,在生态可持续发展方面,主张经济社会发展要与自然承载能力相协调,在发展的同时必须保护和改善地球的生态环境;强调发展是有限制的,要控制在地球的承载能力范围内,并力求在发展的同时,积极处理和改善历史上遗留下来的环境问题,使地球处于良性的生态循环中。

第三,在社会可持续发展方面,强调社会公平是环境保护得以实现的目标。主张发展的本质应包括改善人类的生活质量,提高人类健康水平,创造一个保障人人平等、自由、有人权、有受教育和免受暴力的社会环境。也就是说,在人类可持续发展的系统中,经济可持续发展是基础,生态可持续发展是条件,社会可持续发展才是目的。

人们相信,如果人们都能坚持走这一可持续发展的道路,必能与地球和谐相处,既使人类的文明更上一层楼,又能保护好我们的地球。在贯彻可持续发展时,人们认为要提倡和推行“3R原则”。即减量化(Reduce)原则,再利用(Reuse)原则和再循环(Recycle)原则。

“减量化”是可持续发展社会倡导的行为规范和做事准则。它要求用尽可能少的原料和能源投入来达到既定的经济目的。

“再使用”则要求人们制造的产品和包装容器,能够以初始的形式被多次反复地使用,而不是一次性地消费,告别用完就扔的消费陋习。

“再循环”就是要让物品完成其使用功能后,能重新变成可以利用的资源,而不是成为不可利用的垃圾。也就是说要发展循环经济,组织起一个“资源——产品——再生资源”的物质反复循环流动的过程。

(张庆麟)

有待开发的新能源

“能源危机”一词,对许多读者或许并不陌生。事实上报刊上关于能源危机的报道连篇累牍。伊拉克战争以后世界石油价格节节攀升,似乎更印证了世界能源危机的逼近。有人甚至预言作为当今世界主要能源的石油,到2020年其产量将会迎来最高峰,以后将逐年下降,到21世纪中叶很可能会面临枯竭。

对于这种悲观的论调,乐观派们不以为然,他们认为事情远没有达到这种窘迫的程度。法国石油研究所所长顾问兼首席工程师贾内西尼说:如果我们现在只是讨论已知的石油储藏量,那么,这个数字大约是1万亿桶,够我们36～40年之用(按目前的消费速度计)。不过他认为地下尚有约1万亿桶石油有待发现。他还指出:由于技术方面的原因,以往油田的开采率只能达到35%～40%,若改进技术,开采率有可能提高到55%以上,这将使许多本已废弃的油田重新焕发青春。这样大约又可以增加1万亿桶的储量,也就是说我们还有3万亿桶石油可供开采,够我们再消费120～150年。

且不论乐观派和悲观派孰是孰非,但我们可以相信,石油作为一种不可再生资源,总有一天会面临井干油枯的局面。那么,一旦出现这种情况,我们将怎么办呢?我们不必恐慌。科学家们认为,虽然石油是一种易于利用、相对廉价的能源,但却不是地球上惟一可利用的能源。事实上我们还有多种能源可供选择。

煤炭和天然气也是人们最常使用的一种矿物能源。其中煤的利用史比石油还早。但它们的使用会给环境带来十分不利的影响。它们会释放温室气体,会带来酸雨和大量粉尘,因而不是一种清洁的能源。何况它们和石油一样总有用尽的一天。加之煤炭还是一种重要的化工原料和冶金工业的重要辅料,把它用于燃烧实在是一种浪费,所以它们不是未来理想的新能源。

核能

曾被誉为21世纪的能源。它拥有巨大的潜力。1千克铀原子裂变所产生的能量,相当于2 500吨标准煤释放的能量。一个10万千瓦的核电站,每昼夜只需消耗250克铀。所以发展核电站曾受到人们青睐。从1954年前苏联建成第一个核电站至今,全球已有核电站近500座,发电量近 40 万兆瓦，约占全球总发电量的 17%。有人估计到 2030 年，核电站的发电量可能占全球总发电量的 70%。然而是否发展核电站一直是一个备受争议的课题。赞成者认为它潜力无穷，不用担心会发生资源危机，而且发电成本相对低廉。但反对者却担心它会给地球带来难以预料的灾难。美国三里岛核泄露事件，前苏联切尔诺贝利的核灾难人们至今还记忆犹新。另外，还有难以处理的核废料问题。这使绿色和平组织一再动员社会力量来抵制核电站的建立。

太阳能开发

水力能

曾被认为是一种可再生的绿色能源，世界许多地方都拥有丰富的水力资源。如我国就拥有河流水能约 6.76 亿千瓦，其中可开发的是 3.76 亿千瓦，但目前仅利用了 9.5%。1990 年水力发电量仅占我国发电总量的 19%。可见潜力非常巨大。但水力能的缺点是分布不均匀，集中在山区，这使其开发利用困难重重，建设周期较长，初期投资较大。另外，人们发现水力能的开发并非清洁无害的。实际上筑堤拦水，给堤区的生态环境带来了预料不到的不良后果。此外拦水也引起地区间在用水方面的矛盾。近来我们不时可以看到关于民众起来反对修建水电站的报道。

太阳能

可说是一种最佳的可再生的绿色能源。地球上每分钟每平方厘米就会接受到来自太阳的热量 1.97 卡。也就是说太阳每年会把相当于 186 万亿吨煤燃烧所产生的热量送入地球。186 万亿吨煤可不是一个小数目，要知道目前全球年能源消耗约相当于 40 亿吨煤，仅为其十万分之二。因此若能充分利用太阳能又何愁能源不足。然而遗憾的是，迄今太阳能利用的最大障碍是它的转换效率十分低下。目前用来发电的非晶态硅只能将 10% 的太阳能转换为电能。另外要接收太阳能就必须布置大面积的太阳能接收板，而这对于寸土寸金的城市来说也很难予以满足。再者太阳能利用还受到季节、阴晴、昼夜等自然因素的影响。正是这些因素的制约，使太阳能的利用迄今仍未能占据重要的地位。但人们正在研究在月球或太空中建设太阳能发电站，并将电能传送回地球的可能性。若能成功，将会大大改善地球能源供应的不足。

风能

地球还拥有巨大的风能。目前全球已利用风能发电 23 300 兆瓦，其中德国最多达 8 000 兆瓦。风能也是一种可再生资源，但它的发展也受到地域、场地的限制，另外它虽然相对洁净，不会产生什么污染物，却存在噪音问题，所以不宜建于人口密集的地区。

可燃冰

这是近代发现于深海底的一种气水化合物，是天然气(甲烷类)与水结合而成的冰状晶体。一立方米可燃冰释放出来的能量相当于 164 立方米的天然气，所以是一种高效的能源。据调查目前全球已在 84 处海域，包括我国的东海和南海发现有可燃冰。有人估计，全球可燃冰所蕴藏的总能量，是世界所有煤、石油和天然气总和的 2～3 倍。只可惜由于它深埋海底，其开采和运输存在诸多困难，迄今尚无一个完美的方案，致使这一很可能成为石油替代品的高效能源，目前还未被正式利用。

除了上述能源外，在我们地球上，还有地热能、潮汐能、氢能等等。限于篇幅，就不再一一赘述。

据统计，我国的太阳能资源十分丰富，全国 2/3 以上地区日照时数大于 2 千小时，理论上的太阳能储量高达 17 000 亿吨标准煤。

为了能充分利用太阳能，设在合肥工业大学的教育部光伏系统工程研究中心的专家们建议，推动“中国屋顶计划”，利用建筑物的屋顶来采集太阳能。他们还在合肥工大逸夫教学楼顶，示范性地竖起了 99 块太阳能电池板，并成功地实现了太阳能并网发电。

除屋顶外，所有闲置的场所都应该有可能成为太阳能的采集地。例如他们还在荒郊野外的铁路道口，随意如栽萝卜般地安置太阳能电池板，并让它们按照需要时间，自然光的强弱自动控制启动或关闭。从而在合肥火车站建成了我国第一个太阳能铁路道口指示牌。

他们还在新疆塔克拉玛干沙漠中的大玛扎村建立“光伏水电联供系统”，为当地 400 多人和一所民族学校解决了用电和饮水问题。该中心还研制有拥有自主知识产权的太阳能旅游观光车等等。因此可以相信，在人们的不断努力下，太阳能的利用必将在更广阔的领域中实现。

（张庆麟）

人口爆炸

当今人口问题之所以引起如此高度的关注，是因为近世地球人口的增长已有失控的危险。据调查，从公元初到公元1000年，世界人口基本上维持在2.3亿～3亿之间。当时由于人们的生产力低下，很难抗衡天灾、疾病的威胁，加上频频发生战争，使世界人口常常不增反减。16～17世纪时，文艺复兴带来的技术进步，使人们具有了一定的防治天灾和疾病的能力，于是人口有了迅速增长，1650年全世界大约有5亿人。到1850年，这200年间，人口翻了一番达到10亿人。从这第一个10亿开始，人口便出现了明显的加速上升趋势。仅过了80年，1930年达到了20亿；30年后的1960年是30亿；15年后的1975年是40亿。尽管这时人们已越来越注意到人口问题的严重性，如我国已开始执行一对夫妻只生一个孩子的节制生育的政策，但12年后的1987年7月11日，世界还是降生了第50亿人；又过12年后的1999年10月12日，则出生了第60亿人。因此人们估计，如果这一增长的趋势未能得到有效的控制，再过30～40年，世界人口很可能会超过100亿。正是人口的这种几何级数的爆炸式增长，被人们形象地称为“人口爆炸”。

人口爆炸之所以引起严重关注，是因为它给地球的生态系统带来极大的冲击和压力，使人类的生存空间显得越来越拥挤。其实前面我们提到的威胁世人的三大危机，其核心就是人口问题。正是愈来愈多的人对衣食住行的需要，使本已捉襟见肘的地球资源更加难以为继，也是越来越多的人所排放的废弃物，不断地加剧了地球环境的破坏和污染。

按现在的生产力计算，每增加1个人，就要相应增加半亩耕田来满足他的生活需要。所以，随着人口的剧烈增长，就迫切要求我们努力扩大耕地面积，或者设法提高单位面积产量。扩大耕田，势必以大片森林和草原的毁灭为代价。那样一来，不仅造成了自然界中二氧化碳循环的破坏，还加剧了水土流失、土地恶化，最终导致沙漠化和红土化。历史上美索不达米亚文明的衰落，玛雅文明的崩溃，许多人认为就是过分开垦土地的结果。提高单位面积产量虽可避免扩大耕田，但却常要依赖化肥和农药的使用，结果不仅使土地板结、土质变坏，还会带来一系列环境污染。除了土地和食物问题外，人口增长还必然带来矿物资源与水源、能源消耗的增长。如人们估计每人每日的水消耗量(包括生活用水和为满足他的生活而花费在工农业产品上的水消费),全球平均应在 1 000 升左右(美国高达 8 000 升),因此,通过简单的计算就可以知道,世界每增加 1 亿人口,就将增加多少淡水的消耗。而我们也已经知道,地球上的淡水资源是十分有限的,全球已有 1/3 人口面临水荒威胁,所以,它又如何能经受得住不断迅速膨胀的人口对水的需求。

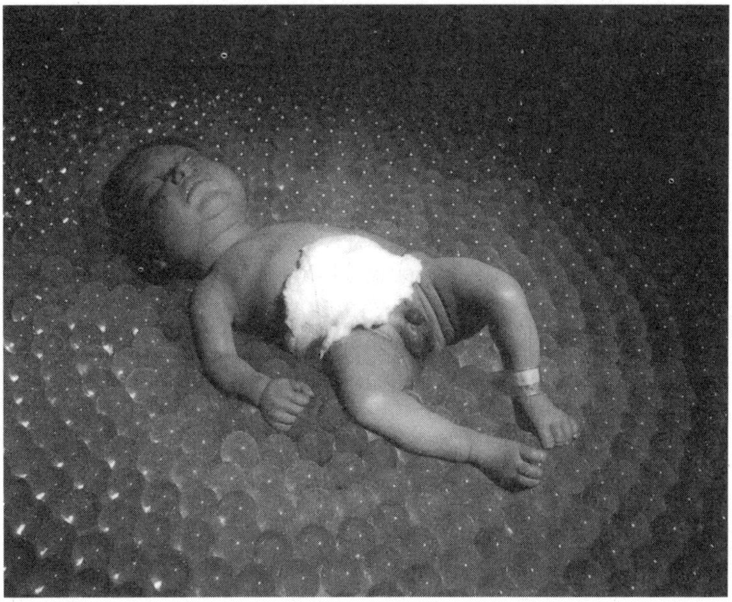

几乎每一秒钟就有一个婴儿诞生

人口增长带来的另一问题,是人类与地球上的其他生物争夺生存空间。据世界自然保护联盟等组织的调查:以鸟类来说,由于人类的出现,从 100 万年前到现在,平均每 50 年有一种灭绝;但最近三百年间则平均每 2 年就有一种灭绝。而造成这一状况的根本原因,就在于人类对它们生存空间的侵占。不仅鸟类如此,其他生物也是这样。如华南虎曾是我国南方的一种活跃的猫科动物。20 世纪 40 年代的抗战时期,受饥饿胁迫的华南虎还曾出现在厦门市区。但是曾几何时,由于人类领地的不断扩张,使它们的生活空间越来越小,以致种群也越来越小,现在华南各地已很难再找到野生华南虎的踪迹了。当然,一种生物的灭绝,不仅仅是少了一种生物的问题,而是会引起一系列的生态环境问题。没有鸟类,昆虫就会大量滋生。而昆虫的繁殖常常以毁坏作物为前提,这又迫使人们不得不加大农药的使用,从而加剧了环境的恶化。环境恶化不仅危害人类自身,也很可能使一些难以适应这一环境变化的物种,趋于灭绝。这一来又引发了另一环链的生态问题,呈现出一而再、再而三的恶性循环。

地球虽然很大,但它的容积毕竟是有限的,它的各种资源也是有限的,因此绝无可能容纳无限增长的人口。所以人类若要生存,若要继续不断地繁衍下去,就不能不限制自身的增长,节制生育。走可持续发展道路是人类必然的选择。

(张庆麟)

地层深处的危机

有一年冬天,日本平塚市郊发现近 20 个奇怪的病人。他们共同的症状是:吃饭时手颤抖不已,握不住筷子;走路时,双脚僵硬,迈不开步子。一天到晚精神恍惚,一会儿哭,一会儿笑……终于有两个病人不治而死,还有一个病人因不堪承受病痛的折磨而投河自尽。为了查明死因,医生们对尸体进行了解剖。结果证明他们是死于重金属中毒。那么,造成中毒的重金属又来自何方呢?经过反复的调查,人们发现所有的病人都集中分布在一个方圆 40~50 米的区域内,而且都使用同一口井作为饮水水源,显然井水是最大"疑犯"。经调查,众多的废旧电池被埋在离水井不足 5 米远的地里。当这些废旧电池破烂后释放出来的大量金属锰,便渗入地下,污染了地下水体。当人们长年饮用含有高量锰的井水以后,便罹患这种奇怪的疾病。平塚怪病是地下水体受到人为污染的典型实例。

其实,相对于地表水的污染来说,地下水的污染问题长期来一直未引起人们的足够重视。人们常常习惯性地认为地下水深埋在地层之中,不易受污染,是一种清洁的水源。然而,事实并非如此,已有的调查表明,地下水的污染也已到了十分普遍的程度,有的更是让人触目惊心的了。这是因为地下世界自古以来就一直是容纳人类一切废弃物的主要场所,不论是污水、垃圾、粪便或尸体,甚至工业废渣、无法销毁的有毒物质,人们往往都有一埋了之的想法,殊不知天长日久,这些物质在地下慢慢渗透、积累,终于使地下水体几乎无可挽回地受到不同程度的污染。

排入小溪和河流的污水加剧了对地球水资源的污染

人们发现,近代由于广泛使用化肥,过剩的化肥所产生

的硝酸盐就严重污染着地下水。美国加州的一个谷地，地下水中的硝酸盐含量从20世纪50年代到80年代，增加了1.5倍。我国北京、天津、河北、山东的一些地方，有一半以上被调查地区的地下水中的硝酸盐含量超过饮用水卫生标准的5倍，个别地方甚至超标30倍。不要小视硝酸盐对人体的危害。专家指出：饮用高硝酸盐水(超标10倍以上)，可能引起婴儿的所谓“青紫婴儿综合征”，严重者可使婴儿窒息死亡。此外，长年饮用被硝酸盐污染的水，还可能引起消化道的癌症。

硝酸盐污染还只是地下水污染的冰山之一角。人们还注意到石油及其相关化工产品，如苯、甲苯、汽油添加剂等也是地下水污染的常见物。1993年石油业巨头壳牌公司承认，它在英国的1 100家加油站中有1/3已给土壤和地下水造成污染。1998年美国环保局也发现，有10万只商用储油罐存在泄漏，其中至少1.8万只已给地下水造成污染。饮用被石化产品污染的地下水，很可能是近世癌症患者日益增多的一个重要因素。

有毒元素砷和其他重金属污染，则主要见于生产和使用这些重金属的工矿企业周围的水体中。但随着时间的推移，它们正在扩散到更加广阔的范围里。有报道说，在南亚的孟加拉国有近一半的国民，正受到饮用的地下水砷含量较高的威胁。毗邻孟加拉国的印度西孟加拉邦，有100多万口井的井水中重金属含量超过世界卫生组织允许标准的5～100倍。

正是诸如此类的污染物，在持续不断地越来越广地污染着地下水。人们还注意到，相比之下治理地下水的污染要比地面水困难得多。

这是因为地下水深埋地下，由于厚厚地层的阻隔，人们无法直观地观测它的动态。特别是当它有多个污染源，人们就很难准确地确定污染物的来源，因而无法有效地截断污染物的进入。同样，由于地层的阻隔，人们即使采取了某些措施，也往往事倍功半，难以达到预期的效果。再则，还因为地下水的流动、补给是非常缓慢的。据调查地下水的循环周期平均需要1 400年左右，而河水只要20天就能循环一次。这种缓慢的流动方式，导致它的污染也不是短时间内完成的，而是长年累月累积的结果。例如，尽管美国早在30年前就已禁止使用农药DDT，但至今DDT仍广泛存在于美国的地下水中；在印度的西孟加拉邦和比哈尔邦喷洒DDT半个世纪后，每升地下水中DDT的含量仍比安全含量高出几千倍。因此要改变这种长期累积的结果，显然是十分不易，没有同样漫长甚至更长的时间几乎是不可能的。

鉴于地下水是人们主要的饮用水源，它的污染治理又是困难重重，因此为了保证人们有一个清洁安全的饮用水源，我们必须高度重视，积极采取各种必要措施来防治地下水污染。

（张庆麟）

编后记

经济全球化激发了学习地理知识的热潮。欲在激烈的市场竞争中立于不败之地，地理知识已成为一门必不可少的学问。

2004年8月18日美国微软公司的一名高级管理人员，在英国格拉斯哥举行的国际地理学者大会上说：由于微软公司的一些研发人员对世界地理一窍不通而引起的麻烦，不但给公司造成了数亿美元的损失，还使一些倒霉的员工因此被捕。这些问题严重损害了公司的声誉和顾客对公司的信任，并影响了公司在全球的竞争力。为此，公司决定对员工进行地理知识补课。这位高级管理人员在会上列举了公司所犯“地理盲”的三个实例：第一，印度是个信息科技相当发达的国家，自然是微软公司非常重视的重要软件市场。微软公司欲在印度推销 Windows95 操作系统，该系统附带的世界时区地图中，由于对有争议的查谟-克什米尔地区的处理犯了“地理盲”而得罪了印度，违反了印度的现行法律，导致整个 Windows95 操作系统被禁止在印度销售。第二，由于微软公司在土耳其的地图上将库尔德斯坦作为一个独立的政治实体注出来，惹得土耳其政府大为光火，并为此事逮捕了微软土耳其分公司的数名员工。微软公司不得不从速采取补救措施，将库尔德斯坦从所有制作的土耳其地图上去掉。另外一个严重错误是微软公司制作的一个接力战斗游戏。游戏的背景音乐是一首节奏感很强的阿拉伯音乐。公司里一名会说阿拉伯语的员工在听到歌曲后立即紧张地从座位上弹了起来，说这是对伊斯兰教莫大的侮辱，他请求公司收回所有的游戏。但是公司最后将游戏继续在全美发行。三个月后，沙特政府正式提出抗议。微软公司由于“地理盲”所吃的苦头，对各国的企业具有警示作用。任何一个企业欲走出国门开辟国际市场，首先要认真学习对方国家的地理知识，全面掌握该国的政治、经济、法律法规、地形地貌、风土人情等地理知识，才能做到事半功倍，避免犯微软公司“地理盲”的错误。

地理知识是经济全球化过程中不可缺少的基本知识。地理知识的范畴又繁杂而多变，实难用一本书来包容，还要依靠自己日常的积累。本分册仅在地理知识海洋中摘取几滴水珠，做个知识性的介绍，以启发人们对地理知识的兴趣。限于编者水平，如有不足、不当，以致错误之处，恳请读者指教，以便再版时修正和补充。

甘德福

2004年12月